Lehrer-sein

Was Lehrer leisten müssen und was sie sich
alles leisten

von Norbert Geyer

Vorwort

Schon jahrelang trage ich mich mit dem Gedanken, ein Büchlein über meine Erlebnisse und Erfahrungen als Lehrer und meine Gedanken zu meinem Lehrer-Beruf zu schreiben. Fast alle, denen ich dies mitteilte, rieten mir davon ab. Nur ein Freund empfahl mir: Schreibe!

Eines stand von vornherein fest: Es sollte kein Büchlein werden, in dem ausschließlich das Verhältnis Lehrer – Schüler - Eltern geschildert wird. Ich hatte die Schüler gern und sie mich auch, wenigstens die meisten. Im Vordergrund dieses Büchleins stehen die Lehrer bzw. mein Verhältnis zu den Kollegen bzw. das Verhältnis der Lehrer untereinander. Warum ich diese Thematik in den Vordergrund stelle hat zwei Gründe:

a) Oft bedauerten mich schulfremde Menschen, mit denen ich ins Gespräch kam. „Lehrer sein ist doch heute schwer, bei diesen Schülern!" Ich antwortete dann: „Nicht die Schüler sind das Problem, sondern die Kollegen samt der Schulleitung!"

b) Das Lehrerkollegium ist gegenüber den Schülern und Eltern oft ein verschworener Haufen mit Wagenburgmentalität. Es ist eine Gemeinschaft, aus der nur wenig nach außen dringt. Ein Lehrer, der vor Eltern oder Schülern etwas Negatives über den Schulleiter oder die Kollegen sagt gilt als Außenseiter, den man als Nestbeschmutzer entsprechend behandelt. Auch wenn ein Lehrer einen Mist gebaut hat, so wird er vom „Chef" gegenüber den Eltern gedeckt - versteht sich.

Meine Schilderungen beziehen sich auf meine Erfahrungen als Lehrer in den Jahren 1978 – 2010. In der Zwischenzeit hat sich manches geändert, was ich hier nicht berücksichtigen kann, selbst wenn ich es wollte. Die allermeisten Änderungen waren gerade nicht recht intelligent und werden über kurz oder lang wieder geändert werden oder wurden schon geändert. So wurde, als ich meinen Schuldienst beendete, gerade das G 8 eingeführt. In der Zwischenzeit ist man wieder beim G9. Als ich meinen Dienst begann wurde die Kollegstufe eingeführt. Als ich ihn beendete wurde sie wieder wesentlich geändert.

Über die aktuelle Schulordnung und –organisation weiß ich nicht mehr Bescheid, weil es mich nicht mehr dafür interessiert. Sie spielen hier keine Rolle, denn ich erzähle hier nur meine Erfahrungen.

Viel Kopfzerbrechen machte mir die Gliederung. Welche Gliederung ich auch wählte, Wiederholungen waren immer gegeben. Ich bitte diese zu entschuldigen.

Heute ist es leider notwendig zu erwähnen, dass ich das generische Masculinum verwende, weil es jahrhundertelang galt, grammatikalisch korrekt und kürzer ist und sich nicht dem gender-mainstreaming anbiedert. Aber diese Argumente gelten heute nichts mehr. Hätten hier nicht wenigstens die Deutschlehrer eine geistige Leuchtturmfunktion übernehmen können? Wenn wenigstens sie auf diesen Genderismus-Schwachsinn verzichtet hätten und nicht „man" durch das meist falsche „wir" ersetzt hätten, so hätte dies ihnen zur Ehre gereicht.

Manches hier scheint übertrieben und ist es vielleicht auch. Manches was hier übertrieben scheint, ereignete sich wirklich so. Ich hatte nicht die Absicht, Lehrer lächerlich zu machen. Ich kannte sehr viele Lehrer, die einen sehr guten Job machten. Weiter ist zu bedenken, dass ich manches, schon wegen des zeitlichen Abstandes, überzeichne oder zumindest recht subjektiv schildere. Einiges erzählten mir Kollegen und ich konnte die Richtigkeit nicht überprüfen. Eine hundertprozentige Gleichheit zu bestimmten Lehrern gibt es hier also nicht. Es soll hier ja keine wissenschaftliche Arbeit geschrieben werden, sondern eine Satire mit einem wahren Kern.

Und ein wenig spricht aus den Kapiteln auch Frust; Frust darüber, dass ich es als Lehrer zu (fast) nichts gebracht habe.

Der Weg zum Lehrersein:
Universität und Referendariat

Auf der Universität

Wenigstens war es zu meiner Zeit auf der Universität noch so: Man hatte kein geregeltes Leben. Man ging am Vormittag in die Vorlesung oder blieb im Bett liegen, um seinen Rausch auszuschlafen. Man hörte im Hörsaal dem Professor zu oder man döste, mit dem gutem Gewissen anwesend zu sein, unaufmerksam vor sich hin. Man schrieb im ersten Semester so schnell das Gesagte des Professors mit, dass man das Mitgeschriebene zwei Semester später nicht mehr lesen konnte. Am Nachmittag verdaute man dann das kalorienreiche Mensaessen in einem Park oder im Studentenwohnheim, in einem überflüssigen Seminar oder in einer der wenigen „Pflicht-Übungen". Am Abend saß man zusammen und trank Bier, viel Bier und redete über dies und das, über außerparlamentarische Opposition oder rotes Gutmenschsein, nur über nichts Vernünftiges oder gar Gewinnbringendes. Man gaffte sich die Augen aus nach Studentinnen für das nahende Schlafengehen und wusste doch, dass man wieder allein ins Bett gehen wird. Weder Vorlesungen, noch Seminare, noch Übungen bereiteten auf das Erste Staatsexamen vor. Die Professoren lasen über ihre Forschungshobbies oder aus ihrer neuesten Buchveröffentlichung. Am Ende der Vorlesung brachten sie den Hinweis, dass dieses Buch in ihren Büros verbilligt zu erwerben ist. Einige Studenten nahmen an, dass schon der Erwerb dieses wissenschaftlichen Meisterwerkes „ihres" Professors ihnen bessere Staatsexamensnoten bringen würde.

Für solche Studenten reichte es dann oft nicht einmal für eine Anstellung als Lehrer. Sie wurden Journalist. Aber wie gesagt, mit dem Ersten Staatsexamen hatte das Studium nichts, höchstens wenig, zu tun. Man machte die vorgeschriebenen „Scheine" und ein nichtvorgeschriebenes Seminar bei einem Professor, bei welchem man eine mündliche Staatsexaamensprüfung machen musste. Ungefähr ein halbes Jahr vor der Ersten Staatsexamensprüfung blieb man der Universität fern, um auf die Prüfungen zu lernen. Da die Ablenkung im Studentenwohnheim sehr groß war, legte man kurz vor den Prüfungen die mit teurem Geld der Eltern erworbenen Bücher unter das Kopfkissen. Ob es dies war, oder die simplen Staatsexamensaufgaben, ich weiß es heute nicht mehr, auf jeden Fall, ich bestand problemlos das Erste Staatsexamen.

Um jedoch zum Ersten Staatsexamen überhaupt zugelassen zu werden, musste man bei einem Professor eigener Wahl eine Zulassungsarbeit schreiben. Das Thema konnte man, in Absprache mit dem Professor, selber wählen. Dies brachte die meisten Lehramtsstudenten das erste und einzige Mal in direkten Kontakt zu einem Professor. Ansonsten kannte man Professoren nur aus einer Zehnermeter-Entfernung im Hörsaal.

Ich war bei meinem ersten persönlichen Gespräch mit einem Professor wegen meiner Zulassungsarbeit überrascht: Zum vereinbarten Termin betrat ich das professorale Vorzimmer. Eine junge, hübsche, überschminkte Sekretärin mit gestylter Frisur und zu viel Modeschmuck um Hals und Arme, aber ohne Ehering, nahm mir sofort meine Schüchternheit vor und in dieser heiligen Halle (eigentlich war es ein viel zu kleines Sekretariat, vollgestopft mit Ordnern, Büchern, Staub, Schreibgeräten und schlechter Luft). Sie fragte, natürlich mit Augenaufschlag, nach meinem Begehren, öffnete, nach meiner Antwort, sogleich die Türe in ein Zimmer, indem ich den

Professor vermutete, hieß mich eintreten, ohne den darin befindlichen Professor zu fragen, ob es ihm genehm sei. Während ich in das Zimmer ging, sprang der Professor sogleich von seiner Couch auf, auf der er sich anscheinend gerade ein Nickerchen gegönnt hatte, gab mir die Hand, bot mir einen Stuhl an und rief der, die Türe gerade schließenden Sekretärin nach, sie solle doch zwei Tassen Kaffee bringen. „Sie trinken doch Kaffee?", fragte er mich dann. Sollte ich jetzt „Nein" sagen? Während wir beide uns gegenüber setzten, begann der Professor zu reden, ganz normal zu reden, über meine Facharbeit, über sein Spezialgebiet, über das Wetter und die Politik, über seine abgeschlossene und meine hoffentlich bald beginnende Karriere, ja selbst einen Nebensatz über Freundinnen brachte er unter. Hierbei fiel mir auf, dass ich, außer bei seinem Spezialgebiet, durchaus beim Reden mithalten konnte: Von der Politik verstand er auch nicht mehr als ich, beim Wetter verließ er sich zu viel, wenigstens nach meinem Gefühl, auf die Wettervorhersagen im Öffentlich-Rechtlichen Fernsehen und beim Nebensatz über Freundinnen fühlte ich mich sogar ein wenig überlegen. Wir redeten, tranken den allmählich kalt werdenden Kaffee, einigten uns auf ein Facharbeitsthema und schließlich verabschiedete ich mich entspannt vom Professor. Es schlossen sich noch drei weitere Besprechungen über meine Facharbeit an. Das Verhältnis wurde immer gelöster. Ich hatte den Eindruck, dass er auch nur ein, wenngleich sehr ehrgeiziger Mensch war und dass man mit ihm reden konnte, wie mit einem normalen Menschen, ja, dass er sogar Spaß versteht und dass er sich sogar einen Lehramtsstudenten Ernst und sich für ihn Zeit nahm.

Im letzten Semester wurde ich HiWi (hilfswissenschaftliche Kraft). Nun gab es wöchentliche Treffen mit einem Assistenten und selten mit dessen Professor. Doch diesen Gedanken will ich erst unten weiterverfolgen.

Wie bereits gesagt, die Besuche der meisten Veranstaltungen an der Universität waren für das Erste Staatsexamen nahezu wertlos oder besser gesagt überflüssig. Nehmen wir das Fach Mathematik: In den beiden ersten Semestern wurde der gesamte Stoff der Zwischenprüfung gelesen. In zwei weiteren Semestern wurde das gelesen, was man für das Erste Staatsexamen brauchte. In vier Semestern hatte man also den ganzen Stoff gehört, welcher im Ersten Staatsexamen geprüft wurde. Und selbst wenn man jede Vorlesung zweimal hören wollte oder musste, dann hätte man nach acht Semestern die Erste Staatsexamensprüfung ablegen können. Die meisten Studenten machten das Erste Staatsexamen aber erst nach 10 bis 12 Semestern. Wie überfordert oder faul oder beides müssen die meisten Lehramtsstudenten damals gewesen sein? Die meisten Lehrer meinten später, wenn man sie auf die Dauer ihres Studiums ansprach, dass sie neben zu arbeiten mussten und so wenig Zeit zum Studieren hatten. Was sie nicht dazu sagten war, dass man im Jahr fünf Monate Semesterferien hatte, in denen man hätte arbeiten können.

Nehmen wir das Fach Geographie. Ich besuchte neun Semester lang je zwei Vorlesungen, zwei Übungen und zwei (Pro)Seminare. Nichts, aber auch wirklich nichts, was ich hier hörte und mitschrieb oder verschlief konnte ich beim Ersten Staatsexamen verwenden. So gesehen war mein Geographiestudium weitgehend überflüssig, wenigstens im Blick auf das Erste Staatsexamen.

Aber das Studieren wurde damals im allgemeinen Sinne aufgefasst. Das lateinische Wort „studere" bedeutet nämlich „sich bemühen". Und man bemühte sich redlich, nicht nur im Vorlesungsraum oder Seminarzimmer, sondern auch in Bierkneipen und Discos, in Opern und Theatern. Vor allem bemühte man sich, während der Studienzeit eine Frau fürs Leben zu finden denn man wusste, dass dies die beste Gelegenheit hierfür war. Eine solche Gelegenheit kommt nicht wieder. Vor dem Studium war man zu jung und nach dem Studium zu phlegmatisch hierzu.

Wie oben schon angedeutet, kam ich in den letzten Semestern mit Professoren persönlich in Kontakt. Man fühlte sich von den meisten Professoren ernst genommen, von wenigen gar geschätzt. Wenn es nicht gerade um das Spezialgebiet des Professors ging, dann fühlte man sich auf Augenhöhe mit dem Professor und nicht selten hatte man den Eindruck, dass man selber mit dem Leben besser zurecht kam als der geistig etwas realitätsferne und -fremde Professor.

Und dann kam nach dem Ersten Staatsexamen der Schock – das Referendariat.

Referendariat

Das Universitätsstudium schließt jemand, der in den Staatsdienst gehen will, also auch ein zukünftiger Lehrer, mit dem Ersten Staatsexamen ab. Dann beginnt die zweijährige „Lehrlingszeit", das Referendariat. Der ehemalige Student nennt sich nun Referendar. Er kommt, zusammen mit anderen Referendaren, an ein bestimmtes Gymnasium. Dieses ist nun die Stammschule des Referendars. Dort wird er hauptsächlich in Pädagogik und Didaktik von Lehrern, die an diesem Gymnasium auch Schüler unterrichten und sich Seminarlehrer nennen, ausgebildet. Hier hält jeder Referendar, anfangs unter Aufsicht eines Seminarlehrers, seine ersten Unterrichtsstunden. Nach einem halben Jahr wird jeder Referendar an ein anderes Gymnasium, an die Zweigschule, versetzt. Dort hält er Unterricht, relativ selbständig, nur unter Beobachtung eines ihn betreuenden Lehrers dieses Gymnasiums. Nach einem halben Jahr wechselt er entweder die Zweigschule oder er bleibt. Nach einem Jahr

Zweigschuleinsatz kommt er zurück an die Stammschule. Dort unterrichtet er ein halbes Jahr weiter und wird von Seminarlehrern unterrichtet. Am Ende dieser zweijährigen Referendarzeit macht der Referendar eine Prüfung, das Zweite Staatsexamen. Wenn er dann den entsprechenden Notendurchschnitt, ein Mittelwert aus den beiden Staatsexamen, hat und der Staat Lehrer braucht, dann wird er vom Staat als Lehrer, genauer als „Studienrat zur Anstellung" angestellt. So war es jedenfalls zu meiner Zeit.

Beginn des Referendariats

Nachdem ich in München studiert hatte, wollte ich mein Referendariat in einer anderen bayerischen Stadt machen, denn Bayern hat ja noch andere sehenswerte Städte. Meinem Wunsch wurde entsprochen und so fand ich mich an einem Nachmittag in einer mir völlig fremden Stadt an einem mir fremden Gymnasium ein. Ich war versammelt mit noch zehn anderen Referendaren. Sieben davon hatten in dieser Stadt schon studiert und kannten sich vom Studium her. Während sich diese miteinander unterhielten, stand ich etwas im Abseits.

Bald kam ein alter, weißgrauer, hinterlistig schauender Mann. Er war, wie sich gleich heraus stellte, unser oberster Seminarlehrer, der Seminarleiter, und vereidigte uns als vorläufige Beamte des Freistaats Bayern mit geringem Gehalt. Nach dieser Zeremonie händigte er uns einen „Stundenplan" für die nächsten Tage aus und verließ mürrisch den Raum. Ich wollte mich mit meinen zukünftigen Zunftgenossen anfreunden und fragte sie, warum sie denn Lehrer werden wollen. Ohne zu überlegen antworteten mir alle, dass das Lehren ein notwendiges Übel ist. Ihr Hauptziel ist es, mit der

Verbeamtung unkündbar zu sein, wenn man nicht gerade eine Schülerin vergewaltigt. So kann man das Übel Leben am besten ertragen. Ich schob nur nach: „Wisst ihr was das heißt? Lebenslang! Danach kommt nur noch der Tod!"

Am nächsten Tag begann unsere Umerziehung. War man gewohnt, an der Uni von Professoren und Assistenten, Doktoren und Doktoranden als denkende Erwachsene wahrgenommen zu werden, so wurde man von den Referendarlehrern, welche nun Staatsbürgerkunde und Pädagogik und Fachdidaktik lehren sollten und welche alle einmal von einem Doktorgrad geträumt, ihn aber nie gemacht hatten, wie Schüler behandelt. Wir Referendare wurden sowohl von den Schülern, als auch von den Referendarlehrern wie eine 14. Klasse – damals gab es noch 13 Klassen bis zum Abitur – angesehen und auch so behandelt. Es soll sogar ein Münchner Gymnasium gegeben haben, in welchem sich im Lehrerzimmer die Referendare nicht sitzend, sondern nur stehend aufhalten durften.

Einstieg in das Referendariat

Der Einstieg in das Referendariat war ein Schock. Die Seminarlehrer an der Stammschule brummten uns Arbeit über Arbeit auf. Ich war das Arbeiten aber seit dem Abitur nicht mehr gewohnt. Aber nicht allein die viele Arbeit irritierte mich. Viel schlimmer war, dass mir der Großteil dieser Arbeit als unsinnige, sinnlose Schikane erschien. Auch die anderen Referendare dachten so. Die Zeit des Referendariats sollte für die Singels ja auch eine Zeit der Suche nach einer Frau fürs Leben, mit der man Kinder zeugen wollte, sein. Und wenige Referendare, die damals schon gefunden hatten, waren gar schon Eltern. Sie konnten also ihren pädagogischen Eros bei sich zuhause austoben und nicht an der Seminarschule. Demgegenüber hatten unsere Seminarlehrer je ein bis zwei verzogene, schon erwachsene Kinder und die Biographie dieser Kinder zeigte, dass die Seminarlehrer nicht gerade gute Pädagogen waren.

Diese geballte Arbeit kam also zur Unzeit und überhaupt waren wir es nicht gewohnt, kurzfristig Arbeiten auszuführen. An der Universität hatte man für Seminararbeiten Wochen oder gar Monate Zeit; nun sollten Arbeiten schon nach wenigen Tagen, manchmal schon am nächsten Tag, gemacht sein.

Ich hatte Glück: An unserer Seminarschule waren schon acht Referendare verheiratet bzw. lebten nicht mehr allein. Wir waren uns sofort einig, dass wir uns während der Referendarzeit nicht überanstrengen sollten. Der Staat brauchte Lehrer, also brauchten wir keine besonders guten Noten. Die einen wollten noch Zeit für ihre Ehefrauen und eigenen Kinder haben, ich brauchte Zeit, um meine Dissertation zu schreiben und bei dem Dümmsten unseres Kurses würde es auch nichts nützen, wenn er viel arbeitet. Er machte sich keine Hoffnung. Ihm genügte, dass er monatlich seinen bescheidenen Referendargehalt bekam. Also galt unsere Devise, wir würden das Maaß unserer Belastbarkeit selber festlegen und uns von den Seminarlehrern nicht viel vorschreiben lassen. Angeblich sollten - was fast so viel bedeutet wie mussten - die Notenschnitte der Referendarkurse in ganz Bayern ungefähr gleich sein. Wenn also alle in unserem Kurs faul sind, so würde der Notendurchschnitt auch nicht viel anders sein, als wenn alle in unserem Kurs sehr fleißig sind. Bei den Noten ging es eigentlich nur um die Rangfolge. Also vereinbarten wir, nur das Nötigste zu machen.

Seminarlehrer

Unsere Seminarlehrer waren schlimm.

Es gab einen Seminarlehrer, der sollte uns Politische Bildung beibringen. Sein Problem war, dass er nicht viel Ahnung von Politik und noch weniger von Bildung hatte und dass seine Diskussionsrhetorik, selbst gegenüber primitiv-links orientierten Referendaren, recht bescheiden war.

Es gab einen Seminarlehrer für Psychologie. Der hatte nicht viel Ahnung von moderner Psychologie, wenigstens kam es mir so vor, mir, der ich an der Universität auch Psychologie gehört hatte. Bei ihm begann und endete die Psychologie bei „Sigmund Freud für Anfänger".

Es gab einen Seminarlehrer für Schulrecht und Schulorganisation. Der hatte nun gar keine Ahnung. Er las uns die Paragraphen der Schulordnung der Reihe nach vor und wenn ihm zu einem Paragraphen eine Anekdote aus seiner Lehrerkarriere einfiel, dann erzählte er uns dieses und erwartete, dass wird darüber lachen oder wenigstens schmunzeln und auf jeden Fall glücklich dreischauen.

Diese Seminarlehrer unterrichteten uns an der Stammschule nur eine Stunde in der Woche, am Nachmittag, wenn man, vom Mittagessen geschwächt, vor sich hin döste und auf „aus" geschaltet hatte.

Noch schlimmer waren die beiden Seminarlehrer, welche für die beiden Fächer, die ich einmal lehren sollte, zuständige waren. Mit denen hatte man an der Stammschule täglich zu tun. Man fühlte sich diesen fachlich mindestens ebenbürtig. Ich kam ja gerade von der Universität und war wissenschaftlich quasi auf dem neuesten Stand. Also an Fachwissen konnten mir die beiden das Wasser nicht reichen und das ließ ich ab und zu bei Gesprächen einfließen. Steigernd kam hinzu, dass, nach meinen Erfahrungen, nur dümmere Lehrer Seminarlehrer wurden und waren. Um dies zu erläutern muss ich weiter ausholen:

Es gibt bei den Gymnasiallehrern folgende Grade: Studienrat, Oberstudienrat, Studiendirektor, Oberstudiendirektor. Dementsprechend ist die Besoldung. Ein Studienrat wird nach A 13 besoldet, ein Oberstudienrat nach A14, ein Studiendirektor nach A 15, ein Oberstudiendirektor nach A 16. Der größte Gehaltsunterschied liegt zwischen A 14 und A 15. Deshalb wollte natürlich jeder Lehrer Studiendirektor werden. Hierzu benötigte man eine entsprechende Beurteilung durch den Schulleiter und eine sogenannte Funktionsstellen. Eine Funktionsstelle war z.B. Fachbetreuung eines Faches, oder Stundenplanmacher, oder Oberstufenbetreuer. Jedes Gymnasium hatte eine bestimmte Anzahl solcher Funktionsstellen. Wenn man eine Funktionsstelle vom Schulleiter erhielt und diese eine Zeit lang ausübte, dann wurde man zum Studiendirektor befördert. Allerdings musste man diese Funktionsstelle dann auch ein aktives Lehrerleben lang innehaben. Eine solche Funktionsstelle war auch „Seminarlehrer".

Mögen manche Eltern denken, dass die meisten Lehrer dumm sind und gescheite Menschen in die Wirtschaft gehen, so trifft das wohl auf etliche, aber nicht auf alle Lehrer zu. Nicht alle Lehrer sind dumm, aber fast alle Lehrer sind ehrgeizig. Dies heißt, in die Sprache der Schulkarriere übersetzt, dass A15 das Lebensziel der allermeisten Lehrer ist. Wie erreichen nun die Lehrer, die wirklich dumm oder sagen wir besser ungeeignet sind, dieses Ziel? An der Schule, wo sie unterrichten, haben sie nur eine geringe Chance, in absehbarer Zeit eine „normale" Funktionsstelle zu erhalten. Man weiß ja, dass sie dumm sind. Es gibt bessere Fachlehrer als sie, also werden sie nie Fachbetreuer werden. Es gibt bei den Schülern beliebtere Lehrer als sie, also ist ihnen der Weg zur

Unterstufenbetreuerstelle versperrt usw. Die einzige Chance die sie haben, eine Funktionsstelle zu erringen, ist, den unbeliebten Job eines Seminarlehrers auszuüben. Und dafür nehmen sie alles in Kauf: Sie wechseln an ein anderes, weit entferntes Gymnasium, welches diese Funktionsstelle anbietet, sie nehmen in Kauf, sich mit arroganten Referendaren, welche meinen, ihnen fachlich überlegen zu sein und es meistens auch sind, abzugeben. Sie lassen sich von Referendaren blamieren und vorführen. Und das alles nur, um einmal A 15 zu werden. Mangelnder Charakter wird bei ihnen später durch den höheren Gehalt ersetzt.

Wir hatten so einen Seminarlehrer für Mathematik. Zuerst war er ein schlechter Lehrer an einem Gymnasium im Süden Bayerns. Dann wurde eine Seminarlehrerstelle für Mathematik an einem Gymnasium im Norden Bayerns ausgeschrieben. Er bewarb sich hierfür und weil er der einzige Bewerber war, so erhielt er diese Stelle und ich erhielt mit ihm einen besonders schlechten Seminarlehrer. Schon sein Aussehen provozierte zum Nicht-Ernst-Nehmen. Er war groß und schlank. Seine Kleidung hing an ihm wie an einem Kleiderständer. Er hatte ein schütteres Haar, hervorquellende Augen unter fast kahlen Augenbrauen. Sein Kinn spitzte wie ein Keil schräg nach unten. Seine schwülstigen Lippen umspielten fletschende Zähne (man war sich aber nicht sicher, ob es noch die eigenen Zähne waren). Ich rätselte, nachdem ich erfahren hatte, dass er verheiratet war, was seine Frau an ihm liebenswert fand und wie wohl seine Kinder aussehen. Später erfuhr ich, dass er seine Frau terrorisierte – er war der Ansicht, dass er sich das als A-15-Lehrer erlauben darf– und dass seine beiden Kinder missraten waren. Zuerst wollte dieser Karl-Valentin-Verschnitt uns Referendaren zeigen, wie ein richtig guter Unterricht „aussieht":

Also schleppte jeder von uns Referendaren einen Stuhl in das Zimmer der Klasse 8a, stellte ihn an die Rückwand des Klassenzimmers und setzten sich darauf. Wir hatten uns untereinander abgesprochen, dass wir diesem Seminarlehrer deuten wollen, dass wir von ihm nichts lernen können und deshalb auch nicht wollen. Also unterließen wir es, mit Ausnahme der drei dümmsten Referendare, irgendetwas zum Mitschreiben mitzunehmen. So saßen wir, mit verschränkten Armen, an der Rückwand des Klassenzimmers, unter den Blicken der umtreibenden Schüler der Klasse 8a. Ich vermutete bald, dass die Schüler uns etwas bieten wollten. Die meisten Schüler schauten uns kumpelhaft, einige mitleidig an. „Arme Referendare und dann noch so ein Seminarlehrer", dachten sich wohl die meisten 8a-ler, „denen werden wir zeigen, wie man mit einem solchen Seminarlehrer fertig wird!"

Die Glocke schrillte. Unser Seminarlehrer, der Kasperlverschnitt, betrat erhobenen Hauptes das Klassenzimmer: Die Schüler ließen sich weder vom Glockenklang noch vom Seminarlehrer stören. Sie redeten weiter mit ihren Mitschülern, schrieben die Hausaufgaben weiter ab oder gafften uns Referendare weiter lachend an. Nur um den eingetretenen Seminarlehrer kümmerte sich niemand. Die meisten stellten oder setzten sich so hin, dass sie dem Seminarlehrer den Rücken zudrehten. „Ruhe, ist bald Ruhe?", brüllte dieser in die Menge. Der Lärmpegel senkte sich und die noch stehenden Schüler setzten sich. Einige zogen gelangweilt ihr Mathebuch und –heft aus ihrer Schultasche. Bei mäßigem Lärm ging es ans Verbessern der Hausaufgabe. Um es kurz zu machen: einige Schüler hatten die Hausaufgaben richtig gelöst, einige Schüler falsch und die meisten hatten sie gar nicht gemacht. Der Seminarlehrer sprach einige Schüler auf die nichtgemachte Hausaufgabe an und bekam folgende Begründungen bzw. Ausreden. Der eine musste am vergangenen Nachmittag seinem Vater helfen das Wohnzimmer zu tapezieren, der andere seine Mutter beim Bügeln unterstützen, der dritte auf seine kleine Schwester aufpassen, weil seine Mutter gerade fremd ging (Gelächter!), der vierte, ein Fahrschüler, fand im Zug nicht mehr die nötige Zeit, um die Hausaufgabe abzuschreiben, der fünfte und alle weiteren hatten zu Hause zwar versucht, die Hausaufgaben zu lösen, aber die Lösung, trotz intensivem Bemühen, nicht gefunden – was natürlich nicht stimmte. Der Seminarlehrer bekam einen roten Kopf, fletschte mit den Zähnen und rief dann im autoritären Tonfall in die sich wieder unterhaltende Schülerschar: „Bis morgen habt ihr die Hausaufgabe nachgemacht, verstanden!" Da sprang sogleich ein Schüler auf und fragte: „Herr Lehrer, muss ich auch die Hausaufgabe bis morgen machen, ich habe sie doch schon auf heute gemacht, allerdings falsch!" Die Schüler lachten, der Kopf des Seminarlehrers rötete sich weiter. Der Schüler drehte sich spöttisch zu uns Referendaren um, als wollte er uns deuten: „Den habe ich wieder dran gekriegt!" und dabei meinte er den Seminarlehrer, der uns gerade eine Paradeunterrichtsstunde vorführte, wenigstens wollte er das, wenigstens sollte das eine sein. Gleich darauf meldete sich wieder ein Schüler und stotterte ganz entrüstet: „Ich habe versucht, die Hausaufgabe zu machen, aber nach ihrem schlechten Unterricht ist mir das nicht gelungen!" Die meisten Schüler nickten bestätigend. Wir Referendare schauten äußerlich betroffen, innerlich aber jubelnd, drein. Der Seminarlehrer schob seinen Unterkiefer und damit auch seine Unterlippe weiter nach vorne, seine Zähne glitten übereinander, seine Lippen zitterten. Er versuchte die Situation zu retten indem er spöttelte. „Du bist ja nicht gerade der Hellste dieser Klasse!" Die Runde ging an ihn, denn die Schüler lachten nun über ihren nicht besonders hellen Mitschüler. „Wir machen jetzt mit dem Stoff weiter!", brüllte der Seminarlehrer, nachdem also die Hausaufgabe

„besprochen war". 16 Minuten nach Beginn des Parade-unterrichts begann die Behandlung des neuen Stoffes. Unser Seminarlehrer beschrieb, wie ein übertrieben agierender Schauspieler, den neuen Mathematikstoff. Er wechselte blitzartig seine Lautstärke von mäuschenleise nach brülllaut und umgekehrt, er warf wilde Blicke über die Köpfe der Schüler und siegessichere zu uns Referendaren an der Wand. Er ließ die Zähne hervorblitzen und schaute im nächsten Augenblick wieder sanft auf die Schüler, die dieses Schauspiel allerdings nicht sonderlich beeindruckte. Gelangweilt saßen sie da. Einige unterhielten sich mit dem Banknachbarn, andere gähnten, wieder andere malten Strichmännchen in das aufgeschlagene Mathematik-Schulheft. Einerseits langweilten sie sich wirklich, ob dieses uninteressanten, schon gewohnten Schauspiels, welches ihnen unser Seminarlehrer bot, andererseits wollten sie uns Referendaren zeigen, was für eine Zumutung dieser Lehrer für sie war.

Nach ungefähr einer weiteren viertel Stunde drehte sich unser Seminarlehrer zur Tafel, um das soeben erarbeitete dorthin zu schreiben, damit es die Schüler in ihre Hefte mitschreiben können. Zu unserer Überraschung schlugen alle Schüler auch ihre Schulhefte auf, um mitzuschreiben. Eifrig damit beschäftigt, wurde es im Klassenzimmer ruhig. Das Schwätzen wurde eingestellt, es herrschte eine wohltuende Ruhe. Die drei Dümmsten von uns schrieben gar selber das mit, was der Seminarlehrer an die Tafel kritzelte. Sie waren so dumm, dass sie meinten, dieses Mitgekritzel für die 2. Staatsexamensprüfung brauchen zu können. Jedenfalls war es leise, als unser Mathematik-Seminarlehrer an die Tafel schrieb und den Schülern und uns Referendaren seinen Rücken zuwandte. Einmal drehte sich der Seminarlehrer um und warf uns Referendaren einen zufriedenen Blick zu, wackelte genüsslich mit seinem Unterkinn, als wollte er uns sagen: „Seht nur, in meinem Unterricht herrscht Ruhe und Disziplin und Lernfreude, so müsst auch ihr einmal unterrichten!" Dann wandte er sich wieder der Tafel zu und schrieb eine Formel auf sie. Anscheinend waren auch einigen Schülern die zufriedenen und belehrenden Blicke des Seminarlehrers aufgefallen. Sie fühlten sich dadurch unwohl, fast beleidigt und das wollten sie ändern. Als unser Seminarlehrer also wieder zur Tafel gewandt eifrig schrieb und es besonders leise war, da schrie ein Schüler: „Kikeriki, kikerikie!". Der Seminarlehrer wandte sich blitzschnell von der Tafel zur Klasse, der „Hahn" hatte aber schon aufgehört zu kikerikien. Die Blicke aus den funkelnden Augen des Seminarlehrers flogen durch die Klasse. Würde er die Frage, wer der Kikerikier war, stellen, fragten wir Referendare uns still. Die Frage kam nicht. Anscheinend hielt der Lehrer seine Blicke für so strafend, dass er meinte, das müsste vorläufig genügen. Er drehte sich wieder zur Tafel und schrieb weiter. Bald darauf grunzte ein Schüler in die Stille des Unterrichts hinein. Alle Schüler begannen zu lachen und wir Referendare schmunzelten. Reflexartig drehte sich der Seminarlehrer wieder zur Klasse - aber das Grunzen war schon vorbei. Die Blicke des Seminarlehrers lagen nun drohend auf den belustigten Schülern. Dann stieß er eine Drohung aus, so in der Art: „Noch einmal, dann muss die ganze Klasse morgen Nachmittag nachsitzen!" Dann drehte er sich wieder zur Tafel und schrieb weiter. Es sah so aus, als hätte seine Drohung gewirkt (abgesehen davon, dass diese Drohung rechtswidrig war, denn es gibt keine Kollektivstrafen, auch in der Schule nicht!). Lange war es in der Klasse ruhig. Der Mühe, das an der Tafel stehende mitzuschreiben, unterzogen sich allerdings immer weniger Schüler. Kurz vor Ende des Tafelanschriebes kam dann doch noch ein „Mäh, mäh" aus der Klasse und wieder lachten die Schüler. Der Seminarlehrer nahm dies allerdings nicht mehr zur Kenntnis, sondern führte seinen Tafelanschrift nun stoisch zu Ende. Er tat so, als überhöre er

das Gemähe. – Dies war angeblich (s)ein pädagogischer Trick, wird er uns am Nachmittag bei der Nachbesprechung dieser Stunde erläutern. - Nun verlor auch für die Schüler das Kikerikie und das Gemähe seinen Reiz. Die Schüler stellten es und ihr Lachen ein und dösten vor sich hin. So verlief die restliche Stunde, bis fünf Minuten vor Stundenende, ohne etwas Aufregendes. Dann begannen die Schüler ihr Unterrichtsmaterial in ihren Schultaschen zu verstauen. Der Seminarlehrer nuschelte noch mit entschuldigendem Tonfall zu uns an der Rückwand: „Leider haben wir nur die Hälfte des vorgesehenen Stoffes behandelt!" Die Ankündigung der Hausaufgaben durch den Seminarlehrer nahmen die meisten Schüler nicht wahr. Der Seminarlehrer schrieb deshalb an die Tafel, welche Hausaufgaben die Schüler zu machen haben. Er schrieb es in der Hoffnung, dass sich wenigstens eine Hand voll Schüler zu Hause mit diesen Aufgaben beschäftigen und dass wenigstens einige Schüler die Hausaufgaben von anderen Schülern abschreiben würden. Und einige Schüler schrieben sogar diese Hausaufgabenangaben von der Tafel ab. Die Mehrzahl der Schüler begann sich freilich zu unterhalten, so als wäre die Schulstunde schon zu Ende. Kurz bevor der Seminarlehrer das Klassenzimmer verließ drehten sich die Schüler zu uns Referendaren um, nickten uns zu, einige hoben den Daumen nach oben als wollten sie uns sagen: „So, jetzt haben wir euch gezeigt, wie man nicht unterrichten soll – und so etwas ist euer Seminarlehrer!"
Und in der Tat habe ich viel aus dieser Vorführstunde gelernt. Bis zu meiner Pensionierung habe ich deshalb nie eine so schlechte Stunde gehalten wie diese Stunde, die damals unser Seminarlehrer hielt!
Am Nachmittag saßen wir Referendare dem Seminarlehrer gegenüber, um seine Unterrichts-Stunde zu besprechen. Dieser erklärte uns, wie schwierig diese Klasse ist- wir nickten bestätigend - und mit welchen tollen pädagogischen Tricks er

diese Klasse immer wieder in der Griff bekommt – wir schauten uns verdutzt an. Ob uns seine pädagogischen Tricks während seines Unterrichts aufgefallen sind, fragte er; wir nickten und wussten nicht warum. „Natürlich", so fuhr der Seminarlehrer fort, „kosten diese Tricks Zeit" und deshalb hat er seinen vorgesehenen Stoff nicht „durchgebracht". Wir nickten wieder, denn wir wussten nicht, wieviel Stoff er vorgesehen hatte.

Als wir Referendare kurz vor Schuljahresende wieder einen Vorführunterricht in dieser Klasse besuchen mussten stellten wir fest, dass unser Seminarlehrer, der uns etwas beibringen sollte und auch wollte aber nicht konnte, in dieser Klasse gerade die Hälfte des im Lehrplan vorgesehenen Jahresstoffes behandelt hatte.

Für mich stand fest, dass nicht nur wir Referendare, sondern auch die Schüler, bei diesem Seminarlehrer fast nichts lernen konnten. Aber er war trotzdem A 15!

Noch eine Episode aus dem Unvermögen dieses Seminarlehrers: eine Unterrichtsstunden in einer 11. Klasse. Wir saßen wieder auf den selbst mitgetragenen Stühlen im Klassenzimmer, im Rücken der Schüler. Wir warteten gelangweilt auf den „Schauunterricht" unseres Seminarlehrers. In unseren Köpfen stand aber schon fest: So werde ich einmal nicht unterrichten. Wir fragten uns: „Wie lassen geschlechtsreife, fast erwachsene Schüler, die man schon mit „Sie" anreden musste, unseren Seminarlehrer auflaufen? So Spielchen wie grunzen und Kikeriki-Schreien dürften für Elftklässler wohl zu läppisch sein. Als unser Seminarlehrer das Klassenzimmer betrat ließen sich die Schüler von ihm nicht stören und unterhielten sich untereinander einfach weiter. Die Begrüßung durch den Seminarlehrer nahmen nur wenige Schüler zur Kenntnis.

Dann sollte die Hausaufgabe besprochen werden. In dieser Klasse war es aber Brauch, dass immer nur ein Schüler die Hausaufgabenbesprechung übernahm. Es entwickelte sich also ein Dialog zwischen unserem Seminarlehrer und diesem Schüler, während die anderen Schüler, wenngleich leise, miteinander weiter plauderten. Dann folgte der eigentliche Unterricht. Es war ein Monolog des Seminarlehrers. Die Schüler passten nicht auf. Die allermeisten konnten sich wieso einen Nachhilfelehrer leisten. Wieso also aufpassen? Als sich die Schüler schließlich alles erzählt hatten, was sie in letzter Zeit alles erlebt haben, entschlossen sich die Elftklässler, uns Referendaren etwas Neues zu zeigen: Plötzlich begannen sich fast alle Schüler, auf eine Frage des Seminarlehrers hin, zu melden. Wurde einer dann vom Seminarlehrer aufgerufen, so sagte er: „Sorry, mir ist die Antwort gerade entfallen! Ich habe nämlich Alzheimer!". Ein anderer antwortete, als er aufgerufen wurde: „Wenn sich so viel melden, dann kann ich doch nicht damit rechnen, dass Sie gerade mich aufrufen. Sorry, ich weiß keine Antwort!" Der Seminarlehrer rief nach einigen solchen Antworten nicht mehr auf. Nun wurden die Schüler aber erst richtig aktiv. Sie schnalzten mit den Fingern. Einige riefen: „Ich weiß es!". Andere antworteten: „Ich auch!" Und so endete auch diese Unterrichtsstunde für den Seminarlehrer irgendwie unbefriedigend, für die Schüler lustig, für uns Referendare mit gemischten Gefühlen. Würde mir auch einmal gleiches passieren wie diesem Seminarlehrer? Nein, ich wollte ein guter Lehrer und keine Seminarlehrer werden. Dieser hatte wieder nur die Hälfte des vorgesehenen Stoffes behandelt und die Schüler hatten uns Referendaren wieder gezeigt, wie man mit einem völlig überforderten Lehrer umzugehen pflegt.

Nachdem wir einige Stunden den Paradeunterricht unseres Seminarlehrers genossen hatten wussten wir also, wie man es nicht macht. Wie man es macht, wie man einen guten Unterricht hält, das mussten wir uns selbst beibringen. So war es gar nicht schlecht eingerichtet, dass wir bald in jedem Fach in einer Klasse selbständig unterrichten durften, leider unter der Aufsicht eines Seminarlehrers, der auch ab und zu unsere Unterrichtsstunden besuchte. Also ging auch ich guten Mutes ans Werk. Einen Trost hatte ich: Schlechter als unsere Seminarlehrer würde, ja konnte ich nicht unterrichten. Ich hatte von unseren Seminarlehrern, ganz speziell von unserem Mathematik-Seminarlehrer, gelernt, wie man schlecht unterrichtet. Um einigermaßen gut zu unterrichten, erinnerte ich mich an meine eigene Schulzeit. Ich dachte zurück an die guten Lehrer, welche ich auf dem Gymnasium hatte und überlegte mir: Warum war deren Unterricht so gut? Warum erinnere ich mich noch nach fünf und mehr Jahren an deren Unterricht? Was unterschied ihren Unterricht von dem meiner Seminarlehrer? War deren Unterricht speziell für mich geeignet oder auch für den Großteil meiner Mitschüler? Und meine ersten eigenständigen Unterrichtsstunden liefen dann auch recht gut. Sie fanden noch meistens vor den Augen des Seminarlehrers und der Mitreferendare statt. Noch etwas schüchtern lag mein Blick auf den großkotzig dreinblickenden Schülern. Leicht verängstigt schielte ich auf den Seminarlehrer, der, verbissen an der Rückwand des Klassenzimmers sitzend, dreinschaute und eifrig anscheinende Verfehlungen mitschrieb. Dies verunsicherte mich anfänglich mehr als die teils gelangweilten, teils störenden Schüler. Die Unterrichtsstunde war aus und ich hatte den mir vorgenommenen Stoff in etwa durchbekommen. Ich hatte zwar nicht alles was ich vorsah und was ich schriftlich fixiert dem Seminarlehrer vorher abgeben musste, erreicht, aber so im Großen und Ganzen lief es ganz gut. Und was das Wichtigste war, so dachte ich stolz, es war wesentlich besser gelaufen als die Schauunterrichtsstunden des Seminarlehrers.

Nach der Unterrichtsstunde war eine Besprechung zwischen Seminarlehrer und mir. Der dümmlich dreischauende Valentin-Verschnitt eines Seminarlehrers sucht lange seine Aufzeichnungen, die er während meiner Probestunde gemacht hatte, in seiner von unwichtigen Zetteln überfüllten Aktentasche. Ob beabsichtigt oder nicht, jedenfalls erhöhte er so sein Einschüchterungspotential. Gleichzeitig deutet er mir durch seine Aktentaschenüberfüllung an, wieviel Arbeit er hat oder sich macht. Auch sollte diese Überfüllung Vorbildcharakter signalisieren. Dann legte er los: „Am Anfang war schlecht....., dann hätten Sie das und jenes viel besser machen können..., dann ist nicht zu akzeptieren, dass sie das und jenes so erläuterten...., auch das halte ich für falsch..., insgesamt kann man da nicht zufrieden sein!" Süßsauer grinsend schloss er seine Aufzeichnungen und stecvkte sie wieder in seinen überfüllten Aktenkoffer. Nach über einer Stunde war diese Besprechung – eigentlich war es ein Monolog des Seminarlehrers – beendet. Völlig irritiert verließ ich die Besprechung und ging geistig abwesend nach Hause. Was habe ich nur falsch gemacht, fragte ich mich immer wieder. Aus den schwachsinnigen Bemerkungen des Seminarlehrers konnte ich keine Fehler von mir herleiten. Zu Hause musste ich mich schon wieder auf die nächste Probeunterrichtsstunde vorbereiten, aber wie? Ich wusste nur, dass mein Seminarlehrer einen schlechten Unterricht hält aber dies nicht erkennt und dass ich jetzt schon besser unterrichtete als er. Nachdem ich so grübelnd am Schreibtisch saß kam mir der Gedanke: Eigentlich ist doch alles egal. Ob die nächste Stunde „gut läuft" oder nicht ist egal. Wie die Schüler mitmachen ist auch egal. Ich weiß nämlich jetzt schon, dass der Seminarlehrer wieder mit mir nicht zufrieden sein wird.

Es war nach meiner vierten Probeunterrichtsstunde. Wieder musste ich zur Besprechung mit dem Mathe-Seminarlehrer. Wieder zerriss er meinen Probeunterricht nach Strich und Faden. Ich tat so, als interessierte mich das alles nicht. Ich machte keine Notizen von seiner Kritik. Ich hatte nicht einmal eine Mappe oder etwas Schreibbares zu dieser Besprechung mitgenommen. Ich fragte Nichts und antwortete nicht auf die dummen Äußerungen meines Seminarlehrers. Ich schaute nur gelangweilt aus dem Fenster auf die Schüler, welche gerade im Pausenhof Fußball spielten. Als der Seminarlehrer seinen Negativmonolog beendet hatte, sagte ich ganz gelassen zu ihm: „Vielleicht war meine Unterrichtsstunde nicht gut, vielleicht war sie sogar schlecht, das kann ich noch nicht beurteilen und sie wissen es schon überhaupt nicht. Eines ist jedoch sicher: Ich hielt einen besseren Unterricht als sie ihn je hielten!" Ich stand auf, ließ den Seminarlehrer sitzen und verließ grußlos das Sprechzimmer. Er blieb sitzen, das Maul leicht geöffnet, das Unterkiefer etwas seitlich vorgeschoben, die Zunge spielte an der Oberlippe. Er schaute blöd drein und er war blöd, - aber er war A 15!

Weil der Seminarlehrer weder pädagogisch, noch didaktisch, noch psychologisch, noch irgendetwas „drauf hatte", beschränkte er sich auf Nebensächlichkeiten. Für ihn waren freilich diese objektiv gesehenen Nebensächlichkeiten Hauptsächlichkeiten. Sie waren für ihn das Wichtigste, das er den Referendaren beibringen musste und überhaupt etwas pädagogisch und didaktisch und weiß Gott was noch alles Fundamentales. Nach seiner Meinung wurde man zu einem guten, vielleicht zu einem sehr guten Lehrer, wenn man diese Nebensächlichkeiten streng berücksichtigt. So konnte er stundenlang uns Referendare über Korrekturzeichen, die er zum Teil selbst erfunden hatte, belehren. Mit diesem Beispiel kann ich auch ganz gut erklären, was eine Nebensächlichkeit bzw. bei ihm eine Hauptsächlichkeit war:

Unser Mathematik-Seminarlehrer referierte vor uns Referendaren über „Korrekturzeichen": Danach soll man einen „normalen" Fehler mit einem roten Filzstift und einem Lineal unterstreichen. Am besten eignet sich hierbei ein dünner Filzstift (0,4 mm), den es zeitweise beim „Lidel" im Angebot gibt. Das Lineal sollte nicht viel länger als Papierbreite sein, aber auch nicht weniger. Bei einem „schweren" Fehler mache man unter das Falsche einen Doppelstrich. Die beiden Striche sollten hierbei eng aneinander liegen, so dass schon optisch der Eindruck erweckt wird, dass es sich um einen schweren Fehler handelt. Dieser optische Eindruck sollte beim Schüler so stark wirken, dass er immer seltener einen so schweren Fehler machen wird. Einen ganz besonders schweren Fehler soll man, natürlich mit dem Lineal, unterstreichen und auf diesem Strich, senkrecht zu ihm, kurze Striche machen. Das war dann das gelungene Korrektursymbol für „haarsträubend". Ich kann mich noch gut an die Situation damals erinnern, obwohl es schon 40 Jahre her ist: Dieser Seminarlehrer erklärte uns also seine gerade erwähnten Korrekturzeichen. Als er auf das Zeichen für „haarsträubend" zustrebte, verfärbte sich sein Gesicht rötlich. In immer hastiger werdenden Bewegungen strich er mit der Hand durch seine spärliches Haare. Er malte einen waagrechten Strich an die Tafel, Zeichen für einen „normalen" Fehler. Dann drehte er die Kreide in seiner Hand um und malte, ganz, ganz langsam auf den waagrechten Korrekturstrich die senkrechten Strichlein und hauchte dabei „haarsträubend" aus seinem Mund. Ohne uns dösende Referendare anzusehen begann nun sein Gesicht zu strahlen und seine feuchten Zähne zu glänzen. Sapper lief aus seinen Mundwinkeln, als hätte er gerade einen besonders leckeren Schweinebraten zum Verzehr im Rachen. Abschließend verformten sich seine Pupillen zu Kreisen und seine Augen traten aus ihren Höhlen und er schaute, die Referendare, seine Referendare, an, die soeben das einmalige Glück genossen hatten, sein revolutionäres Korrekturzeichen kennen zu lernen. Hoffentlich wissen sie dieses Glück auch richtig zu schätzen, dachte er sich wohl. Heuchlerisch schauten einige Referendare begeistert zurück. Der Seminarlehrer brauchte noch wenige Minuten, dann hatte sich seine Physiognomie normalisiert und nach etlichen weiteren Minuten war er auch gedanklich wieder in der Realität zurück.

Dann, und das war ihm hoch anzurechnen, erzählte er die Geschichte, wie es zu diesem „haarsträubend"-Korrekturzeichen kam und diese Geschichte ging so: Jeder Lehrer hat seine eigenen Korrekturzeichen. Einmal forderte eine Lehrerfachzeitschrift seine Leser auf, sich Korrekturzeichen zu überlegen und an die Lehrerfachzeitschriftenredaktion zu schicken. Dort wollte man die Einsendungen sichten und die besten und sinnvollsten veröffentlichen, auf dass sie in Zukunft möglichst alle Lehrer einheitlich verwenden. Unser Referendarlehrer machte sich ans Werk. Wochenlang überlegte er sich Korrekturzeichen und schließlich fiel ihm auch das „haarsträubend"-Korrekturzeichen ein. Nach weiteren Wochen hatte er alles in eine schöne Form gebracht und ausführlich kommentiert und seine Ergebnisse an die Lehrerfachzeitschriftenredaktion geschickt. Nun galt es zu warten, welches seiner wohlüberlegten Korrekturzeichen die Lehrerfachzeitschrift veröffentlichen würde, natürlich mit Nennung seines Namens. Werden von ihm einige Zeichen dabei sein? Wird dabei stehen, dass er dieses Zeichen erfunden hat? Er würde in Fachkreisen landesweit bekannt werden. Wie war das Rechtliche? Hatte er dann auf bestimmte Korrekturzeichen ein copyright? Unser Seminarlehrer wartete also und wartete auf jede Lehrerfachzeitschriftenausgabe. Es erschien zwar monatlich die Lehrerfachzeitschrift aber kein Artikel über Korrekturzeichen befand sich darin. Schließlich schrieb er an die Lehrerfachzeitschriftenredaktion und erkundigte sich, wann nun alle Einsendungen zu Korrekturzeichen gesichtet sind und wann mit einer Veröffentlichung gerechnet werden kann. Schon wenige Tage später hielt er die Antwort in der Hand: „Sehr geehrter…., da Sie der einzige Lehrer sind, der sich an dieser Aktion beteiligte, sehen wir von einer Veröffentlichung ab. Mit freundlichen Grüßen..." Unser Seminarlehrer war darob so bitter enttäuscht und sann auf Rache. Schließlich fiel ihm als Rache ein, dass alle seine zukünftigen Referendare seine Korrekturzeichen lernen und anwenden mussten und er prüfte sie auch beim Zweiten Staatsexamen.

Ein noch besseres Beispiel, um die stark eingeschränkte Intelligenz und damit die besondere Eignung zum Seminarlehrer zu demonstrieren ist folgendes: Das Thema unseres Referendarunterrichts lautete: Wie entwerfe ich eine Schulaufgabe. Da jeder Referendar als Schüler schon zig Schulaufgaben geschrieben hatte, kannten wir Referendare uns schon ein wenig im Thema aus. Es wurde vom Seminarlehrer das Übliche gesagt: In jeder Schul- oder Stegreifaufgabe soll sich eine recht leichte und eine recht schwere Aufgabe finden, denn ein schlechter Schüler muss eine Chance auf einen 6er haben und so kann man verhindern, dass es zu viele Einser oder Sechser gibt und die Notenverteilung einer Klasse wird dann in etwa der Normalverteilung entsprechen. Das war nichts Neues. Dann aber ging unser Seminarlehrer ins Detail. Er warf Fragen auf wie: Wieviel Tage vor einer Schulaufgabe entwirft man diese? Wann vervielfältigt man die Angaben zu einer Schulaufgabe? In welcher Schriftgröße und welchem Zeilenabstand sollen die Schulaufgabenangaben geschrieben sein? … lauter solchen Schwachsinn. Doch es kam noch „aufregender".

Wir Referendare dösenden vor uns hin bis wir auf einmal merkten, dass Spannung in der Luft lag. Die Stimme des Seminarlehrers hob sich nämlich und der Sprachfluss wurde langsamer, ja fast stockend. Er sagte bestimmend, dass man bei einer Schulaufgabe unbedingt zwei Gruppen machen soll, da in einer Bank zwei Schüler sitzen, die nur allzu gern voneinander abschreiben, besonders wenn man es ihnen leicht macht. Um also das Abschreiben zumindest zu erschweren, soll es also zwei Gruppen geben d.h. die beiden Banknachbarn haben nicht die gleichen Aufgaben auf ihrem Angabenblatt. Nun, das ist eigentlich keine große Weisheit, ärgerten sich einige Referendare, die wegen dieser Information ihr Gedöse eingestellt hatten. Doch jetzt kamen die beiden wichtigen, ja entscheidenden Fragen. Die erste, extrem wichtige Frage lautete: Soll man die beiden Gruppen als Gruppe A und Gruppe B oder als Gruppe F und Gruppe T bezeichnen? Ist doch wurscht, wird sich ein normal tickender Mensch mit normalem IQ denken und auch ich blickte nurgelangweilt drein. Dann allmählich begriff ich: Die Angabenblätter mit der Aufschrift „Gruppe F" sollen die Schüler bekommen, welche auf der Fensterseite der Bank sitzen und die mit der „Gruppe T" diejenigen, die auf der Türseite ihren Platz hatten. Begriffen! Würden nun, während einer Schulaufgabe, zwei Angabenblätter, bei einer Unaufmerksamkeit des Lehrers, rasch nach rückwärts getauscht, so wären in einer Bank zwei Aufgabenblätter der „Gruppe F" und in der anderen Bank zwei Aufgabenblätter der „Gruppe T" und die Schüler könnten voneinander abschreiben. Spätestens bei der Korrektur wäre dem Lehrer dann aufgefallen, dass zwei Schüler, die bei der Schulaufgabe nebeneinander saßen die gleichen Aufgaben bearbeiteten, also die Angabenblätter heimlich ausgetauscht hätten. Das war also nach langer Besprechung geklärt: Bei jeder Schulaufgabe soll man zwei Gruppen machen. Warum man schließlich auf die Lösung kam, besser die Gruppen „A" und „B" als „F" und „T" zu wählen weiß ich nicht mehr. Ist auch nicht so wichtig. Aber jetzt kommt das Wichtige, das Entscheidende. Man soll die Angabenblätter einer Gruppe heil lassen und bei den Angabenblättern der anderen Gruppe eine Ecke abschneiden. Während der Schulaufgabe konnte sich so der Lehrer leicht überzeugen, dass in jeder Bank ein heiles Angabeblatt und ein Abgabeblatt mit einer abgeschnittenen Ecke liegen. Unser Seminarlehrer erklärte uns dann auch noch ausführlich, dass es sich empfiehlt, die linke obere Ecke eines Angabeblattes abzuschneiden. Seine sicher sehr aufregende Begründung habe ich leider auch vergessen. Dass ich dies alles vergaß liegt wohl daran, dass nun eine so blöde Belehrung des Seminarlehrers kam, welche ich, nun schon in Pension, nie vergessen werde. Unser Seminarlehrer stellte doch wirklich die Frage: „Beim Angabenblatt welcher Gruppe soll man eine Ecke (oben links) abschneiden, bei der Gruppe A oder der Gruppe B?" Es gab doch wirklich einen Referendar, der nahm diese Frage ernst, meldete sich, gab eine dumme Antwort und meinte, es war wenigstens eine Antwort, während wir andere Referendare uns fragten, was für ein Mensch unser Seminarlehrer ist, der so eine Frage stellt. Der Referendar, der sich meldete, war übrigens der einzige, der später das Referendariat nicht bestand und nicht in den Schuldienst übernommen wurde. Aber wieder zurück. Wir saßen also da, verwundert darüber, dass man eine solch dumme Frage stellen kann. Nochmals forderte uns unser Seminarlehrer auf, sich Gedanken zu machen, bei welcher Gruppe man eine Ecken abschneiden soll. Gedanken machten wir uns höchstens über den Geisteszustand eines Seminarlehrers, der uns zu solchen Gedanken anstiften wollte. Schließlich merkte er, dass uns seine Frage nicht so recht berührte. Er gab deshalb kurz und trocken die begründete Antwort: „Sie müssen beim Angabenblatt der Gruppe A die Ecke links oben abschneiden, da „abschneiden" mit dem Buchstaben „A" beginnt, also wie „abschneiden!" Der Leser denk jetzt vielleicht: Das ist doch wurscht! So denken aber nur normal intelligente Menschen und das war unser Seminarlehrer nicht. Diese Frage nach der Ecke war für unseren Seminarlehrer so entscheidend, dass er uns Referendare darüber fast eine Stunde lang belehrte. Er machte uns auch darauf aufmerksam, dass er diese grandiose Erkenntnis schon dem Bayerischen Kultusministerium meldete, dieses sich aber, was sehr bedauerlich ist, nicht hierzu äußerte bzw. antwortete. Als Rache verpflichtete er uns Referendare, solang wir unter seinem Benotungseinfluss standen, die linke obere Ecke bei der Gruppe A abzuschneiden.

Dies ist also ein weiteres Beispiel, wie wir Referendare auf unseren Job vom Seminarlehrer vorbereitet wurden.

Zweigschuleinsatz

Nach einem halben Jahr Ausbildung an der Seminarschule kam für uns Referendare der Zweigschuleinsatz. Er dauerte zwei Halbjahre. Während dieser Zeit ist ein Referendar an einem Gymnasium tätig und unterrichtet, unter Beobachtung eines „richtigen Lehrers" dieses Gymnasiums, der sich auch Betreuungslehrers nennt, nahezu selbständig. Der Betreuungslehrer besucht ab und zu den Unterricht des Referendars und bespricht mit diesem die Schulaufgaben, ihren Entwurf und ihre Korrekturen durch den Referendar.

Das erste Halbjahr im Zweigschuleinsatz verbrachte ich an einem großstadtnahen Gymnasium Mein Betreuungslehrer dort war zugleich Fachbetreuer. Er war noch jung, dynamisch und wie sein Nachname verriet, dürften seine Vorfahren aus Polen zugezogen sein. Man sah ihm schon am federnden

Gang an, dass er wöchentlich am Lehrersport teilnahm. Seine Kleidung – t-shirt, Pulli, jeans -, zeigten, dass er als unetabliert und establishment-fern gelten wollte. Ich erkannte jedoch bald, dass er das nicht konnte, dazu hatte er nicht genügend Mut, aber er wollte wenigstens so wirken und da er nicht richtig denken konnte, so fiel ihm das auch nicht auf, dass sein Wollen und Können unvereinbar waren. Er trug einen Oberlippenbart in seinem zerfurchten Gesicht. Es war die Zeit, als die Bärte der 68er schon wieder verschwunden waren und sich auch die nachahmenden Spießer schon wieder rasierten. Nur wer stockkonservativ war aber dachte, supermodern zu sein, der hatte noch so einen Oberlippenbart. Die Bartform verriet zugleich mangelndes Geschichtsbewußtsein, denn schon einmal hatte ein Deutscher einen markanten Oberlippenbart. Schon deshalb, aber nicht nur deshalb, wr er mir unsympathisch. Stundenlang besprach er mit mir meine Schulaufgabenvorschläge und doppeltstundenlang meine Korrekturen von Schulaufgaben. Dabei ging es ihm allein darum, seine, nach meinem Empfinden recht bescheidenen Weisheiten, vor mir auszubreiten und sich als Superlehrer aufzuspielen. Wahrscheinlich war dies Ausdruck eines ihm unbewussten Minderwertigkeitskomplexes. Dieser Alles-Besser-Wisser hatte mit meinem Seminarlehrer gemeinsam, dass er ebenfalls völlig ungeeignet als Betreuungslehrer war.

Schon kurze Zeit nach Anfang meines Referendariats erkannte ich ein wichtiges pädagogisches Prinzip: Zuerst loben, dann kritisieren – nicht umgekehrt und ausschließlich! Bei diesem Betreuungslehrer bestand nun alles und jede Besprechung aus Kritik. Lob kannte er nicht. Er wurde vielleicht von seinen Eltern auch nie gelobt? „Das haben sie falsch korrigiert, da haben sie einen Fehler übersehen, da hätten sie den groben Fehler doppelt unterstreichen müssen usw." Bei den ersten Besprechungen meiner Schulaufgabenkorrekturen sagte ich immer „ja, ja", was die Besprechung zeitlich abkürzte ihn aber sichtlich irritierte. Ich wollte mich jedoch mit seinem dummen Geschwätz nicht auseinandersetzen, ich wollte nur, dass diese Besprechungen möglichst bald ein Ende fanden. Schließlich hatte ich noch wichtigere Sachen zu erledigen, so z.B. an meiner Dissertation zu arbeiten. Meine sichtliche Uninteressiertheit an seinem Geschwätz löste bei ihm jedoch nur die Reaktion aus, mich noch mehr und noch länger zu kritisieren.

Eine konkrete Begebenheit will ich erzählen: In zwei Wochen war in „meiner" Klasse eine Schulaufgabe zu schreiben. Also entwarf ich die Aufgaben für diese Schulaufgabe. Tagelang überlegte ich mir diese Aufgaben, den Schwierigkeitsgrad, die Ebenen, die ich damit abdecken wollte, mögliche Alternativantworten, Probleme bei der Korrektur usw. Dann ging ich – zugegeben etwas stolz – zu meinem Betreuungslehrer um ihm den Aufgabenentwurf zu zeigen und absegnen zu lassen. Noch bevor er die Aufgaben überflogen hatte, sagte er schon zu mir: „Da brauchen wir Zeit, ich habe heute Nachmittag Unterricht, kommen Sie doch nach meinem Unterricht vorbei, so gegen 17 Uhr!" Also musste ich am späten Nachmittag nochmals zum Gymnasium fahren, um meinen Schulaufgabenangabeblattentwurf mit ihm zu besprechen. Es dauerte stundenlang. „Diese Aufgabenstellung ist zu konkret, jene zu zweideutig, die andere ist zu leicht, die andere zu schwer usw. Nach mehrstündiger Kritik meinte er: „Nun muss ich aber nach Hause. Diesmal lasse ich ihnen den Entwurf noch durchgehen, aber nur diesmal!" Bei dem Entwurf der nächsten Schulaufgabe war es ähnlich. Für den Entwurf der dritten Schulaufgabe überlegte ich mir einen Trick. Ich beschaffte mir, dank meiner guten Beziehungen zum Hausmeister, alte Schulaufgabenangabeblätter meines Betreuungslehrers und formulierte nur den Text geringfügig um. Stolz zeigte ich ihm „meinen" dritten Schulaufgabenangabeblattentwurf auf welchem nur Aufgaben standen, die der Betreuungslehrer vor vielen Jahren bei Schulaufgaben selber gestellt hatte. Als er auch diesen Entwurf kritisierte wusste ich, dass er sich meinen, der eigentlich seiner war, Entwurf gar nicht angeschaut hat, sonst wäre ihm wohl aufgefallen, dass diese Aufgaben von ihm stammten und dass es ihm nur darum ging, zu kritisieren und sich so selber die Aura eines Superlehrers zu verleihen. Später sagte ich ihm das auch, jetzt noch nicht, denn das hätte wieder eine endlose Diskussion bedeutet und so viel Zeit hatte ich nicht.

Das Ganze wurde dann so richtig lächerlich, da ich mein, von meinem Betreuungslehrer „verbessertes" Schulaufgabenangabenblatt auch meinem Seminarlehrer vorlegen musste. Und dieser kritisierte dann wieder die sogenannten „Verbesserungen" meines Betreuungslehrers an meinen ursprünglichen Entwurf.

Noch schlimmer war es jedoch, wenn der Betreuungslehrer eine von mir korrigierte Schulaufgabe „nachkorrigierte". Darunter versteht man Folgendes: Ein Referendar „lässt eine Schulaufgabe schreiben". Danach korrigiert er sie. Dann gibt er die korrigierte Schulaufgabe seinem Betreuungslehrer. Dieser schaut sich die Korrektur an und urteilt, ob die Korrektur und die Notengebung des Referendars in Ordnung sind. Dies geschieht im Allgemeinen stichprobenartig, d.h. der Betreuungslehrer schaut so drei, vier korrigierte Schulaufgaben an und wenn er den Eindruck hat, dass diese korrekt korrigiert wurden, dann geht er davon aus, dass auch die restlichen Schulaufgaben es sind.

Doch nun wieder zu mir und meinem unmöglichen, etwas perversen Betreuungslehrer. Ich hatte also in einer 8. Klasse eine Mathematikschulaufgabe schreiben lassen. In der folgenden Nacht korrigierte ich sie. Am nächsten Tag gab ich sie meinem Betreuungslehrer zur „Nachkorrektur". Jedes Mal, wenn ich nun in die 8. Klasse kam, wurde ich als erstes von den Schülern gefragt, ob ich denn die Schulaufgabe schon korrigiert hätte. Welche Antwort sollte ich nun den Schülern geben? Würde ich sagen: ich habe sie schon lang korrigiert, sie liegt zur Zeit zur Nachkorrektur bei meinem Betreuungslehrer, so hätten die Schüler geschlossen, dass der Betreuungslehrer wohl etliches an meiner Korrektur auszusetzen hat und deshalb für die Nachkorrektur so lange braucht. Hätte ich den Schülern gesagt, dass ich die Schulaufgabe noch nicht korrigiert habe, so hätte ich in den Augen der Schüler als faul gegolten. So sagte ich zu den Schülern manchmal das und manchmal jenes und meistens gar nichts und wartete, bis mein Betreuungslehrer endlich mit seiner Nachkorrektur fertig war - und das dauerte tagelang (Unfähige Leute brauchen immer lange, selbst bei Routinearbeiten, das ist eine Lebensweisheit!), denn anscheinend hatte er noch so viel anderes zu erledigen. Als mein Betreuungslehrer nun endlich mit der Nachkorrektur fertig war, musste ein Termin gefunden werden, wo er für eine Besprechung mit mir Zeit hatte. Das war an einem Spätnachmittag. Und dann saß ich im Lehrerzimmer mit ihm, stundenlang, und er machte mich auf meine angeblichen Korrekturschwächen aufmerksam, möglichst laut, dass es alle Lehrer, die noch im Lehrerzimmer waren, es hören konnten. So wollte er seine Korrekturweisheit und sein pädagogisches Engagement für Referendare auch vor seinen Kollegen ausbreiten, damit alle sahen, was er für ein Superlehrer ist. Ich schwieg, nickte ab und zu und dachte: Hoffentlich ist er mit seinen schwachsinnigen Bemerkungen bald am Ende. Ernst nahm ich ihn sowieso nicht.

Nur einmal wurde ich wütend. Es war schon spät am Nachmittag im Lehrerzimmer und er war immer noch nicht fertig, über meine angeblich schlechten und falschen Korrekturen einer Schulaufgabe recht laut zu sprechen. Es waren noch zwei Lehrer im Lehrerzimmer als er mir verkündete, dass er am folgenden Nachmittag weiter mit mir über meine unzureichende Korrektur der Schulaufgabe sprechen muss. Die beiden anderen Lehrer spitzten ihre Ohren. Welch guter Betreuungslehrer und welch schlechter Referendar, dem man gleich zwei Nachmittage opfert, um die Korrektur einer Schulaufgabe zu besprechen, dachten diese wohl. Da riss mir der Geduldsfaden. Fast schreiend, dass es auch die beiden anderen Lehrer hören konnten, erklärte ich meinem Betreuungslehrer, dass ich noch etwas anderes zu tun hätte, als seinen Schwachsinn mir anzuhören: „Schließlich will ich morgen Nachmittag an meiner Dissertation arbeiten. Sie haben anscheinend nicht promoviert?" Und noch lauter wies ich meinen Betreuungslehrer darauf hin, dass meine Zeit eigentlich zu kostbar für seine dummen Bemerkungen ist: „Und am Wochenende war ich bei meiner Freundin, meiner zukünftigen Frau. Sind sie eigentlich verheiratet, oder sind sie geschieden, bei ihrer Besserwisserei wäre das kein Wunder! Und vorletztes Wochenende war ich bei jemand Prominenten zum Geburtstag eingeladen. Sie kennen diesen Prominenten doch aus dem Fernsehen?" – Da nannte ich nur den Vornamen des Prominenten, denn das wirkt vertraulicher. - Und so protzte ich weiter und mein Betreuungslehrer wurde immer kleiner und seine Augen wurden immer größer und nachdem ich ihm klar gemacht hatte, was für ein armes pädagogisches und gesellschaftliches Würstchen er war und dass er froh sein kann, dass ich mich überhaupt mit ihm noch unterhalte, unterschrieb er, dass er meine Korrektur der Schulaufgabe mit mir besprochen hat und alles in Ordnung ist und am nächsten Tag konnte ich die Schulaufgabe an die Schüler heraus geben.

Seitdem war der Betreuungslehrer weitgehend kritiklos mir gegenüber, ja er war irgendwie sogar etwas stolz, dass er einen Referendar betreuen durfte – nicht mehr musste, wie früher - der Beziehungen bis in die VIP-Szene hatte und so gescheit war, dass er gar promoviert.

Das zweite Halbjahr im Zweigschuleinsatz verbrachte ich in einem anderen Gymnasium, ebenfalls im Einzugsgebiet von München. Dieses Gymnasium war noch im Aufbau. Die höchsten Klassen waren die 8. Klassen. Der Betreuungslehrer, den ich hier bekam, war viele Jahre an einer Auslandsschule gewesen. „Ausland" das hieß: weit weg von der Kultusbürokratie. „Ausland" das hieß: Unabhängigkeit, Freiheit. „Ausland" das hieß: gute Kollegialität, schließlich hatte man hier als deutscher Lehrer meist keinen anderen Freundeskreis als die Kollegen und die Lebensabschnittsgefährtin. Nun musste mein neuer Betreuungslehrer seine letzten Jahre vor seiner Pensionierung noch an einem bayerischen Gymnasium abarbeiten und weil er als A 15 vom Ausland zurückkam, brauchte man ein Gymnasium für ihn, wo eine A 15 - Funktionsstelle frei war. So wurde er also Vizechef an dem Aufbaugymnasium und auch mein Betreuungslehrer. Bei ihm merkte man gleich, dass er weder die Lehrer, noch die Schüler, noch das bayerische Schulsystem revolutionieren wollte. Er befand sich in der Warteschleife zur Pensionierung und wollte diese ohne burn-out und Herzinfarkt erleben und schon jetzt einen Vorgeschmack auf die Rentnerzeit bekommen. Er wollte sich schonen. „Ich tu' dir nicht weh und du tust mir auch nicht weh!" Das war seine Devise. Manchmal hatte man den Eindruck, dass seine Devise sogar lautete: „Ich tu' fast nichts und du brauchst deshalb fast auch nichts tun." Aber das war nur mein Eindruck. Vielleicht arbeitete er einfach sehr effektiv und deshalb, zeitlich gesehen, sehr wenig. Ein wenig war er auch der Bürokratie entfremdet.

Doch nun zu meiner Betreuung durch den immer gütig dreinblickenden Betreuungslehrer. Er besuchte während des ganzen Halbjahres einmal meinen Unterricht, aber nicht 45 Minuten, sondern lediglich 10 Minuten lang. Dann war er überzeugt, dass ich normal unterrichte und das genügte ihm, um eine positive Beurteilung zu schreiben. Wenn ich eine

Stegreifarbeite oder eine Schulaufgabe schreiben lassen wollte, dann hielt ich ihm das Blatt mit den Aufgaben während der Pause kurz unter die Nase und er meinte dann immer gelangweilt, dass das schon passt. Ich erinnere mich an Folgendes: An einem Vormittag hatte ich zwei Mathematik-Schulaufgaben schreiben lassen, die eine in einer 6. Klasse, die andere in einer 8. Klasse. Um Mitternacht des gleichen Tages war ich, völlig erschöpft, mit der Korrektur der beiden Schulaufgaben fertig. (Normalerweise benötigen Referendare zur Korrektur einer Schulaufgabe eine Woche!). Am nächsten Morgen, kurz vor Schulbeginn, lief mir meine Betreuungslehrer über den Weg. Ich gab ihm die korrigierten Schulaufgaben und fragte ihn, wann wir über meine Korrekturen sprechen können, wie lange es dauert, bis er sie durchgesehen hat? Er fragte: „Was ist der Notendurchschnitt dieser Schulaufgaben?". Ich antwortete: „Bei der einen ist der Durchschnitt 3,6 und bei der anderen 3,4!" Er nahm die beiden Schulaufgaben wortlos von mir, ging zu einen nahen Tisch und fragte mich: „Haben sie einen Kugelschreiber?" Referendardiensteifrig gab ich ihm einen Stift. Damit bestätigte er auf dem Umschlagblatt der Schulaufgaben, dass er mit meiner Korrektur einverstanden und zufrieden ist. Dann gab er mir die beiden Schulaufgaben zurück und fragte: „Haben sie die beiden Klassen heute?" Ich bejahte. Er darauf: „Dann geben sie die korrigierten Schulaufgaben doch am besten gleich heute an die Schüler zurück!" Das war eine Überraschung: Die Schüler hatten noch nie erlebt, dass ein Referendar schon am nächsten Tag ihnen die korrigierte und benotete Schulaufgabe mit nach Hause gab und dort waren es auch die Eltern, die sich überrascht zeigten.

Lehrprobe

Während der ganzen Referendarzeit muss ein Referendar drei „Lehrproben" halten, eEine an der Stammschule zu Ende des ersten Halbjahres, eine an der Zweigschule und eine dritte wieder an der Stammschule, am Ende seiner Referendariatszeit. Eine Lehrprobe ist eine „Paradestunde". Der Referendar hält eine Unterrichtsstunde und Referendar- und Betreuungslehrer sitzen während dieser Unterrichtsstunde im Klassenzimmer, um diese Unterrichtsstunde zu beurteilen, zu benoten. Weil diese eine Unterrichtsstunde einerseits vom Referendar gründlich vorbereitet wird, andererseits nicht alle Lehrproben von den Seminarlehrern mit einer „sehr gut" benotet werden dürfen, kommt es meist auf Kleinigkeit an. Solche sind: Geht der Referendar vor der Klasse auf und ab, „tigert" er? Ist sein Tonfall zu hoch oder zu tief? Redet er zu langsam oder zu schnell? Schaut er zu wenig oder zu viel in die Klasse? Wie ist seine Schrift an der Tafel? Räuspert er sich? Wie häufig ruft er Schüler auf? Sind die Schülerantworten regelmäßig über die Klasse verteilt? Wiederholt er Teile von Schülerantworten (Echo)? Die Beurteilung ist also recht willkürlich.
Interessant ist auch die Stellung der Schüler bei einer Lehrprobe. Die Schüler wissen, dass sie den Referendar in der Hand haben. Sie brauchen sich während der Lehrprobe nur nicht zu melden, oder zu schwätzen, oder sich dumm zu stellen und schon kommt der Referendar ins Schwitzen und die Beurteiler ins Denken.
Trotz all dieser Unvorhersehbarkeiten liefen meine Lehrproben recht gut, auf jeden Fall waren sie besser als die Vorführ-Unterrichtsstunden meines Mathe-Referendarlehrers, welche wir, an der Rückwand im Klassenzimmer sitzend, quasi als K 14, verfolgen mussten (vgl. oben). Also, meine

Lehrproben verliefen recht gut, nein, lassen wir das „recht" weg, nein, sagen wir, sie lief „normal".

Nach der Lehrprobe erfährt der Referendar seine Note und sie wird ihm vom Referendarlehrer auch begründet.

Ich hatte also eine normale Lehrprobe gehalten und erhielt eine normale Beurteilung, alles o.k., doch dann kam die Begründung meines Mathe-Referendarlehrers. Ich sagte vorerst nichts. Als er seine Kritik jedoch beendet hatte, rutschte es mir dann doch wieder heraus: „Wissen sie, ich habe zwar keine ideale Unterrichtsstunde als Lehrprobe gehalten, aber die war immer noch viel besser als ihr Unterricht je war. Wissen sie, ich war auf der Universität und habe mich mit Professoren gepflegt unterhalten und wir haben uns immer gut verstanden. Und jetzt kommen sie daher, ein sogenannter Seminarlehrer, der ein Niveau hat, welches weit unter dem der meisten Referendare liegt. Sie wurden doch nur Seminarlehrer, weil dies kein vernünftiger und schon gar kein guter Lehrer machen will. Gute Lehrer werden A 15 auf anderem Weg. Auf der Universität haben mich Professoren beurteilt, und das nicht schlecht, und jetzt kommen sie daher und wollen mich im zweiten Staatsexamen beurteilen! Wissen sie was, ich lasse mich von ihnen nicht prüfen!" Das saß. Die Zähne des Seminarlehrers fletschten, sein Unterkiefer war soweit vorgeschoben, als wäre er ein Beweis für die Abstammung des Menschen vom Affen. Er knallte seine Mappe, worin er seine Aufzeichnungen zurück geschoben hatte, zu und verließ sprachlos aber aufrichtig das Besprechungszimmer.

Zweites Staatsexamen

Das Referendariat schloss mit der zweiten Staatsexamens-prüfung ab. Die Gesamt-Note dieser Prüfung entschied damals, zusammen mit dem ersten Staatsexamen, ob man sofort als „Studienrat zur Anstellung" (StR z.A.) in den Schuldienst als Lehrer übernommen wurde, oder ob man auf eine Warteliste kam, oder ob man chancenlos auf einen Lehrerjob blieb und sein Glück in einem kündbaren Arbeitsplatz versuchen musste. Die Referendarlehrer hatten also die belastende Aufgabe, gerecht zu benoten, da es um die Zukunft der einzelnen Referendare ging. Dabei gab es auch menschliche Schicksale. Ein Drittel der Referendare meines Seminars waren schon verheiratet und hatten je ein Kind. Der mit Abstand beste Referendar unseres Seminars hatte eine so schlechte Note im ersten Staatsexamen bekommen, dass die Note des zweiten Staatsexamens gar nicht gut genug sein konnte, damit er StR z.A. werden würde. Ich war relativ ungebunden. Ich arbeitete während meiner Referendarzeit an einer Dissertation. Würde ich nicht sofort StR z.A. werden, so könnte ich die Zeit auf der Warteliste mit der Fertigstellung meiner Dissertation überbrücken.

So konnte ich meinen Empfindungen recht freien Lauf lassen. Ich empfand es als eine Unverschämtheit, von einem Referendarlehrer mündlich geprüft und benotet zu werden, der weit weniger „drauf" hat als ich, der nur Referendarlehrer geworden ist, weil er sonst nie A 15 geworden wäre und der uns Referendaren katastrophale Unterrichtssunden präsentiert hatte. Vor der mündlichen Prüfung sagte ich deshalb nochmals zu diesem Referendarlehrer: „Ich wurde auf der Universität von Professoren anständig behandelt und geprüft und jetzt wollen sie mich prüfen, sie, der sie selber keinen vernünftigen Unterricht halten können usw." Er schaute nur verdutzt und blöd lächelnd drein.

Die mündliche Prüfung kam und sie verlief dann auch recht langweilig. Der Referendarlehrer, drei weitere Lehrer und ich saßen im Prüfungszimmer, ich den anderen gegenüber. Jeder hatte einen Notizblock vor sich liegen und war gut gekleidet, ich sogar mit Krawatte. Der Referendarlehrer stellte mir eine Prüfungsfrage. Ich sagte ihm: „Ich sagte ihnen doch unlängst, dass ich mich mit ihnen nicht unterhalten werden und schon gar nicht prüfen lasse!" Die beisitzenden Seminarlehrer schauten sich etwas stupide an. Da sie das aber oft taten, fiel dies nicht weiter auf. Nach einer knappen halben Stunde war das Anschweigen beendet. Ich bekam im Fach dieses Referendarlehrers eine Fünf. Ich fragte später diesen Referendarlehrer, warum ich keinen 6er bekam, schließlich hatte ich ja nichts gesagt. Nun gab er mir keine Antwort mehr. Wegen dieser Note kam ich auf die Warteliste und erhielt erst ein Jahr später eine Beamtenanstellung an einem staatlichen Gymnasium.

Schulleitung

Die nichtpromovierten Schulleiter

Ein normaler Lehrer sollte nicht promoviert haben. Das erzeugt nur Neid bei den nichtpromovierte Kollegen und nicht nur bei diesen. Ich hatte in meinem Schulleben fünf Chefs und nur der fünfte hatte promoviert. Jedes Vorstellungsgespräch begann mein neuer Chef so: „Ich hätte auch promovieren können, aber...." Beim einen war es noch der Krieg und sein Notabitur – entsprechend war seine Allgemeinbildung –, beim anderen waren es die ärmlichen Verhältnisse seiner Eltern – entsprechend großkotzig benahm er sich nun als Chef -, der dritte fand keinen geeigneten Doktorvater – ich wunderte mich nicht - und beim vierten war kurz vor dem Rigorosum der Doktorvater gestorben. Ob alle vier Gründe stimmten, mag ich nicht zu beurteilen. Auf jeden Fall hatten alle vier Chefs einen Minderwertigkeitskomplex gegenüber einem neuen, jungen, promovierten Lehrer und sie ließen es dem Neuling spüren, dass, nach ihrer Ansicht, eine Promotion noch keinen guten Lehrer ausmacht.

Andererseits hatte es in seltenen Fällen einen Vorteil, wenn man vor seinen Namen ein Dr. schreiben durfte. War nämlich der Chef, wie mein fünfter, auch ein „Doktor", so unterhielt er sich mit dem promovierten Kollegen fast wie mit seinesgleichen. Er war sogar dankbar, dass es in seinem Kollegium seinesgleichen gab. Und als Schulleiter lag ihm daran, das Image „seiner" Schule durch eine Anzahl promovierter Lehrer zu erhöhen, erstrahlen zu lassen. Welche Eltern wollen nicht, dass ihre Kinder von Doktoren unterrichtet werden?

Mein Hauptvorteil war jedoch, dass ich bei der Erstellung meiner Promotion gelernt hatte, effektiv zu arbeiten. Dies zahlte sich besonders als Lehrer aus. Dieser Umstand, also effektives Arbeiten, ist anderen Lehrern völlig fremd, wenigstens den allermeisten.

Ein werdender Schulleiter

Ich kannte einen Studiendirektor an einem staatlich anerkannten kirchlichen Gymnasium. Der wollte Oberstudiendirektor dieses Gymnasiums werden. Weil es ein privates Gymnasium war, so wurde auch auf die Meinung der Schüler bzw. ihrer Eltern Rücksicht genommen.

Als ich frischgebacken an dieses Gymnasium kam, schleimte sich dieser Studiendirektor sogleich bei mir ein. Er belehrte mich Frischling, wie es an diesem Gymnasium auf und zu geht. „Knallhart zugreifen", so nannte er mir seine Devise. „Je mehr „Durchfaller", umso besser, meinte er zu mir. „Und besonders in ihrem Fach, in Mathematik, da kann man doch problemlos Köpfe rollen lassen!" Da hat er recht, dachte ich mir und so saß ich tagelang da und überlegte mir Schulaufgaben, die richtig schwer waren und wenn das noch nicht genügte, dann korrigierte ich sie so streng, dass ich immer einen Notendurchschnitt von 4,0, bestensfalls 3,9, bekam. Die Schüler wurden immer noch fleißiger. Meine Schulaufgaben wurden immer noch schwieriger. Bei den Schülern, die schon immer schwach in Mathematik waren, half auch ein Nachhilfeunterricht nicht mehr. Bei meinen Schulaufgaben waren sie chancenlos. Und immer wenn mir der Studiendirketor über den Weg lief sprach er mich an: „Durchhalten, schreiben sie schwere Schulaufgaben, von diesen Schülern ist höchstens die Hälfte gymnasialtauglich!" Besagter Studiendirektor gab in jener 11. Klasse, in der ich Mathematik unterrichtete, das Fach Latein. „Wenn wir zusammen halten" – er meinte Mathematik und Latein –

„dann schaffen wir eine hohe, ja sehr hohe Durchfallerquote", sagte er öfter zu mir. Ich bemühte mich weiterhin, seinen Erwartungen gerecht zu werden. Einmal fragte ich ihn, wie es denn mit seinen Notendurchschnitten in Latein steht. Da kam er mit den üblichen Ausreden: „Ich habe versehentlich ein zu leichte Schulaufgabe gestellt, leider zu gut ausgefallen! Aber die nächste Schulaufgabe, die mache ich so richtig schwer!" Als ich ihn nach dem Ergebnis seiner nächsten Schulaufgabe fragte, so hatte er wieder eine schwache Ausrede, um zu begründen, dass seine Schulaufgabe wieder zu gut ausgefallen war.

Da redete ich einmal in einer Mathematikstunde mit den Schülern über das Fach Latein. Die Schüler meinten, ich solle mir den Lateinlehrer zum Vorbild nehmen, meine Mathematikschulaufgaben sind immer viel schwerer als die Lateinschulaufgaben und entsprechend unterschiedlich sind dann auch die Notendurchschnitte. „Was nützt es, wenn wir bei ihnen lernen, man bekommt doch nur schlechte Noten", meinten sie. „Auch unser Lateinlehrer sagte zu uns, dass sie ein schlechter Lehrer sind, wenn man ihre Notendurchschnitte anschaut", sagten sie zu mir. Ich fiel aus allen Wolken. Zu mir sagte der Lateinlehrer immer, ich solle den Schülern möglichst schlechte Noten geben und er gab in Latein nur gute Noten, um sich bei den Schülern und Eltern einzuschleimen. Um die Sache abzukürzen: Der hinterfotzige Lateinlehrer wurde bald Schulleiter, da er große schulische Erfolge hatte und ich ging an ein anderes Gymnasium.

Der Chef und der Hausmeister

Es gibt nicht wenige Gymnasien, in denen der Hausmeister mehr zu sagen hat als der Chef. Der Chef ist leicht ersetzbar, der Hausmeister nicht. Ein Chef hat einen Vertreter, der ihm vielfach die Arbeit abnimmt, ein Hausmeister hat keinen gleichwertigen, schulheimischen Vertreter.

Ich kannte einen Hausmeister, der immer in einer Lederhose steckte, immer böse dreinschaute und ungezogenen Schülern ab und zu eine Watschen gab. Wenn dann die Eltern sich beim grünlich angehauchten Chef beschwerten, dann war seine Antwort, mit viel Mitleid vorgetragen: „Was soll ich denn machen? Ich brauche ihn (gemeint ist der Hausmeister). Das mit der Watschen kommt halt ab und zu vor!" Würde ein Lehrer einem Schüler eine Watschen geben, und wäre sie noch so sanft, dann hätte dies Konsequenzen bis zur Entlassung oder Versetzung dieses Lehrers. Ein Lehrer war leicht durch einen anderen Lehrer zu ersetzen, ein Hausmeister nicht. Der Hausmeister kannte sich im ganzen Haus aus. Er wusste, wie die Heizung funktioniert, welcher Lehrer es mit welcher Lehrerin trieb, der konnte meist als einziger den Gong richtig einstellen und den Probefeueralarm auslösen und beenden.

Ließ sich der Chef vom Hausmeister nicht alles gefallen oder kritisierte ihn gar, dann kam es immer zum gleichen Spielchen: Der Hausmeister machte solange krank, bis der Chef einsah, dass ohne Hausmeister nichts lief. Dann musste der Chef den Hausmeister bitten, doch wieder gesund zu werden, um den Niedergang der ganzen Schule zu verhindern. Dann wurde der Hausmeister wieder umgehend gesund und die Hierarchie in der Schule funktionierte wieder: Die wichtigste Person war dann wieder der Hausmeister, dann folgte der Schulleiter, dann die Schüler und schließlich die Lehrer.

Eine Schulleiterin

Wehe, wenn ein Gymnasium eine unverheiratete Schulleiterin bekommt und zuvor einen alten Schulleiter hatte. Wehe über dieses Gymnasium, über seine Lehrer und seine Schüler. Bei mir war dies so: Der ältere Schulleiter sah noch drahtig aus. Er spielte im Sommer Golf und im Winter Tennis in der Halle, war immer sportlich gekleidet, federte auf seinen Turnschuhen durch die Gänge des Gymnasiums und erkannte, dass er nur gut delegieren muss, um seine Gymnasium erfolgreich zu leiten. Und so kam er um 9 Uhr in die Schule, in der schon heftig unterrichtet wurde und verließ diese wieder um 12,30 Uhr, als immer noch intensiver Unterricht stattfand. In der Zwischenzeit delegierte und unterschrieb er. Er hatte einige Lieblingslehrer, vor die er sich immer schätzend stellte und die für ihn die Drecksarbeit erledigten. Und so ging er geschont in seine Pension und es kam eine junge, recht gut aussehende Schulleiterin an unsere Schule.

Sie kam vom ISB und war karrieregeil, dynamisch, unverheiratet und kinderlos. Bei ihr zuhause wartete niemand auf sie, nicht einmal ein Hund oder eine Katze. Zuhause war sie eigentlich überflüssig. Dafür fühlte sie ständig ihre hohe Bedeutung in der Schule. Und weil sie in der Schule eine so große Bedeutung vermutete, wollte sie alle Lehrer an ihrer Bedeutung teilnehmen lassen. Und so hielt sie fast alle zwei Wochen an einem bestimmten Nachmittag, an dem sonst kein Unterricht an der Schule stattfand, eine Lehrerkonferenz. Dort redete sie, und redete, ach wie gern hörte sie sich selber reden, und wähnte sich so bedeutungsvoll. Wo lag nun das Problem? Ich saß meistens bei diesen Konferenzen in der ersten Reihe, da ich immer sehr spät zu den Konferenzen kam, und korrigierte. Also hatte ich kein Problem. Es gab aber zu jener Zeit drei Kolleginnen mit Kleinkindern, welche sie am

Vormittag bei einer Pflegemutter hatten und nachmittags selbst betreuten. Und genau diese Mütter mussten nun entweder verzweifelt eine Kinderbetreuung während der Zeit dieser überflüssigen Konferenzen suchen oder sie nahmen die Kleinkinder mit zur Konferenz.

Übrigens: ihre Bedeutung wollte die neue Schulleiterin noch weiter steigern, indem sie sich mit dem Kunsterzieher umgab. Letzterer erhielt über sie immer wieder öffentliche Aufträge zur Verschönerung des Gymnasiumbaus. Sie durfte dafür bei Ausstellungseröffnungen von ihm die Laudationes auf „ihren Kunsterzieher" halten.

Doch zurück zu den Konferenzen: Ich saß in der ersten Reihe. Vor mir redete die Chefin einen Schmarren - vielleicht für Referendare interessant, weniger für mich, einem alten Hasen. Überhaupt, was gingen mich die neuesten Bestimmungen des Kultusministeriums an oder die neuesten Lehrpläne, welche in wenigen Jahren schon wieder veraltet sein würden, ich geh' eh bald in Pension. Also zog ich eine am Vormittag geschriebene Schulaufgabe heraus und begann zu korrigieren. Ab und zu merkte ich die bösen Blicke der Chefin auf mir, aber sie lösten kein schlechtes Gewissen bei mir aus und ich wollte die Schulaufgabe morgen korrigiert und benotet an die Schüler zurückgeben. Also musste ich jetzt korrigieren. Ich schaffte es gerade so. Als ich die letzte Schulaufgabe korrigiert hatte, kam die neue Schulleiterin zum Ende ihres Monologes.

Am nächsten Tag fand ich einen Brief in meinem Fach – ein Brief von der neuen Chefin. Darin stand in etwa, dass sie erwartet, dass ich nicht korrigiere, wenn sie auf einer Konferenz spricht, schließlich will ich ja auch, dass die Schüler aufpassen, wenn ich im Unterricht rede. Das war natürlich eine Einladung an mich zu einer Entgegnung. Ich antwortete ihr schriftlich: „Im Gegensatz zu Ihnen erzähle ich den Schülern Wissenswertes, Interessantes, Notwendiges." Sie antwortete nicht mehr. Also verlegte ich mich auf eine weitere

Gemeinheit: In den Konferenzen wartete ich, bis die Anwesenheitsliste zu mir kam, ich unterschrieb, nahm meine Schultasche und ging nach Hause. Die Chefin reagierte nicht. Anscheinend war es ihr genehmer, wenn ich nicht anwesend war, als dass ich korrigierte. Und deshalb sagte sie auch nichts mehr! Wie erleichtert wird sie gewesen sein, dass ich in der letzten Konferenz vor meiner Pensionierung, auf welcher ich verabschiedet werden sollte, unentschuldigt fehlte.

Die Neue

Auch an einem anderen Gymnasium bekam ich einmal eine neue Chefin. Wieder Pech gehabt.

Man war gespannt, wer der neue Chef werden würde. Der alte Chef hatte sich so seiner Pensionierung entgegengedient. Er hat sich um sein Häuslein in Griechenland gekümmert und um seine studienunfähigen Kinder, welche trotzdem studieren mussten. Nun also hatte er sein ministerielles Abschiedsschreiben in der Tasche mit viel Lob über seinen unerhörten Einsatz für „sein" Gymnasium. Großteils verlogen!

So fünf Wochen vor den „Großen Ferien" ging das Lauffeuer durch die Schule. Neuer Chef wird eine Chefin, bisher stellvertretende Chefin eines anderen Gymnasiums, Fächerverbindung Deutsch und katholische Religion. Die Computer wurden angeworfen, das internet der Schule drohte zusammenzu brechen, unter googel versuchte man Hinweise auf die Neue zu gewinnen. Es gab mehr Fragen als goggle beantworten konnte. Ist die Neue konservativ katholisch oder modern katholisch? Wieso ist sie erst A 14 und noch nicht A 15? Kann man über ihren Vornamen auf ihren Charakter schließen? Wochenlang wurde über nichts anderes diskutiert als über die Neue. Man vergaß zu mobben, zu intregieren, Noten zu machen und Verweise auszuteilen. Allmählich fokusierte sich alles auf das Aussehen der Neuen. Im Internet wurde ein Foto gefunden. Es war nur ein Brustbild, ohne Beine, und gab auch sonst nicht viel her. Konnte man über dieses Foto auf den Charakter der Neuen schließen? Die Vermutungen gingen von „Emanze" bis zu „Heimchen in der Schule". Wie war zu interpretieren, dass sie nicht verheiratet war? War sie eine Workoholikerin, die keinen Blick für Männer hat, oder wollte sie einen Mann, fand ihn aber nicht, oder hatte sie vielleicht sogar schon eine enttäuschte Jugendliebe hinter sich? Sah sie in einem Mann ein Karrierehindernis oder fürchtete sie sexuelle Ausbeutung? Versagte sie sich einer Ehe um des Schulreiches Willen?

Dann kam der Tag, auf den alle, Lehrer wie Schüler, gewartet hatten: Der Alte wurde verabschiedet und die Neue vorgestellt. Der erste Eindruck war überwältigend: Hübsche Figur, modern gekleidet, lange Haare, selbstbewusster Schritt, breites Lächeln usw. Alle Lehrer waren begeistert. Waren es wirklich alle?

- Hitzefrei

Die Neue gab die Parole aus: Kein Hitzefrei. Es gibt keinen Grund, dass ein Maurerlehrling im Sommer auf einer Baustelle schwitzt und der gleichaltrige Kollegiat wälzt sich, da „hitzefrei", zeitgleich im Schwimmbad. Wie war das früher? Der Alte gab immer hitzefrei.

- Konferenzen

Beim Alten gab es drei Konferenzen im Schuljahr: am Schuljahresanfang, zum Zwischenzeugnis und am Schuljahresende. Bei der Neuen gab es alle Vierzehntage eine Konferenz, immer am Donnerstag, da an diesem Tag kein Nachmittagsunterricht war. Die Lehrer wurden an diesen

Nachmittagen weitergebildet was das Zeug hält. Lehrerinnen mit Kleinkindern freuten sich gar nicht darüber.

-   Beurteilung

Die Regelbeurteilungen waren im Durchschnitt um eine Note schlechter als beim Alten. Nur wenigen Kollegen verbesserte sie die Beurteilungsnote. Das Kollegium zerfiel in ihre Lieblinge und in Lehrer, welche sich von der Chefin falsch beurteilt fühlten, und das waren die meisten. Und je unbeliebter sie wurde, umso kürzer wurde ihr Röcklein.

Beurteilung

Alle vier Jahre wurde jeder Lehrer, der jünger als 50 Jahre war, vom Leiter des Gymnasiums beurteilt. Der Durchschnitt aller Beurteilungen eines Gymnasiums sollte in etwa dem bayerischen Durchschnitt entsprechen. Wenn der Schnitt eines einzelnen Gymnasiums öfter vom bayerischen Schnitt großzügig abwich, dann hatte der Schulleiter ein Problem mit dem Ministerium. Dieses glaubte nämlich nicht, dass es an einem bestimmten bayerischen Gymnasium nur Superlehrer und an einem anderen Gymnasium nur schlechte Lehrer gibt. Teilweise war es jedoch so: Es gab (gibt) innergroßstädtische Gymnasien mit recht vielen durchschnittlichen bis schlechten Lehrern. Welcher Lehrer wollte (will) hier, wo die Schüler verzogen bis aggressiv sowie der Ausländeranteil an Schülern und die Lebenshaltungskosten hoch waren (sind) auch schon unterrichten? Nur die, welche von außergroßstädtischen Schulleitern nicht begehrt wurden (werden). Da gab es Gymnasien im ländlichen Raum, wo nur begabte Schüler auf das Gymnasium gingen. Die anderen Schüler besuchten die Realschule, um einmal den Gewerbebetrieb oder den Bauernhof des Vaters zu übernehmen. Da fassten die Schüler den Gymnasiumsbesuch noch als Privileg auf und lernten fleißig. An solche Gymnasien drängten gute Lehrer. Aber ich will nicht zu sehr von meinem Thema abweichen und komme deshalb zurück zur „Beurteilung".

Diese Beurteilung kam so zustanden: Der Schulchef besuchte jeden Lehrer im Zeitraum von vier Jahren durchschnittlich dreimal während seines Unterrichts. Der entsprechende Fachbetreuer musste dem Schulleiter über die Korrekturen des zu beurteilenden Lehrers berichten. Dann bedachte der Schulleiter auch noch die Aktivitäten des Lehrers, welche über seinen Unterricht hinaus gingen. Aus alle diesem erstellt der Schulleiter für jeden Lehrer unter 50 Jahren eine schriftliche Beurteilung. Diese war dann beförderungsrelevant.

Der Schulleiter las jedem Lehrer am Ende des Beurteilungs-zeitraums seine Beurteilung vor und der Lehrer musste unterschreiben, dass er dies zur Kenntnis genommen hat. Zwischen Vorlesung und Unterschrift lag meistens ein Gespräch zwischen Beurteiltem und Chef. Entweder der Beurteilte war positiv überrascht, dann gab es ein kumpelhaftes Plausch, oder er fühlte sich zu schlecht beurteilt, dann wurde es schon manchmal im Zimmer des Chefs so laut, dass die Sekretärin nebenan mitbekam, dass der Betroffene mit der Note nicht einverstanden war. Einmal soll es gar zu Handgreiflichkeiten gekommen sein.

Es gab aber auch Absprachen. Ein Lehrer, es war ein Berliner, der sich nach Bayern verirrt hatte, fühlte sich zu schlecht beurteilt. Tatsächlich war diese Beurteilung schon ok, als Berliner war er für bayerische Verhältnisse ein schlechter Lehrer. Trotzdem sagte er zum Chef, ganz cool in seiner schnoddrigen Berliner Art, dass er die Beurteilung durch ein Gericht anfechten werde. Eigentlich kein Thema, dass das Gericht die Beurteilung anerkennt, da formal alles in Ordnung war. Der Chef sah sich jedoch geistig vor Gericht stehen, wie er dem Richter Auskunft geben musste über seine

Beurteilungskriterien, er sah den Journalisten der Lokalzeitung in der letzten Bank des Sitzungssaales sitzen und sah die Lokalzeitung mit Negativschlagzeilen über ihn und „seine" Schule. Also machte er dem zu Beurteilenden folgenden Vorschlag in Güte: „Sie sehen von einer Anzeige ab und ich verspreche ihnen, dass sie bei der folgenden Beurteilung eine bessere Note bekommen. Auf diesen Deal hin folgte sofort die Unterschrift unter die Beurteilung. Folge dieser Übereinkunft war, dass es am Gymnasium nun einen extrem faulen Lehrer gab, der mit der Sicherheit herumlief, in vier Jahren eine recht gute Beurteilung zu erhalten.

Dankbar war ein Chef, wenn in seinem Kollegium einige diskussionslos schlechte Lehrer waren. Mit diesen konnte er den Schnitt ausgleichen. Beim Durchschnittslehrer musste sich der Schef schon etwas zur Begründung einfallen lassen. Angenommen, ein Lehrer erhielt die Note 4. Nach vier Jahren erhielt er wieder eine 4, obwohl er sich gesteigert hatte, besser unterrichtete und auch mehr Engagement zeigte. Dann lautete die Begründung des Chefs meistens: „Das kann man erwarten, dass der Unterricht mit der Zeit besser wird, das ist nichts Besonderes! Deshalb kann ich keine bessere Note geben" Oder ein Lehrer wurde innerhalb einer Beurteilungsperiode vom Studienrat zum Oberstudienrat befördert. Dann wurde er sogar manchmal zurückgestuft mit der Begründung: „Von einem Oberstudienrat muss man mehr erwarten, als von einem Studienrat!"

So frech war nicht jeder wie ich: Da traf mich zufällig der Chef auf dem Weg in eine Klasse. Er sagte zu mir: „Schade, dass sie schon über 50 Jahre sind, sonst würde ich sie einmal besuchen und ihren Unterricht beurteilen." Darauf sagte ich zu ihm: „Ich würde das auch begrüßen. Von mir können sie noch viel lernen!"

Zur Beliebtheit eines Schulleiters

Früher war der Posten eines Schulleiters erstrebenswert. Heute strebt ihn fast kein Lehrer mehr an. Früher musste man A 15 sein, um sich auf einen solchen Posten bewerben zu dürfen, heute nimmt das Ministerium auch schon A 14-Leute. Als Schulleiter ist man Schuhabstreifer für alle: Wenn ein Lehrer mit einem Kollegen nicht klarkommt, dann geht er zum Schulleiter und heult sich bei diesem über den Kollegen aus. Wenn Eltern mit einem Lehrer nicht zufrieden sind, dann gehen sie zum Schulleiter und bitten diesen, besagten Lehrer zurechtzuweisen bzw. nach ihren Wünschen zurechtzurücken. Wenn das Ministerium Probleme hat, dann ruft es den Schulleiter in einem oft rüden Ton an. All das ist für einen Schulleiter belastend.

Allerdings kannte ich auch einen Schulleiter, der mit all dem gut zurechtkam und alles an sich und seinem Gehalt abperlen ließ. Wenn er einmal depressiv war, was selten der Fall war, dann genügte ihm ein Blick auf seinen Gehaltszettel, um wieder in Stimmung zu kommen. Er wurde an der gleichen Schule, wo er Lehrer war, zum Schulleiter befördert. Er kannte also das Innenleben der Schule von Beginn an. Und so suchte er sich die „richtigen" Mitarbeiter aus und machte mit ihnen folgenden Deal: „Ich stehe 100% hinter euch, wenn ihr mir meine Arbeit abnehmt!". Und das klappte. Er kam jeden Tag um 9 Uhr gut gelaunt in die Schule, begrüßte höflich die Sekretärinnen, setzte sich an seinen Schreibtisch, unterschrieb Briefe und Verweise. Dann ließ er sich sein zweites Frühstück von einer Sekretärin servieren. Anschließend besuchte er seine Mitarbeiter im Direktorat und erkundigte sich, ob er unbedingt irgendetwas wissen sollte. Nachdem dies meistens verneint wurde nahm er wieder seinen Hut und Mantel und verließ, wieder gut gelaunt die Schule. Es ging schon auf Mittag zu!

Der eigentliche Chef

Bei vielen Schulleitern steht im Vordergrund, dass ihre Schule nach außen wirkt, dass Leute, angefangen vom Landrat, über die Bürgermeister bis zu den Eltern einen guten Eindruck von der Schule haben. Dieser Eindruck muss nicht stimmen und meistens stimmt er auch nicht, weil der Eindruck teilweise durch die Lokalpresse gemacht wird. So erwartete mein Chef, dass die Kunsterzieher seines Gymnasiums selber künstlerisch tätig waren und Ausstellungen organisierten, dass die Sportlehrer in Sportvereinen bestimmte Sportsparten trainierten und dass die Musiklehrer die örtliche Blasmusik dirigierten, den örtlichen Kirchenchor leiteten oder zumindest selbst in Konzerten auftraten. Und auch die anderen Lehrer konnten sich in der Öffentlichkeit engagieren und sei es, wie ein Biologielehrer, bei den „Grünen". Wichtig war nur, dass in der Lokalzeitung häufig erwähnt war, dass ein Lehrer unseres Gymnasiums irgendetwas unternommen hat –am besten mit Foto.

Da war ein Musiklehrer. Er hatte kein Staatsexamen sondern nur irgendeinen halbstaatlichen Abschluss an einem Konservatorium in der Tasche. Er hatte nämlich kein Abitur und so konnte er auch nicht auf eine Hochschule oder Universität studieren. Er war ein Musicalfan und hatte sich in den Kopf gesetzt, ein Musikcal am Gymnasium aufzuführen und zwar kurz vor der „Einschreibung" neuen Schüler. Das Musical wurde eine ganz große Sache. Leute kamen von nah und fern. Nicht nur Schüler, auch Lehrer, die kurz vor der Beförderung standen, spielten und sangen mit. Der eigentliche Chef des Gymnasiums war davon so begeistert, dass er gar nicht merkte, dass er in „seiner" Schule in den Hintergrund gedrängt wurde. Der Musiklehrer ohne Abitur nahm das Szepter in die Hand. Er bestimmte, wenn eine Unterrichtsstunde ausfiel, weil er Schüler zum Bühnenaufbau brauchte. Er bestimmte, wenn ein Schüler im Unterricht nicht anwesend war, weil er sich einsingen musste. Er legte fest, ob der Schulaufgabenplan geändert werden musste. Die Schulleitung war trotzdem begeistert von diesem abiturlosen Lehrer, ebenso die Eltern und fast alle Lehrer, nur einer nicht: Es war der andere Musiklehrer dieses Gymnasiums. Dieser hatte ein solides Musikstudium an einer Musikschule hinter sich, spielte fantastisch Klavier und Violine und musste sich vom Schulleiter vorhalten lassen, dass er eigentlich für dieses Gymnasium ungeeignet ist, weil er nur einen guten Unterricht hielt, aber sonst nichts für das Gymnasium macht.

Der Aufstieg bis zum Vizechef

Als er an unser Gymnasium kam erregte er, wenngleich nur geringes, Aufsehen: zerlumpte Jeans, lange Haare, ungepflegten Bart und das schlimmste: Er sprach württembergisch-schwäbischen Dialekt. Man verzieh ihm dies alles, weil er Mathematik und Physik unterrichtete und Lehrer mit dieser Fächerkombination rar und arrogant waren.

Er übernahm gleich die Leitung am „Kaffeetisch" im Lehrerzimmer. Wenige Wochen nach seinem Einstand wurde er zum dritten Mal Vater. Zwei Wochen nach der Entbindung saß seine Frau mit dem Neugeborenen im Lehrerzimmer und präsentierte stolz ihr Drittgeborenes. Dass man auf seinen Nachwuchs stolz ist, ist verständlich, aber was hat dieser Stolz an unserem Gymnasium verloren? Da sitzt plötzlich eine uns allen fremde Frau mit ihrem wenige Wochen alten Säugling und erwartet Bewunderung!

Später machte sich dieser Lehrer über die bayerische Grenzpolizei lustig, weil sie an der schweizer-deutschen Grenze im Gepäck seines Ältesten Haschisch entdeckten und dies gar nicht lustig fanden. Etwas leiser wurde er, als sein Älteste in den Jugendarrest musste, wegen einer anderen Sache. Einige Kollegen dachten: Was ist das für ein Erzieher, der nicht einmal seine eigenen Kinder erziehen kann? Sein Stern begann am „Kaffeetisch" zu verblassen, aber nur vorübergehend. Bald strahlte er wieder. Die Löcher in seinen Jeans wurden auch immer kleiner, Haare und Bart kürzer und seine Sprache bekam einen Anflug von Hochdeutsch.

Jeder war dann überrascht als es hieß, der Württemberger wird Vizechef an unserem Gymnasium. Keiner hatte seine Bewerbung mitbekommen. Man konnte sich ja nicht einmal vorstellen, dass er so ein Amt anstreben würde, so wie er aussah und wie er redete! In den Augen der Chefin war er jedoch noch jugendlich, dynamisch, mit einem Hauch von 68er. Mit ihm ließe sich ein modernes, flottes, fortschrittliches Gymnasium auch nach außen präsentieren.

Zwischenzeitlich sind die Haare des Vizechefs gepflegt, sein Bart kurz, seine Jeans löcherfrei und er besitzt jetzt schon zwei Krawatten.

Titel und Gehalt

Den Lehrling nennt man im Gymnasium Referendar. Er ist Beamter auf Probe. Dann folgte zu meiner Zeit der Titel Studienrat z.A. (= zur Anstellung). Nach einigen Jahren fällt das z.A. weg und man wird nur noch Studienrat genannt und hat die Besoldung A 13. Die nächste Stufe auf der Karriereleiter ist der Oberstudienrat mit der Besoldung A 14. Dann wird man vielleicht Studiendirektor mit dem gewaltigen Besoldungssprung auf A 15 und schließlich folgt der Schulleiter, der Oberstudiendirektor, mit A 16.

Besoldung A 15

Um den Sprung von A 14 auf A 15 zu schaffen, und das war finanziell ein gewaltiger Sprung, musste man einige Jahre vorher eine Funktionsstelle haben. An fast jedem Gymnasium gab es für knapp 2/3 der Lehrer eine Funktionsstelle. Hatte man schließlich A 15 erreicht, so musste man, um A 15 zu bleiben, weiterhin eine Funktionsstelle besitzen. Das bedeutete, dass ca. die Hälfte der Lehrer mit A 14 und die andere Hälfte mit A 15 pensioniert wurden. Hochgerechnet hieß dies, dass ein A 15-Lehrer im Laufe seines Lebens ca. 150.000 € mehr an Gehalt und Pension vom Staat bekam, als ein A 14ler, wenn er nach Erreichen des statistischen Durchschnittsalters im Sarg in das Grab sinkt oder seine Asche in eine Urnennische gestellt wird.
Eine Funktionsstelle zu bekommen war also für die meisten Lehrer überaus interessant. Der Lehrer konnte sich ein größeres Haus bauen lassen, die Lebenspartnerin durfte mehr Schuhe und Taschen kaufen und die Ehegefährtin freute sich auf einen längeren Urlaub, den man nicht unbedingt in der Türkei verbringen musste.

Die Funktionsstellen wurden vom Schulleiter vergeben. Ich glaube, dass der Personalrat auch zustimmen musste. Eine Funktionsstelle bedeutete, dass man eine bestimmte Funktion ausüben musste, oder sagen wir besser „sollte". Die häufigste Funktionsstelle war die eines Fachbetreuers. War man Fachbetreuer in einem Fach, dann war man der Oberste in diesem Fach. Alle Schulaufgaben, welche in einem Fach geschrieben wurden, landeten zur Nachkorrektur beim Fachbetreuer. Dieses System sollte gewährleisten, dass alle Lehrer in einem Fach ungefähr die gleichen Anforderungen an die Schüler stellen.

Wie begehrenswert manche Lehrer eine Funktionsstelle hielten zeigt folgendes Beispiel: Ich kannte eine Lehrerin für moderne Sprachen. Sie war äußerst penibel. Tage-, ja wochenlang korrigierte sie an einer Schulaufgabe herum. Jede Korrektur von ihr war ein Kunstwerk. Sie unterstrich jeden Fehler fein säuberlich mit dem Lineal und formulierte dazu am Rand einen druckreifen Kommentar, den sie vorher auf einem Schmierpapier aufgesetzt hatte, in Schönschrift. Auch hielt sie immer einen hervorragenden, optimal vorbereiteten Unterricht. Ihr Nachteil war, dass sie, wegen ihrer coolness und Unnahbarkeit nicht so richtig beliebt war, weder bei den Schülern, noch im Lehrerkollegium, sondern eher geachtet. Also, genau gesagt, sie war nur bei einem unbeliebten Kollegen richtig beliebt und „ging mit ihm". Sie hatte neben ihrer Unbeliebtheit auch noch das Manko, dass in ihren Fächern auf absehbare Zeit keine Funktionsstelle frei werden würde. Obwohl sie am Schulort eine Wohnung gekauft hatte und obwohl sie in ihrer Schule einen Lehrer als richtigen Freund hatte, ließ sie sich an eine andere, weit entfernte Schule versetzen, weil hier eine Funktionsstelle frei wurde die sie dann auch bekam. Sie verkaufte ihre Wohnung und verließ ihren Freund und zog weg und alles nur wegen einer Funktionsstelle.

Im Allgemeinen ging es jedoch leichter, eine Funktionsstelle zu bekommen. Da gab es einen Musiklehrer an meiner Schule. Er hatte lange Haar, sein Gesicht war zerfurcht, sein Gang locker. Er spielte recht ordentlich Klavier und gab immer wieder Konzerte, meist als Begleiter. Musikpädagogik interessierte ihn nicht. Seinen Lehrerberuf fasste er als zweites, sicheres, pensionsberechtigendes Standbein auf. Da er in seinem Fach Musik immer nur die Noten 1 oder 2 vergab, war er bei den Schülern recht beliebt und da ihm auch der gehobene Lärmpegel während seines Unterrichts nichts ausmachte, schonte er auch noch seine Nerven. Um möglichst wenig zu tun, durften die Schüler immer CDs mit ihrer Lieblingsmusik mit in seinen Unterricht bringen. So bestanden die meisten Unterrichtsstunden bei ihm darin, die Lieblings-CDs der Schüler abzuspielen. Unterdessen übte er mit einem Kopfhörer auf einem e-Piano, oder er ging in das Lehrerzimmer um Kaffee zu trinken und überließ die Schüler dem CD-hören oder ihrer Konversation.

Er war aber nicht dumm, sondern im Rotary-Club. Auch der Schulleiter war im Rotaryclub. So überlegte der Schulleiter, wie er seinem Rotary-Bruder eine Funktionsstelle beschaffen könnte. Da wurde die Funktionsstelle eines Mittelstufenbetreuers frei. Der Schulleiter bot diese sofort seinem Rotary-Bruder, dem Musiklehrer, an. Zuerst war der davon nicht begeistert. Erst als ihm der Schulleiter klar machte, dass diese Funktionsstelle keine Mehrarbeit, wohl aber den Aufstieg in A 15 bedeutete, ließ er sich überzeugen und nahm die Funktionsstelle an und drei Jahre später sah er auf seinem Kontoauszug, dass er alles richtig gemacht hatte! Als Musiklehrer brauchte er fast nicht korrigieren oder sich auf den Unterricht vorbereiten und auch seine Funktionsstelle machte ihm keine Arbeit. Vielleicht war dies der Grund, dass er seine reichliche Freizeit auch mit Weintrinken totschlug, bis er schließlich als Alkoholiker pensioniert wurde und bald darauf verstarb.

Wie man als unbrauchbarer Lehrer A 15 wird!

Viele katholische Religionslehrer haben folgende Karriere hinter sich: Sie wachsen in einem gläubigen Elternhaus auf. Die Eltern, vorwiegend die Mutter, träumen, dass ihr Sohn einmal Pfarrer wird. Damit hätte er ein gutes und sicheres Einkommen und er könnte in seiner Freizeit eifrig für das Seelenheil der Eltern beten. So beginnt der Sohn Theologie zu studieren und die Eltern wähnen sich schon fast am Ziel ihrer Träume. Sie überlegen sich schon, in welcher Gastwirtschaft das Primizmahl gefeiert wird und ob sie später einmal in das Pfarrhaus des Sohnes ziehen sollen. Aber der Weg ist nicht so geradlinig und problemlos, wie es sich die Eltern wünschen. Da gibt es vor allem „das Weib". Der Sohn lernt eine Mitstudentin kennen und lieben. Für den Sohn ist das ein ganz neues Gefühl und er glaubt bald zu merken, dass er nicht keusch bleiben kann und will, trotz den dann enttäuschten Eltern. Also heiratet er gegen Ende seines Theologie-Studiums die Mitstudentin. Die Eltern fallen in eine netzlose Tiefe und haben fast keinen Lebensmut mehr. Sie lassen dies den Sohn auch spüren. Der Sohn aber braucht nun ein neues Berufsziel. Er überlegt hin und her. Was soll er einmal machen? Schließlich hat er ja schon zehn Semester Theologiestudium hinter sich! Da bleiben ihm nur zwei Möglichkeiten: entweder wird er „ständiger Diakon" oder er erweitert sein Studium um das Fach Latein und wird dann Lehrer an einem Gymnasium.

Es gibt aber nicht nur „das Weib", sondern auch „das Priesterseminar", welches eine Karriere als Priester verhageln kann. Gut, der brave Sohn seiner Eltern hat sein

Theologiestudium fast beendet und wohnt im Priesterseminar. Dies ist meist guter und vor allem billiger Wohnraum in einer von Studenten überfüllten Stadt. Und der angehende Priester muss auch einige Zeit hier wohnen, denn er soll hier beobachtet werden, ob er später zum Priester taugt. Und dann kann es sein, dass der Präfekt des Seminars zu dem Priester in spe sagt: „Ich halte sie für den Priesterberuf ungeeignet!" Dann kann man entweder in einen Orden eintreten oder man muss sich einen anderen Beruf suchen. Welchen? Am besten wird man Lehrer am Gymnasium für Latein und Religion. Und von einem solchen Fall, wo sowohl „das Weib", als auch ein Präfekt verhinderten, dass er Priester wurde, möchte ich nun berichten.

Es war einaml ein Mann. Der Mann war zu fast allem unfähig. Die Eltern hatten einen Bauernhof, aber der Sohn eignete sich nicht für den harten aber ehrlichen Beruf des Bauern. Die Eltern meinten, wenn er schon zwei linke Hände hat, so soll er es doch wenigstens als Priester probieren und schickten ihn in ein Priesterseminar. Aber er wurde auch hier als ungeeignet erachtet und „hinausgeworfen". Da er nicht unvermögend war, bekam er bald darauf eine Frau und zeugte mit ihr ein Kind, das auch sein einziges blieb und das sich später ebenfalls als recht unfähig erwies. Wenn man nichts für den Priesterberuf taugt, dann reicht es allemal zum Gymnasiallehrer. Und so wurde er, da damals Lehrermangel herrschte, Lehrer für Religion und Latein an einem Gymnasium. Bald merkte man am Gymnasium, dass er ein schlechter Lehrer ist. Aber er konnte es gut mit dem Schulleiter, der ihn mittelmäßig benotete. Und weil der Schulleiter mit dem unfähigen Lehrer Mitleid hatte, so bekam er von diesem auch eine Funktionsstelle. Er wurde Unterstufenbetreuer. Seine einzige Aufgabe war, jedes Jahr den Schülern der Unterstufe Sammellisten des deutschen Jugendherbergswerkes zu geben. Manche Schüler sammelten gar mit diesen Listen Spenden in ihrer Nachbarschaft. Das ärgerte den unfähigen Lehrer. Der musste dann das gesammelte Geld an das Jugendherbergswerk überweisen. Hierzu war er überfordert und so musste dies seine Frau machen. Sonst tat er nichts. Nach ein paar Jahren wurde er, wegen der Funktionsstelle „Unterstufenbetreuer" zum Studiendirektor befördert. Seine reiche Frau und seine dumme Tochter waren stolz auf ihn. Er war zwar dumm aber er wusste, dass diese Beförderung peinlich war und so durfte niemand am Gymnasium davon erfahren.

Da kenne ich noch einen ähnlichen Fall:

Da gab es den Kollegen Hans, vor dem fast jeder Angst hatte und zwar aus folgendem Grund: ..... Doch beginnen wir mit der „Karriere" des Hans. Der Hans kam von einem Bauernhof in einem Dorf. Dort sprachen alle einen sonderbaren Dialekt. Man sprach auch keine zusammenhängenden Sätze, sondern stieß nur Wortbrocken aus. Damit konnten sich die Dorfbewohner hinreichend gut verständigen. Sagte ein Bauer z.B. am späten Nachmittag „Stoil", dann wussten alle, dass man in den Stall zum Misten, Melken und Kühefüttern gehen musste. Weiter Verständigungsmöglichkeiten waren Gebärden und Gesichtsfratzen. Der Hans blieb zeitlebens wortkarg. Eigentlich sollte der Hans einmal den Hof übernehmen und Bauer werden. Da nun die Eltern den Hans recht früh bekommen hatten und da noch jüngere Buben da waren und da die Eltern noch nicht sobald den Hof übergeben wollten und da die Jüngeren noch dümmer als der Hans waren, so entschieden die Eltern, dass ein jüngeres ihrer Kinder einmal den Hof bekommen soll und dass der Hans ein „Herrle", also Pfarrer werden soll. Der Hans wurde deshalb in ein Spätberufenenseminar geschickt. Hier konnten die schon älteren Jugendlichen rasch das Abitur nachmachen, um dann Theologie zu studieren. Hier wurde nicht zu viel Wert auf Allgemeinbildung gelegt. Hauptsache war, dass die

Spätberufenen so einigermaßen das Abitur schafften und etwas Latein konnten. Mehr braucht man für den Beruf des Pfarrers nicht. Und noch viel später konnte man erkennen, dass sich Hans daran hielt. Er nahm auch in späteren Jahren keine weitere Weisheit und Wissenschaft mehr auf. Von Goethe, Mozart und Dürer wusste er nur, dass es keine Kartoffelsorten waren. Er hat zeitlebens nie eine Oper ober Ausstellung besucht. Die Musik begann und endete mit Kirchenliedern. Darstellende Kunst beschränkte sich auf die Heiligenbildchen über seinem Bett. Nach dem gerade so bestandenen Abitur kam der Hans ins Priesterseminar. Dort stellte man bald fest, dass der Hans zum Jähzorn neigt. Dies kam durch seinen jahrzehntelangen Umgang mit störrischen Stieren und Kühen auf dem elterlichen Hof. Weiter kam man dort zu der Erkenntnis, dass der Hans einmal zum Predigen ungeeignet sein würde. Das Hervorstoßen von einzelnen Wörtern, noch dazu im Dialekt, oder Satzfetzen, würde wohl nicht genügen, den Gläubigen einmal bei einer Predigt die Gedanken eines Paulus zu übermitteln. Also legte man dem Hans nahe, eigentlich drängte man ihn, das Priesterseminar zu verlassen und seine bisher erworbenen theologischen und lateinischen Kenntnisse als Gymnasiallehrer einzubringen. Und so machte es der Hans. Wenn man ihn schon als Priester der Kirche nicht brauchen konnte, so doch als Studienrat auf einem staatlichen Gymnasium. Sein Theologiestudium wurde ihm auch als Lateinstudium vom Staat anerkannt. Dabei sei erinnert, dass das Wort „Studium'" von „studere" kommt, was auch „sich bemühen" heißt. Und bemüht hat sich der Hans, im Rahmen seiner bescheidenen Möglichkeiten. Mehr war nicht drin. Das erste Staatsexamen bestand er dann auch mit Ach und Krach. Hierbei waren vor allem die Noten der mündlichen Prüfungen ausschlaggebend. Bei diesen Prüfungen trug er eine Lodenjoppe und eine abgeschabte Lederhose. Die Fragen der Professoren, welche er zum größten Teil nicht verstand, beantwortete er mit bellenden Lauten, was die Professoren wiederum nicht verstanden. „Der Arme", dachten sich die prüfenden Professoren, „kann nicht einmal richtig Deutsch sprechen", und gaben ihm einen Gnadenvierer. Das Bestehen des ersten Staatsexamens ermutigte Hans zu einer weiteren Heldentat. Da er nun nicht mehr zölebatär leben musste, so begann er nach einer Frau zu suchen. Die Suche war zeitlich kurz und räumlich nahe. Es handelte sich bei der sogenannten Angebeteten um die Tochter des benachbarten Bauernhofes. Diese hatte ein mäßiges Aussehen, sprach die gleiche Brockensprache wie der Hans und würde einmal als Erbe einen großen Wald bekommen. Auf diesen Wald war der Hans noch stolz, als die spärlichen Reize seiner Frau schon längsten verschwunden waren. Der Hans heiratete diese Frau also, baute ein Haus für sie und zeugte mit ihr ein Kind. Damit hatte er alles getan, was im Leben eines angehenden Studienrates zu tun war. Das Kind, ein Mädchen, betrachtete er zeitlebens als seine größte biologische und später pädagogische Tat. Es wurde verhätschelt, verzogen und verwöhnt. Später, als es in der Schule war, schimpfte der Hans über jeden Lehrer, der seine Tochter unterrichtete. Alle waren unfähig, die großen Fähigkeiten, die in seiner Tochter schlummerten, zu erkennen, geschweige denn zu fördern und entsprechend zu benoten. Mit Ach und Krach kam die Tochter nach der 4. Klasse auf ein Gymnasium. Vater und Mutter waren stolz auf ihre Tochter. Nach einem halben Jahr begann jedoch Hans wieder mit dem Lamentieren über die unfähigen Lehrer, die die Fähigkeiten und Möglichkeiten seiner Tochter verkannten und völlig unpädagogisch an seiner Tochter handelten. Sie schrieben Exen genau zu dem Zeitpunkt, als Hansens Tochter nichts gelernt hatte – sonst war sie immer hervorragend auf den Unterricht vorbereitet, nur eben an diesem einen einzigen Tag nicht. Sie prüften seine Tochter gerade an dem Tag, an dem der Stoff am allerschwierigsten war und die Lehrer diesen selbst nicht verstanden. Später ging Hans über, nicht nur über die Lehrer, die seine Tochter unterrichteten, zu schimpfen, sondern auch über den Lehrplan. „Was muss denn ein Mädchen von 11 Jahren schon wissen,...? Pure Schikane!" Nun hätte man meinen können, dass der Hans seiner Tochter bei den Hausaufgaben und den Unterrichts-Vorbereitungen etwas hilft. Gefehlt. Einmal hatte die Tochter in der fünften Klasse noch kein Latein und in den anderen Fächern war der Hans genauso überfordert wie seine Tochter. Um es kurz zu machen, die Karriere der Tochter nahm den üblichen Verlauf: in der sechsten Klasse finden wir sie auf der Realschule wieder, dann mit 18 bekommt sie ein Kind, mit 19 heiratet sie, mit 24 ist sie geschieden und mit 35 erbt sie von ihren Eltern alles, auch den Wald. Früher gab es das Sprichwort, dass die Schlimmsten in einem Dorf sind der Hund vom Pfarrer und die Kinder vom Lehrer!

Doch nun zurück zum Hans. Ich überspringe seine Referendarzeit aus Mangel an Material und steige gleich in die Zeit ein, als der Hans schon mehrere Jahre Lehrer für Latein und Religion an dem Gymnasium war, wo ich auch unterrichtete. Ich fasse zusammen: Der Hans war nicht besonders hell, sprach nur in Dialekt-Brocken, hatte von seiner vielen Waldarbeit eine unbandige Kraft und fühlte sich sehr allein, denn auch wenn man wollte, konnte man sich nur schwer mit ihm unterhalten. Er kam immer schon sehr früh zur Schule. Dann ging er ins meist noch leere Lehrerzimmer und palzierte sich in der Nähe des Eingangs. Kaum betrat ein Lehrer das Lehrerzimmer, schon stürzte sich der Hans auf diesen, drückte ihm zur Begrüßung die Hand, so dass der Kollege sein Gesicht schmerzhaft verzog und begann ein dümmliches „Gespräch" mit diesem. In Wortbrocken, manchmal sogar in Halbsätzen, erklärte er jedem, auch wenn dieser es nicht hören wollte, wie knallhart er mit den Schülern umgeht, dass er fast nur schlechte Noten austeilt und überhaupt, wie dumm die Schüler heutzutage sind. Spätestens jetzt dachte ich: Hans, wenn du ein normales Gymnasium besucht hättest und wenn du nur einen solchen Lehrer gehabt hättest, wie zu sein du mir jetzt vorgibst, du hättest nie ein Abitur geschafft, deine einzige Chance war, dass du ein kirchliches Spätberufenen-Gymnasium besuchtest und dass man dort davon ausging, dass du einmal Priester wirst Aber das sagte ich dem Hans (noch) nicht, sondern überlegte mir, wie ich mich von Hansens dummem Geschwätz loseisen könnte. Der Hans aber stieß weiter seine Dialekt-Brocken aus. Er „erzählte" dann seine ganze bescheidene Liste von pädagogischen und didaktischen Tricks, die er in seinem Unterricht anwendet und die bei normalen Schülern zu größtem Erfolg führen würden, aber er bekommt schon jahrelang immer die Klassen mit den dümmsten Schülern, bei denen selbst seine überragende Qualität als Lehrer nichts mehr bewirkt.

Das Glockenzeichen zur ersten Unterrichtsstunde gab einen Grund, das „Gespräch" mit dem Hans abzubrechen. Der machte jedoch gar keine Anstalten, dieses zu tun. Der Grund hierfür wurde mir bald klar. Dem Hans sein Unterricht begann erst um 8,45 Uhr. Er war aber schon sein 7,15 Uhr an der Schule im Lehrerzimmer. Was sollte er auch daheim machen? Ausschlafen konnte er zu Hause anscheinend nicht, weil ihn seine Frau aus dem Bett warf und sich mit seiner Frau unterhalten wollte diese nicht. Also fuhr er zur Schule und suchte dort sein Opfer. Das schlimme an solchen Morgen-Monologen mit Hans und seinen Kollegen-Opfern war, dass der Hans von sich überzeugt war, dass er ein so knallharter Lehrer sei und dass der Gesprächs-„Partner" genau wusste, dass das alles verlogen ist.

Dumm war der Hans immer schon gewesen, nun wurde er auch noch schwerhörig. Dem Leiter des Gymnasiums fiel dies allmählich indirekt auf. Bei den Latein-Schulaufgaben, die der Hans schreiben ließ, gab es immer gute Durchschnitte. Weil die lateinischen Schulaufgaben-Texte, die es bei den Schulaufgaben zu übersetzen galt, durchaus angemessen waren und sein Unterricht doch schlecht war, so musste dies eine besondere Ursache haben. Als dann der Schulleiter, auf Umwegen, von den Schülern erfuhr, dass ihr Lateinlehrer „doshörig" ist, konnte er sich einen Reim auf die guten Notendurchschnitte machen: Die Schüler konnten sich, hinter vorgehaltener Hand, während sie Schulaufgaben schrieben, die Übersetzungen relativ laut „zuflüstern". Als der Direktor auf dieses Phänomen stieß, wurde bei jeder Schulaufgaben die beim Hans geschrieben wurde, ein anderer Lehrer zwangsverpflichtet, zusätzlich Aufsicht zu halten. Damit wurden die Schulaufgabendurchschnittsnoten wieder schlechter und die aufsichtshaltenden Lehrer waren auf den Hans nicht gut zu sprechen: weil der Hans „döshorig" war, mussten sie mehr arbeiten.

Doch nun zurück zum Thema dieses Kapitels: Besonders ärgerlich war die Beförderung vom Hans zum Studiendirektor, also A 15. Um diese zu erreichen, brauchte man zwei Voraussetzungen: Einmal eine Funktionsstelle und zweitens eine gute Beurteilung vom Schulleiter. Als Funktionsstelle erhielt er vom Schulleiter, welcher Mitleid mit dem Hans hatte, den Posten eines Mittelstufenbetreuers. Hier konnte er nicht viel falsch machen. Um auch sicher zu gehen, wurde ihm vom Schulleiter gesagt, dass er in dieser Funktion nichts machen soll, dann kann er auch nichts falsch machen. Das verstand der Hans. Die Beurteilung des Hans vom Schulleiter war da schon komplizierter. Hätte der Schulchef dem Hans eine zugute Beurteilung gegeben, so hätte sich dies unter den Lehrern herum gesprochen, unter ihnen eine schlechte Stimmung erzeugt und den Eindruck hervorgerufen, die Beurteilung hängt nicht von der Leistung und Qualität eines Lehrers ab, sondern vom Wohlwollen des Schulleiters. Also war die Beurteilung der Leistungen des Hans durch den Schulleiter relativ schlecht aber für den Hans mehr als angemessen gut. Sie war aber auf jeden Fall so schlecht, dass sie niemals zu einer Beförderung des Hans zum Studiendirektor gereicht hätte. Trotzdem wurde der Hans befördert. Während solche Beförderungen am „Schwarzen Brett" im Lehrerzimmer bekannt gegeben und anschließend von den Kollegen begossen wurden, hing die Beförderung vom Hans nicht am „Schwarzen Brett". Sowohl der Direktor, als auch der Hans versuchten sie zu verheimlichen, was natürlich nicht ging, denn spätestens am Jahresende konnte man sie im Jahresbericht nachlesen. Wie konnte nun ein so schlechter, schwerhöriger Lehrer befördert werden? Des Rätsels Lösung lag beim Schulleiter. Dieser argumentierte in etwa so: Der Hans hat als Lehrer keine großen Erfolge. Dies liegt jedoch nicht an seinen pädagogischen Unfähigkeiten, sondern an seiner Schwerhörigkeit und das ist eine Krankheit und eine Krankheit darf kein Diskriminierungsgrund sein. Wäre der Hans nicht schwerhörig, also krank, so wäre er ein hervorragender Lehrer. Die meisten Kollegen meinten allerdings, der Hans war schon ein schlechter Lehrer, bevor er schwerhörig wurde. Diese Beförderung brachte in das Lehrerkollegium viel Frust. Ein Lehrer rechtete aus, dass diese ungerechtfertigte Beförderung dem Staat 100.000 € kosten würde!

Der Hans hielt, trotz Schwerhörigkeit und trotz Schülerspott hinter seinem Rücken und trotz schulischer Erfolglosigkeit und trotz Besitz an Grund, Boden und Wald, durch bis zu seiner Pensionierung mit 65 Jahren. All dies wären Gründe für eine vorzeitige Pensionierung gewesen. Er braucht seinen Lohn nicht, um gut leben zu können und krank war er zudem noch. Nein, der Hans blieb als Lehrer an der Schule bis er mit 65 Jahren in die Pension gehen musste. Er belastete die Schüler bis dahin und auch die Lehrer. Wegen seiner Schwerhörigkeit brüllte er nicht nur während seines Unterrichts, sondern auch im Lehrerzimmer. Da ihm von den Kollegen keiner mehr zuhören wollten, ein Grund war auch seine als ungerecht empfundene Beförderung, schrie er monologisierend Dialekt-Brocken im Lehrerzimmer herum. Er war immer noch der Lehrer, der täglich am frühesten zur Schule kam und als letzter diese verließ. Er fühlte, dass er zu Hause eine Belastung für seine Frau und seine Tochter ist. Er hatte keine Hobbies, mit denen er sich hätte die Zeit vertreiben können. Selbst zum Fernsehen fühlte er sich überfordert.

Doch schließlich kam das Alter, wo er in die Pension gehen musste. Lehrer, Schüler und Eltern atmeten auf, als er endgültig die Schule verließ. Er wurde daheim von seiner Frau angeschwiegen. Seine Tochter zog bald aus und ging nach München. Der Hans wurde schwermütig und dement. Er kam in ein Pflegeheim. Seine Frau besucht ihn einmal im Monat.

Vom Notenmachen und von Korrekturen

Eine der wichtigsten Aufgaben eines Lehrers ist das Korrigieren, das Beurteilen, das Benoten.

Schulaufgaben

In manchen Fächern wurden Schulaufgaben geschrieben, in anderen Fächern nicht. Die Anzahl, wieviel Schulaufgaben im Schuljahr geschrieben werden müssen, war in der Schulordnung festgelegt. Der Stoff, den die Schüler bei einer Schulaufgabe beherrschen müssen, der also abgefragt werden kann, wurde vom Lehrer festgelegt. Die meisten Lehrer sagten mit ernster, bedeutungsvoller Miene zu den Schülern: „Ihr müsst auf die kommende Schulaufgabe den Stoff können, den wir seit der letzten Schulaufgabe im Unterricht behandelt haben plus ‚Grundwissen'!", also quasi alles. Die Schulaufgabentermine wurden den Schülern meistens schon zu Beginn eines Schulhalbjahres bekannt gegeben.
Je früher die Bekanntgabe eines Schulaufgabentermins, umso häufiger wurde dieser Termin verschoben. Die Gründe hierfür waren vielfältig, aber fast immer dümmlich: Als häufigsten Verschiebungsgrund nannten die Lehrer, dass noch „zu wenig Stoff" seit der letzten Schulaufgabe behandelt wurde. So ein Quatsch! Schon in drei oder vier Unterrichtsstunden kann ein guter Lehrer so viel Stoff behandeln, dass es für eine Schulaufgabe reicht. Bei einer Schulaufgabe soll ja nicht nur der aktuelle Stoff geprüft werden, sondern, wie schon erwähnt, auch „Grundwissen" und ein wenig Transfer kann auch verlangt werden. Dass ein Lehrer glaubt, dass er zu wenig Stoff für die Schulaufgabe zur Verfügung hat, stimmte meistens nicht. Dieser Lehrer war nur zu einfältig, um aus der ihm zur Verfügung stehenden Stofffülle eine Schulaufgabe zu

machen Ein einigermaßen intelligenter Lehrer schlägt auch aus wenig Stoff gute Fragen bzw. Aufgaben für eine Schulaufgabe heraus.

Der Lehrer überlegte sich also Fragen bzw. Aufgaben und stellte diese zu einer Schulaufgabe zusammen. Das „Angabenblatt" mit den Fragen bzw. Aufgaben wurde vervielfältigt und zu Beginn der Schulaufgabe an die Schüler ausgeteilt. War die Schulaufgabe geschrieben, so korrigierte sie der Lehrer. Die korrigierten Schulaufgaben erhielten die Schüler zurück. Sie durften sie eine Woche mit nach Hause nehmen und ihren Eltern zeigen. Einige Lehrer verlangten, dass die Schulaufgaben mit einer mangelhaften oder ungenügenden Bewertung von den Eltern unterschrieben werden mussten. Ich lehnte dies später ab, da dies nur zur Urkundenfälschung erzieht, wie folgender Fall zeigt.

Ein Schüler der 8. Klasse hatte schon wieder in der Mathematikschulaufgabe einen 5er erhalten. Ich sagte zu ihm, dass er die Schulaufgabe, mit der nicht gerade schönen Note, seinen Eltern zeigen und unterschreiben lassen muss. Einige Wochen später war Elternsprechtag und auch die Eltern dieses Schülers kamen zu mir in die Sprechstunde. Die Mutter meinte freudestrahlend, dass sie jetzt so froh sei, da ihr Sohn in der letzten Schulaufgabe einen 2er geschrieben hat. Sie hat ihm auch gleich etwas schon lange Gewünschtes gekauft. Ich war etwas verwirrt. Ich schaute in mein Notenbüchlein. Dort stand, dass der Schüler einen 5er in der letzten Schulaufgabe hatte. Die Mutter behauptete jedoch, dass er einen 2er hatte, sie hat es ja gesehen und unterschrieben. Ich ging ins Archiv und suchte die Schulaufgabe heraus. Darauf stand eindeutig ein 5er und eine Unterschrift. Ich ging zur Mutter und zeigte ihr diese Schulaufgabe. "Nein", meinte sie, „um diese Schulaufgabe handelt es sich nicht und auch die Unterschrift ist nicht von mir! Mein Sohn hat mir eine andere Schulaufgabe, mit einem 2er, gezeigt." Des Rätsels Lösung:

Der Schüler hat sich selber eine Schulaufgabe geschrieben, hat sie selber mit einigen Rotstrichen versehen, hat als Note einen 2er hinauf geschrieben, hat ein Kringel gemacht, was die unleserliche Unterschrift des Lehrers darstellen sollte und hat sie dann seinen Eltern gezeigt.

Geschwindigkeit bei der Korrektur von Schulaufgaben

Die geistige Dürftigkeit vieler Lehrer zeigt sich bei den Korrekturen. Nehmen wir an, ein Lehrer erstellt eine Schulaufgabe mit unterschiedlichen Aufgabentypen. Bei jeder einzelnen Aufgabe erwartet er bestimmte Antworten und für jede dieser richtigen Antworten vergibt er Punkte. Am Ende der Korrektur zählt er die Punkte zusammen. Je nachdem, wieviel Punkte der Schüler erreicht, erhält er eine Note. Nun ist es manchmal nicht eindeutig, ob der Schüler eine Aufgabe wenigstens teilweise richtig löste bzw. beantwortete oder der Lehrer übersieht eine schlecht formulierte aber richtig gemeinte Antwort. Um dies möglichst auszuschließen, korrigieren die meisten Lehrer eine Schulaufgabe oft mehrmals, was nicht gerade sinnvoll ist. Nehmen wir an, eine Klasse hat 30 Schüler. Bei einer Schnellkorrektur einer Schulaufgabe benötigt ein Lehrer 20 Minuten pro Schüler, bei gründlicher Korrektur 40 Minuten und bei fehlerfreier Korrektur 60 Minuten. Nehmen wir weiter an, dass bei einer Schnellkorrektur bei der Hälfte der Schüler einige halbrichtige Antworten nicht so ganz korrekt bewertet wurden. Auch unter diesem unwahrscheinlichen Fall ist die Schnellkorrektur einer gründlichen Korrektur vorzuziehen und zwar deshalb: Bei mindestens der Hälfte der rasch korrigierten Arbeiten würden sich, gegenüber einer gründlichen Korrektur, zwar die Punktezahl verändern, nicht jedoch die Note und den allermeisten Schülern ist es egal, ob sie auf eine Schulaufgabe einen schlechten oder einen „mittleren" 3er bekommen. Nun bleibt höchstens noch ein Viertel der Schüler übrig, bei denen bei einer Schnellkorrektur Punkte übersehen und diese deshalb eine schlechtere Note bekommen. Nun, dieser Gefahr kann der Schnellkorrektor begegnen, indem er die Schulaufgaben, bei denen die Punkte gerade an der Grenze zwischen zwei Noten liegen, nochmals korrigiert – ein geringer Mehraufwand. Und wenn man dann immer noch eine richtige Teilantwort übersehen hat, so kann man gewiss sein, dass sich der betroffene Schüler melden und dem Lehrer erklären wird, dass seine Antwort doch richtig ist und dann schaut sich der Lehrer halt die Schulaufgabe noch einmal genauer an, nimmt eventuell den Rotstift, streicht die Note durch und gibt die bessere Note. Bei der Massenproduktion geht die Wirtschaft von einer Fehlerquote von 10 % aus. Wenn eine Glühbirne schon beim Verkauf defekt ist, so bekommt man anstandslos eine neue Birne. Ein Glühbirnenproduzent würde sich nicht einfallen lassen, seine Glühbirnen solange zu überprüfen, bis er davon ausgehen kann, dass alle heil sein Werk zum Verkauf verlassen. Die meisten Lehrer hingegen versuchen bei jeder Schulaufgabenkorrektur ja keine Fehler zu übersehen. Kommen wir zurück auf das Beispiel: Ein fehlerfrei korrigierender Lehrer braucht zur Korrektur einer Schulaufgabe einer Klasse 30 x 60 Min = 1800 Min = 30 Stunden, ein sehr genau korrigierender Lehrer benötigt 30 x 40 Min = 1200 Min = 20 Std. und eine Schnellkorrektur ist zu erledigen in 30 x 20 Min = 600 Min = 10 Stunden! Wohlgemerkt, eine gerechte Notengebung wurde in alle drei Fällen erreicht. Nur der supergenau korrigierende Lehrer braucht sich nicht zu beschweren, dass er so lange korrigieren muss. Er muss nicht, seine Einfältigkeit zwingt ihn dazu.

Schulaufgabenkorrektur 2

Es gab Zeiten in meinem Lehrerleben, da gab ich die korrigierte Schulaufgabe immer in der folgenden Stunde an die Schüler zurück. Das hatte mehrere Gründe: Korrigieren musste ich die Schulaufgabe so oder so. Warum dann nicht gleich, warum keine Nachtschicht einlegen? Die Fragerei der Schüler „Wann bekommen wir die Schulaufgabe zurück" war mir lästig und die Eltern waren auch froh, dass sie so rasch wie möglich über den Erfolg oder Misserfolg ihrer Kinder und den Erfolg oder Misserfolg der Nachhilfelehrer Bescheid wussten. Bei den meisten Kollegen war meine Praxis allerdings verpönt. Ein Lehrer, der die Schulaufgaben rasch korrigierte galt als schlechter und fauler Lehrer. Die Argumentation gegen eine rasche Korrektur war masochistisch angehaucht: Je länger ein Lehrer braucht, um eine Schulaufgabe zu korrigieren, umso wertvoller wird die Korrektur in den Augen der Eltern, der Schüler und der anderen Lehrer. Lange Korrekturzeiten erhöhen die Bedeutung und das Ansehen der Schulaufgabe und des Korrektors. Solange man eine Schulaufgabe zur Korrektur zu Hause auf dem Schreibtisch liegen hat, so lange kann man sich bedauern und bei den Eltern und Kollegen darauf hinweisen, dass man extrem viel als Lehrer arbeiten muss. Ich hatte meistens einen leeren Schreibtisch.

Am Ende des Schuljahres steigerte sich das Drama der Schulaufgabenkorrektur bei manchen Lehrern bis zum Beinahe-Martyrium. Drei Wochen vor Schuljahresende mussten von jedem Schüler die Noten gemacht sein und beim besonders „fleißigen" Lehrer stapelten sich auf dem heimischen Schreibtisch die noch unkorrigierten Schulaufgaben. Jedem Kollegen und allen Eltern, die zu ihm in die Sprechstunde kamen, ließen er wissen, dass er noch so viel zu korrigieren habe und dass der Lehrerberuf so viel Arbeit macht und dass er mehr schaffen muss als die meisten Manager, die ein Vielfaches verdienen. Stundenlang konnten solche Lehrer, so klagend, im Lehrerzimmer zusammen sitzen und dabei Kaffee trinken. Dass sie in diesen Stunden auch hätten korrigieren können, auf diesen Gedanken kamen sie nicht, denn das Klagen war ihnen wichtiger als das Korrigieren. Selbstmitleid geht auf jeden Fall vor Arbeit.

Man muss sich das einmal vorstellen: Jeder Lehrer weiß, wieviel Schulaufgaben er in einem Jahr in einer Klasse zu schreiben hat und wann diese korrigiert sein müssen und trotzdem war jedes Jahr das gleiche Drama, dass zum Schuljahresende immer das gleich Gejammer losging, dass man es wieder fast nicht schafft, die Schulaufgaben termingerecht zu korrigieren. Einmal sagte ich zu einem Kollegen, der wieder stundenlang klagte, wieviel er zu korrigieren hat: „Wer lange korrigiert ist ganz einfach dumm. Ein gescheiter Lehrer, der Fehler rasch erfasst, braucht nicht so lange für eine Schulaufgabenkorrektur!" Nach einem Jahr redete dieser Kollege wieder mit mir.

Und einmal hab' ich es ihnen so richtig gezeigt. Ich hatte eine 10. Klasse mit 20 Schülern. Ich unterrichtete diese Klasse am Dienstag in der 2. Stunde und dann noch am Nachmittag in der 9. Stunde. Dazwischen hatte ich fünf Freistunden (!) bzw. Mittagspause. Ich ließ in der 2. Stunde in dieser Klasse eine Schulaufgabe schreiben. Dann setzte ich mich nicht in das Lehrerzimmer, um Kaffee zu trinken und zu plaudern und zu jammern, sondern in den „Silentium-Raum" um zu korrigieren. Die erste Teilaufgabe hatte ich bei allen Schülern in 27 Minuten korrigiert. „Das müsste sich ausgehen" -wie ein Österreicher sagen würde - dachte ich und ich korrigierte weiter, ohne zu essen, ohne aufzuschauen, ohne gestört zu werden, denn in den „Silentium-Raum" verirrte sich ganz selten ein Kollege. Es ging sich aus! Am Nachmittag in der 9. Stunde gab ich den Schülern die korrigierte Schulaufgabe zurück. Und nun stellen sie sich die Reaktion der Eltern vor, als ihre Kinder am Abend von der Schule nach Hause kamen: „Nun, wie war die Schulaufgabe?" werden die Eltern gefragt haben und das Kind wird ihnen die schon korrigierte und benotete Schulaufgabe unter die Nase gehalten haben. Überraschung geglückt.

Ich kannte allerdings auch einen Kollegen, der war noch effektiver bei der Korrektur der Schulaufgabe als ich. Er unterrichtete Mathematik. Nehmen wir an, er ließ eine Schulaufgabe schreiben. In der darauf folgenden Stunde ging er dann mit dieser Schulaufgabe in die Klasse, setzte sich an das Lehrerpult, nahm die Schulaufgabe des Schülers x aus seiner Tasche und ließ den Schüler x an das Lehrerpult kommen. Dann korrigierte er die Schulaufgabe des Schülers x unter dessen Augen. Unterdessen hatten die anderen Schüler einfach ruhig zu sein. Nach fünf bis sechs Unterrichtsstunden war die Schulaufgabe korrigiert! Allerdings hatten die Schüler fünf bis sechs Stunden lang nichts gelernt. Aber bei manchen Lehrern ist das egal.

Vom Korrigieren von Facharbeiten

Um zum Abitur zugelassen zu werden, mussten die Schüler eine Facharbeit schreiben. Für die meisten Schüler hatte so eine Facharbeit die Bedeutung einer halbe Doktorarbeit und für die Eltern grenzte die Facharbeit ihres Kindes schon an eine kleine Habilitationsschrift. Auf jeden Fall wurde von den meisten Eltern und Kindern die Erstellung der Facharbeit aufwendig betrieben. Eltern und manchmal auch Schüler sammelten Daten und Fakten und werteten Literatur aus. Ämter stöhnten, weil Schüler und Eltern ihnen ständig die Türen einrannten, um für die Facharbeit Daten und Zahlen zu erhalten. Die Schüler machten für ihre Facharbeit Umfragen und belästigten Passanten. War dann dieses gesammelte Material ausgewertet und von den Schülern, unter Mitwirkung von Eltern, Verwandten und Computersuchmaschinen die Arbeit geschrieben, dann wurde sie aufwendig gedruckt. Man ließ mehrere Exemplare anfertigen und unter Verwandten und Bekannten verteilen. Diese Drucke waren die stumme Version der Aussage: Schaut her, wie weit ich bzw. mein Kind es schon gebracht hat. Da die meisten Verwandten und Bekannten seit ihrer Volksschulzeit nichts mehr selber geschrieben hatten, waren sie beeindruckt von der gedruckten Facharbeit des Kindes des Verwandten oder Bekannten. Freilich schlug dieser Eindruck oft in Neid um, besonders bei den Verwandten und Bekannten, die keine Kinder hatten oder deren Kinder nicht auf eine höhere Schule gingen.

Was bedeutete jedoch das Thema „Facharbeit" für den Lehrer? Die allermeisten Lehrer waren beim Thema Facharbeit überfordert und wohl deshalb wurde sie später, wenigstens in Bayern, wieder abgeschafft. Die Lehrer hatten an der Universität einmal eine „Zulassungsarbeit" geschrieben. Ein Professor musste diese korrigieren und beurteilen. Für die Professoren war dies sinnlose Zeitverschwendung, denn sie erhielten aus diesen Korrekturen keinen Gewinn für ihr wissenschaftliches Arbeiten bzw. für ihre anstehenden Publikationen. Unter Korrektur verstanden sie mehr ein überfliegen der Arbeit und die Benotung erfolgte nach dem Bauchgefühl. Im Zweifel gab der Professor eher die schlechtere gefühlte Note. So hielt man sich manche Zulassungsarbeit vom Leibe, schließlich wollte man als Professor forschen und nicht zusammen- oder abgeschriebene Zulassungsarbeiten korrigieren. Was auf jeden Fall fehlte: Der Student schrieb eine Zulassungsarbeit ohne zu wissen, wie dies eigentlich geht. Und dann erhielt er hierfür eine Note, ohne zu wissen warum gerade diese Note. Der Student lernte nicht, wie man so eine Arbeit schreibt. Die Lehrer hatten also nie gelernt, wie man eine Zulassungsarbeit schreibt und nun sollten sie Facharbeiten korrigieren. Ihr Wissen zu einem von ihnen vergebenen Thema beschränkte sich häufig auf goggel-Wissen. Dass viele Lehrer mit dem Thema „Facharbeit" überfordert waren, das zeigte sich schon an den Themen die sie vergaben. Ein evangelischer Religionslehrer vergab Themen wie: „Die Sklaverei in Amerika" oder „Die Apartheit in Südafrika". Bei solchen Themen wären selbst Habilitanten überfordert gewesen. Dieser Religionslehrer wollte auch gar nicht, dass diese Themen erschöpfend behandelt wurden. Ihm hätte eigentlich die Sätze genügt: „Die Weißen sind schlechte Menschen", „Die katholische Kirche hat hier versagt, wie immer." „Die Einheimischen sind immer die Guten!" Je mehr aber die Lehrer bei der Korrektur von Facharbeiten überfordert waren, umso mehr bemühten sie sich, die Facharbeiten lang zu korrigieren und dann schlecht zu benoten. Sie glaubten, eine schlechte Benotung erhöht ihre Kompetenz.

Ich hatte einmal zwölf Facharbeiten zu korrigieren. Also nahm ich mir vor, jeden Tag drei Arbeiten durchzusehen, zu beurteilen und zu benoten. Nach fünf Tagen kam ich mit den zwölf korrigierten und kommentierten und benoteten Facharbeiten ins Lehrerzimmer, knallte sie auf einen Tisch und sagte zu einem Kollegen, der insgesamt drei Facharbeiten zu korrigieren hatte: „So, fertig!" Der schaute entgeistert auf meinen Berg von zwölf Facharbeiten, dann glotzte er mich dümmlich an und meinte: „Ich habe gerade erst mit der Korrektur einer Arbeit angefangen. Ich bin froh, wenn ich jede Woche eine Arbeit schaffe. Ich mache es nämlich gründlich!" Damit wollte er mir sagen: „In einer Woche kann man keine zwölf Arbeiten korrigieren. Du hast es dir besonders leicht gemacht und die Arbeiten nur durchgeblättert und dann gewürfelt. Gott sei Dank bin ich kein so schlechter Lehrer wie du! Das ärgerlich ist nur, dass du genau so viel verdienst wie ich!" Als ich seinen dümmlichen, irritierten Blick sah schob ich rasch nach: „Reingelegt, Scherz, natürlich bin ich noch nicht einmal mit der Korrektur der ersten Facharbeit fertig!" Dies rief einen kumpelhaften Kollegenblick bei ihm hervor. Ich setzte mich zu ihm und zusammen bedauerten wir uns über die große Belastung durch die Korrektur von Facharbeiten. Wir redeten davon, dass man während der Zeit, in welcher man Facharbeiten korrigieren muss, keine Zeit mehr für die eigene Familie und Unterrichtsvorbereitungen hat. Wir redeten davon, dass die meisten Lehrer keine Facharbeiten korrigieren mussten und manche von denen mehr verdienen. Wir machten uns den Vorschlag, den Abgabetermin für Facharbeiten so zu legen, dass wir sie in den Ferien korrigieren können. Wir lästerten über die Dummheit der Schüler, welche sich besonders deutlich in ihren Facharbeiten zeigt. Wir lästerten und schwatzten und dachten nicht daran, dass wir während dessen auch hätten korrigieren können. Schließlich läutete es und mein Kollege eilte zum Unterricht. Ich nahm meinen Stapel von zwölf Facharbeiten und sperrte diese in mein Fach (Jeder Lehrer hatte im Lehrerzimmer ein ca. 40 x 40 x 49 cm großes, abschließbares Kästchen.) Dort lagerten sie nun vier Wochen lang. Als obiger Lehrer nach vier Wochen wieder erschöpft im Lehrerzimmer vor seiner Kaffeetasse saß und über seine Arbeitsüberlastung stöhnte, zog ich die zwölf Facharbeiten aus meinem Fach, stellte sie auf den Tisch und stöhnte ebenfalls: „So, endlich fertig korrigiert!" Dann überlegte ich kurz, ob ich gelogen habe. Nein, entschied ich. Ich hatte sie zwar schon vor vier Wochen fertig korrigiert, aber auch jetzt waren sie noch fertig korrigiert. Vielleicht hätte ich das Wörtchen „endlich" weglassen sollen. Der Kollege schaute mich mitleidig an. Dann meinte er, tief seufzend: „Und dabei warst du noch schnell, ich hätte zwölf Arbeiten nie in vier Wochen geschafft, aber ich bin mit meinen drei Facharbeiten auch bald fertig!"

Korrektur eines Abiturs an der FOS

In „meiner Stadt" hatte seit einigen Jahren eine Fachoberschule ihre „Pforten geöffnet". Ich war noch jung, hatte Schulden wegen eines neu gebauten Hauses und war Lehrer am Gymnasium. Ich unterrichtete am Vormittag, vergnügte mich am Nachmittag mit meinen eigenen Kindern und meiner Frau und bereitete am Abend den Unterricht für den nächsten Tag vor. Ich führte ein gemütliches Lehrerleben. Eines Nachmittags, es ging schon auf das Schuljahresende zu, rief mich der Schulleiter der FOS an und fragte, ob ich Interesse hätte, nächstes Jahr eine Klasse in Mathematik an seiner FOS zu unterrichten, er hätte schon mit meinem Chef des Gymnasiums gesprochen, der hätte nichts dagegen und bei der Stundenplangestaltung im nächsten Jahr würde man darauf Rücksicht nehmen, ich könnte in Freistunden oder Randstunden an der FOS unterrichten. (FOS und Gymnasium lagen gerade einmal wenige Minuten auseinander). Und an Konferenzen bräuchte ich auch nicht teilnehmen. So oder so ähnlich wurde mir am Telefon gesagt. Während dieses Telefonates fiel mein Blick auf den letzten Kontoauszug, der noch auf dem Schreibtisch lag und so sagte ich sofort zu.
Also bekam ich im neuen Schuljahr an der FOS eine 12. Klasse in Mathematik. Zuerst schaute ich mir den Lehrplan an und musste kräftig schlucken. Der Stoff der FOS war fast nicht zu schaffen, nicht einmal von mir! Dann besorgte ich mir den letztjährigen Jahresbericht der FOS, schaute mir darin meine zukünftigen Kollegen an. Dann erkundigte ich mich bei Bekannten über meine zukünftigen FOS-Kollegen und war entsetzt. Der eine Lehrer war einmal Ingenieur gewesen, und

weil man ihn in der freien Wirtschaft nicht brauchen konnte und weil man an der FOS Lehrer brauchte, so wurde er Lehrer an der FOS. Der andere Lehrer war klein und hatte ein maskenhaftes Grinsen in seinem Gesicht, welches nervös machte. Wieder ein anderer Lehrer kam von einem Gymnasium. Sein Lebensziel war schon seit seiner Referendarzeit „Studiendirektor - A15". Weil er aber nicht nur ein schlechter Lehrer war, sondern auch dümmlich ausschaute, so war sein Traumziel A 15 am Gymnasium für ihn unerreichbar. Das spürte er auch. Und so wechselte er an die FOS und erreichte sein Traumziel in kürzester Zeit.

Dann schaute ich mir meine zukünftigen Schüler an und war sehr angetan. Da saßen lauter extrem motivierte Männer und Frauen, teils hatten sie schon eine Lehre erfolgreich hinter sich gebracht. Ich war nur wenig älter als meine zukünftigen Schüler. Einige hatten schon eine Familie, wie ich. Mit denen lässt sich arbeiten, dachte ich mir.

Am Beginn meiner ersten Unterrichtsstunde in dieser Klasse hielt ich folgende Ansprache: „In nicht einmal einem Jahr sollt ihr das Fachabitur in Mathematik schreiben. Ich habe kein Interesse daran, euch Mathematik beizubringen. Die meisten von euch dürften auch wenig Interesse an diesem überbewerteten Fach haben und es später auch nicht mehr brauchen. Woran ich aber höchstes Interesse habe ist, dass jeder von euch ein gutes bis sehr gutes Matheabitur schreibt oder wenigstens wegen Mathematik nicht durchfällt. Also brauchen wir nicht zu verstehen, was bei einer Aufgabe da mathematisch abläuft. Wir müssen nur wissen, welche Schublade in unserem Gehirn wir bei einem bestimmten Aufgabentyp öffnen müssen um dann die Aufgabe nach Schema F durchziehen." So, oder so ähnlich redete ich zu den Schülern und die meisten fanden dies und mich cool. Besonders angetan von meiner Rede waren die beiden

Schüler, die wegen Mathematik diese Jahrgangsstufe wiederholen mussten.

Das Schuljahr verlief fast optimal. Zum Halbjahr waren ich mit dem Jahresstoff fertig – die Theorie, welche beim Abitur sowieso nicht abgefragt wird, hatten wir weggelassen. Nun hatten wir noch fast eine halbes Jahr Zeit, um den Jahresstoff zu wiederholen. Als wir mit der Wiederholung fertig waren, waren es immer noch fast drei Monate bis zum Abitur. Nun übten wir alte Abituraufgaben und zwar auf folgende Weise: Wir schauten uns eine Teilaufgabe an und dann mussten die Schüler mir sagen, in welche „Schublade" diese Teilaufgabe gehört. War die Schublade richtig festgestellt, dann konnte die Aufgabe nach Schema F gerechnet werden. Es war toll. Vor dem Abitur errieten die allermeisten Schüler die richtigen „Schubladen".

Dann kam das Abitur. Und dann kam meine Korrektur des Mathabiturs. Und dann kam die Benotung. Und die war phantastisch. Fast um zwei Noten besser als der letztjährige Matheabiturdurchschnitt, ja, es war ein Notendurchschnitt der zu den besten in Bayern zählte. So hatte jener Schüler, der wegen einer 5 letztes Jahr in Mathematik durchgefallen war, nun einen guten 2er.

Dieses Matheabitur musste natürlich noch von einem sog. Kollegen nachkorrigiert werden. Und dieser war jener oben schon erwähnte, schlechte Lehrer, welcher wegen seines Traumziels A 15 auf die FOS wechselte, aber dort der gleich schlechte Lehrer, nur mit besserer Besoldung, blieb. Dieser Lehrer aber hatte voriges Jahr oben schon erwähnten Schüler, der bei ihm durchfiel und der nun einen 2er hatte. Wie dumm dieser Lehrer wirklich war, zeigte er bei der Nachkorrektur meiner Korrektur. Da wollte er „Punkteabzug" und damit eine schlechtere Benotung, wenn ein Schüler das Ergebnis einer Teilaufgabe nicht mit einem Lineal unterstrichen hatte, oder wenn er einen simplen Zwischenschritt, den man im

Kopf ausrechnen konnte, nicht schriftlich fixierte usw. Beim Besprechen seiner Nachkorrektur riss mir schließlich der Faden und ich fragte ihn beiläufig, wie denn seine Schulnoten so waren. Ob er auf dem Gymnasium öfter durchgefallen ist usw. Aber das Schlimmste kommt jetzt:

Da gab es eine Schülerin, welche ebenfalls letztes Jahr bei diesem A-15-geilen Lehrer durchgefallen war und diese hatte auch in diesem Jahr daran geglaubt, dass sie mathematisch unbegabt sei, weil es ihr voriges Jahr von diesem Lehrer immer wieder eingeredet wurde. Ich antwortet ihr: „Mädchen, ob du begabt bist oder nicht, das interessiert doch gar nicht! Uns beide interessiert doch nur, dass du das Fachabitur schaffst!" Aber sie glaubte mir nicht und lernte nur halbherzig auf das Abitur. Als ich ihre Matheabituraufgabe dann korrigierte sah ich Schreckliches. Das Mädchen hatte viel auf das Blatt geschrieben, fast alles falsch, nur eine Teilaufgabe hatte sie ganz richtig gelöst und dann mit einem Bleistift durchgestrichen. Ich weiß noch, wie ich korrigierend am Schreibtisch saß, schon einen Radiergummi in der Hand. Ich bräuchte nur den Durchstrich ausradieren und schon hätte das Mädchen einen 4er im Matheabitur und so ihr Fachabitur bestanden. Was soll ich machen? Allerdings darf ich doch nichts auf ihrem Blatt verändern! Was tun? Nun, es gab ja noch einen Nachkorrektor und mit diesem lässt sich reden und dann werden wir zusammen den Durchstrich herausradieren und dann hat die Schülerin einen 4er und dann hat sie beim zweiten Anlauf das Fachabitur doch noch geschafft. Also legte ich meine Gedanken zurecht und den Radiergummi wieder weg, packte alle von mir korrigierten Abituraufgaben zusammen und gab sie dem A-15-geilen-Lehrer zur Nachkorrektur. Nach einer Woche war der mit der Nachkorrektur fertig und wir setzten uns zusammen, um Abweichungen zwischen unseren Korrekturen zu besprechen. Und da kamen wir schließlich zu der Arbeit mit dem

Bleistiftstrich. „Nein, durchgestrichen ist durchgestrichen, auch wenn es ein Bleistiftstrich ist!" meinte er triumphierend und fügte hinzu: „Diese Schülerin hatte ich schon letztes Jahr und die ist dumm und eines Fachabiturs nicht würdig!" Bei diesen Worten fiel mir ein, zu was mein sog. Kollege alles unwürdig war. Ich machte ihm klar, dass es bei der Schülerin schon der zweite Anlauf ist und dass sie das Abitur nicht mehr wiederholen kann und dass sie Mathematik wohl nie mehr brauchen wird und dass sie aus ärmlichen Verhältnissen kommt, und dass ein bestandenes Fachabitur ihrer ganze Familie gut tun würde und dass nur ein Bleistiftstrich bzw. wir darüber entscheiden können, wie das Leben dieses Mädchens wohl verlaufen wird. Mein „Kollege" blieb hart. Seine Augen traten punktförmig aus seinen Höhlen. Sein etwas rötliches, versoffenes Gesicht wurde noch röter. Er ahnte, dass ich ein recht gutes Erstes Staatsexamen gemacht hatte, jedenfalls weit besser als er. Wo sonst, so dachte sich wohl mein Gegenüber, nähme ich diese Lockerheit her, einfach in einer Abituraufgabe herumradieren zu wollen. Nun konnte er seine frühere Unterlegenheit ausspielen, sein Dummsein münzte er nun in seine Stärke um. So deutete er schließlich an, dass radieren in einer Abituraufgabe Dokumentenfälschung sei und das ist nun einmal strafbar. Es folgte noch ein Widerspruch von mir und der Hinweis, dass ich ein Krimineller werden könnte, der Dokumente fälscht, von ihm. Dann gab ich nach. Am Ende des Gesprächs konnte ich mir aber dann doch eine Bemerkung nicht verkneifen. „Sie müssen wohl sehr schlecht in der Schule gewesen sein und sich auf der Universität sehr hart getan haben, dass sie jetzt ein so knallharter, schlechter Lehrer sind!" Ich bin mir nicht sicher, ob er das verstanden hat. Das Mädchen fiel zum zweitenmal wegen Mathematik durch.

Grundsätzlich habe ich aber immer die Erfahrung gemacht, dass die „härtesten" Lehrer, die dümmsten Schüler auf dem Gymnasium waren.

Abiturkorrektur 2

Das „Abitur" gehört zu einer der angesehensten Prüfungen im Leben eines Menschen. Viele meinen, dass man erst durch das Abitur zu einem richtigen Menschen wird, der auch als Journalist und Politiker seinen Mann stellt. Dies trügt gewaltig. Politisch gewollt, wurde das Abitur in den letzten Jahrzehnten entwertet und man muss sich mehr anstrengen, beim Abitur durchzufallen, als es zu schaffen.

Von einem solchen Fall möchte ich berichten. Da hatte ich einen Schüler, dem, im Gegensatz zu seinen Eltern, alles egal war. Es war ihm egal, ob er „das Abitur" bekommt oder nicht. Würde er das Abitur nicht bestehen, so würden sich wenigstens seine Eltern ärgern, dachte er. Wie aber erhält man kein Abitur, wenn man in der letzten Gymnasiumsklasse sitzt? Einfach nicht anstrengen?

Ich korrigierte seine Abiturarbeit. Vier Punkte (Note: 4-) benötigte er bei mir, um das Gesamtabitur zu bestehen. Meine Erst-Korrektur ergab: Drei Punkte! Also las ich die Arbeit nochmals durch, und dann nochmals und dann glaubte ich zu erkennen, dass der Schüler vielleicht etwas Richtiges gedacht haben könnte, es aber nur nicht so formulieren konnte, dass ich es verstehen würde und für Formulierungsschwächen war ja mein Fach nicht zuständig. Also, wenn man das so sieht, dann kann man ihm vier Punkte geben!

Ich gab die korrigierte Arbeit kommentarlos einer ältere, sich der Pension entgegenarbeitenden Kollegin zur Nachkorrektur. Sie kam zum gleichen Ergebnis: eigentlich wäre die Abiturarbeit mit drei Punkten zu bewerten, wenn man jedoch sehr schülerfreundliche beide Augen zudrückt, so kann man auch vier Punkte geben. So einigten wir uns auf vier Punkte. Damit wäre die Sache für meine Kollegin und mir erledigt gewesen und wir hätte die letzten Wochen vor den Sommerferien noch entspannt verbringen und auf die Ferien vorbereiten können, wäre nicht gerade in diesem Jahr die Nachkorrektur aller Abituraufgaben unseres Gymnasiums durch Lehrer eines anderen Gymnasiums gewesen. Die Kollegen des anderen Gymnasiums legten sich mächtig ins Zeug. Eigentlich hätten sie nur stichprobeartig nachkorrigieren sollen, aber sie korrigierten alles gründlich. So kam es, wie es kommen musste. Ein Kollege des anderen Gymnasiums monierte, dass meine alternde Kollegin und ich obigem Schüler vier Punkte gegeben haben, obwohl seine Arbeit, nach seiner Korrektur, nur drei Punkte wert ist.

Meine nachkorrigierende Kollegin und ich mussten schmunzeln, als uns unser Chef dieses Ergebnis der außerhäuslichen Nachkorrektur mitteilte. „Das weiß ich auch", meinte ich, zum Chef gewandt. „Und das weiß ich auch", wiederholte meine alte Kollegin.

Nur, was geschieht, wenn wir ihm nun drei Punkte gegeben hätten? Dann muss er „ins Mündliche" und da braucht er sechs Punkte, um das Abitur zu bestehen.

Es war ein heißer Frühsommertag. Um 11 Uhr bekamen die Schüler hitzefrei. Meine Kollegin und ich konnten jedoch die Schule noch nicht verlassen. Wir hatten nämlich um 14.30 Uhr die mündliche, halbstündige Abiturprüfung eines Schülers zu halten. Schon gestern war ich spät ins Bett gekommen, da ich mir noch die Fragen einschließlich „Erwartungshorizont" für diese mündliche Prüfung überlegen musste. Nun lümmelte ich von 11 bis 14.15 Uhr im Lehrerzimmer in der vor den Ferien schüler- und fast lehrerlosen Schule herum. Kurz vor 14.30 Uhr kamen meine Kollegin und der zu Prüfende. Wir setzten uns in ein leeres Klassenzimmer. Ich fragte den

Schüler, während meine Kollegin irgendetwas fürs Protokoll schrieb. Nein, sie schrieb nicht irgendetwas. Sie schrieb genau das, was sechs Punkten entsprach. Nach einer halben Stunde war die mündliche Prüfung vorbei, der Schüler bekam seine sechs Punkte. Der Schüler hatte damit das Abitur bestanden, mit den gleichen Noten die er erhalten hätte, wenn wir ihm auf seine Abituraufgabe vier Punkte gegeben hätten.

Ich ging nicht zur feierlichen Abiturzeugnisüberreichung. Die ältere Kollegin sagte mir jedoch, dass die Eltern dieses Schülers, der mit Ach und Krach das Abitur bestand, besonders stolz beim Festakt in der zweiten Reihe saßen.

Stegreifarbeiten

Stegreifarbeiten, früher Extemporalien, abgekürzt Exen genannt, waren schriftliche Leistungserhebungen.

Es kam einmal eine überarbeitete Schulordnung heraus. In dieser war nicht festgelegt, wieviel „Exen" in einem Fach während eines Schulhalbjahres geschrieben werden müssen. Normalerweise schimpfen die normalen Lehrer über die Schulordnung, die angeblich alles vorschreibt, die zu viel regelt, die so viel beinhaltet, dass es sich ein normaler Lehrer gar nicht alles merken kann bzw. will. Nun einmal keine Vorschrift, keine Regelung, was die Anzahl der Stegreifarbeiten pro Halbjahr betraf. Eigentlich hätte man ein Aufatmen der Lehrerschaft durch ganz Bayern hören müssen.

Die allermeisten Lehrer fühlten sich jedoch unwohl dabei. Kaum war in der Schulordnung festgelegt worden, dass die Zahl der Stegreifarbeiten pro Halbjahr nicht festgelegt wird, dass also jeder Lehrer so viele Exen schreiben kann, wie er für richtig hält, schon wurde an meinem Gymnasium eilig für jedes einzelne Fach eine außerordentliche Fachsitzung einberufen, um die Anzahl der „Exen" schulintern festzulegen. Wieder zwei verschwendete Nachmittage, dachte ich mir. In diesen Fachsitzungen wurde lange diskutiert. Fast jeder Lehrer wollte seinen Senf über die misslungene Schulordnungsergänzung abgeben und in einem von später niemand gelesenen Protokoll festhalten lassen. Mit jedem Beitrag wurden die Argumente dünner und dümmer. Allmählich schämte ich mich über das, was sich meine Kollegen nannten. Dann wurde abgestimmt, wieviel Stegreifarbeiten ein Lehrer in einem bestimmten Fach halbjährlich zu schreiben hat. Kaum hatte also das Kultusministerium jedem Lehrer eine Freiheit gelassen, schon wurde diese von den Lehrern den einzelnen Lehrern wieder genommen. Seit dieser Diskussion bin ich überzeugt, dass die Intelligenz eines Normallehrers in der Öffentlichkeit weit überschätzt wird.

In der Schulordnung war auch festgelegt, dass sich die Stegreifarbeit nur auf den in der letzten Unterrichtsstunde behandelten Stoff und auf das Grundwissen beziehen darf. Diese Vorschrift wussten nun viele Lehrer zu umgehen, indem sie alles zu Grundwissen erklärten und damit, je nach Lust und Laune, die meistens schlecht war, prüfen konnten.

In der Schulordnung war auch festgelegt, dass eine Stegreifarbeit höchstens 20 Minuten dauern darf. Hinzu kam noch eine sogenannte Einlesezeit, die Zeit, in welcher die Mehrheit der Schüler die Aufgabenstellung durchlas. Über diese Zeitbestimmung schimpften die dümmeren Lehrer, also viele. Eigentlich hätten sie sich über diese Regelung freuen müssen. Eine Stegreifarbeit über 15 oder gar 10 Minuten ist doch schneller korrigiert, macht weniger Arbeit, als eine Stegreifarbeit über 30 oder gar 40 Minuten. So sollte man denken, dass so Lehrer denken. Weit gefehlt. Die meisten schimpften über diese zeitliche Begrenzung und wurden kreativ. Bei nicht wenigen Lehrern dauerte eine Stegreifarbeit insgesamt 40 Minuten. Im Protokoll stand dann: 20 Minuten

Einlesezeit, 20 Minuten Arbeitszeit. Die Stegreifarbeiten, vor allem in Fächern in denen keine Schulaufgaben geschrieben wurden, arteten so zu Schulaufgaben aus. Die Lehrer in solchen Fächern meinten, dass sie somit das Image ihres Faches aufpolieren könnten, wenn sie schulaufgabenähnliche Stegreifarbeiten schreiben ließen und wenn sie sich dann bei einer langen Korrekturzeit abreagieren durften.

In der Schulordnung war auch vorgeschrieben, dass eine Stegreifarbeit nicht angekündigt werden darf. Der Lehrer durfte also nicht sage: „Liebe Schüler, in der nächsten Stunde schreiben wir eine Stegreifarbeit!" Auch diese Anordnung der Schulordnung forderte die Kreativität vieler Lehrer heraus. Da machten die Lehrer dann solche Andeutungen, dass auch der dümmste Schüler verstand, dass in der nächsten Stunde eine Stegreifarbeit geschrieben wird. Solche Andeutungen lauteten: „Auch ja, irgendwann müssen wir ja noch eine Stegreifarbeit schreiben!" oder „Ich würde besonders den dümmeren Schülern empfehlen, gerade auf die nächste Stunde etwas zu lernen!" oder „Der Stoff dieser Stunde ist für so allerhand geeignet!"

Es gab jedoch auch Lehrer, welche Stegreifarbeiten gerade dann schreiben ließen, wenn kein Schüler damit rechnete, der Stoff ungeeignet für eine Stegreifarbeit war und viel „Grundwissen" abgefragt wurde, welches oft keines war. Ich kenne Stegreifarbeiten mit 5,6 als Notendurchschnitt. Der entsprechende Lehrer behauptete dann, dass alle Schüler dieser Klasse „Deppen" sind. Wie dumm muss ein Lehrer eigentlich sein, um so eine Behauptung aufzustellen? Es gab jedoch auch einmal einen gegenteiligen Fall. Der Notendurchschnitt bei einer Ex in Musik war 1,2! Wie kam es dazu? Das erste Halbjahr neigte sich dem Ende zu. Der Musiklehrer musste in den beiden nächsten Stunden noch die einzige Ex des halbjhres schreiben lassen. Der Musiklehrer war jedoch nur selten im Unterrichtsraum. Er saß oft im

Lehrerzimmer beim Kaffee oder beim Kopieren. So kam es, dass er wieder einmal den Raum verließ, um rasch etwas Privates zu erledigen. Die Schüler machten sich an seiner Tasche zu schaffen und zogen überraschender Weise das Angabenblatt einer Ex, die in der nächsten Stunde in dieser Klasse geschrieben werden sollte, aus der Tasche. Bis der Musiklehrer in der Klasse zurück war, war auch das Angabeblatt wieder in seiner Tasche, allerdings zuvor wurde es von einem Schüler kopiert. Ein Schüler arbeitete die Antworten aus und verteilte sie an seine Mitschüler. Drei Schüler mussten sich opfern und bei der Ex einige Fragen nicht beantworten. So kam es zu dem Notenschnitt von 1,2. Der Musiklehrer wurde dann vom Chef noch gelobt, dass er ein sehr guter Lehrer sei und dass deshalb die Schüler bei ihm viel lernen würden, was man an diesem Notendurchschnitt ersehen kann.

In zweistündigen Fächern pro Woche gab es ein Problem. Angenommen in einer Klasse wurde am Dienstag und am Mittwoch Geschichte unterrichtet. Wollte ein Lehrer nun am Mittwoch eine Stegreifarbeit schreiben lassen, so sollte er bei dieser Stegreifarbeit den Unterrichtsstoff vom Dienstag (+ Grundwissen) abfragen. Der Lehrer bereitete also am Montagabend den Geschichtsunterricht für Dienstag vor und entwarf gleichzeitig die Stegreifarbeit für Mittwoch. Wenn dann während des Geschichtsunterrichts am Dienstag etwas dazwischen kommt, eine lange Durchsage des Schulleiters oder ein Feuerprobealarm oder, oder....., so kam der Lehrer am Dienstag mit dem vorgesehenen Stoff „nicht durch", hat aber die Stegreifarbeit für Mittwoch schon kopiert. Was tun. Ich kenne einen Fall, wo dann die Ex am Mittwoch doch geschrieben wurde. Notendurchschnitt: 5,4. Ausrede des Lehrers: Die Schüler hätten alle Fragen auch durch logisches Denken lösen können.

Vom Schulaufgabenverschieben und weiteres von Schulaufgaben

An jedem Halbjahresbeginn mussten sich, wenigstens an unserer Schule, die Lehrer auf Termine festlegen, an denen sie ihre Schulaufgaben wollten schreiben lassen. Die Schulleitung versuchte dann, diese Termine so zu koordinieren, dass die alle Schulaufgaben gleichmäßig über das Halbjahr verteilt waren.

Es gibt eine bestimmte Art von Lehrern, welche ihre Schulaufgabentermin fast immer verschoben. Sie geben dann meistens an, dass sie noch nicht genügend Stoff für eine Schulaufgabe im Unterricht behandelt hätten. Dabei merken sie gar nicht - sie können es auch gar nicht merken, weil sie nicht besonders klug sind – wie dumm diese Begründung ist und zwar deshalb:

1. Eine Schulaufgabe soll „über einen bestimmten Stoff gehen", welcher den Schülern mitzuteilen ist. Meistens handelt es sich hierbei um den im Unterricht behandelten Stoff seit der letzten Schulaufgabe. Wenn also der Stoff für eine Schulaufgabe nicht reicht, dann haben sie, wohl aus Unfähigkeit, zu wenig Stoff behandelt. Sie geben also indirekt durch die Verschiebung zu, dass sie schlechte Lehrer sind.

2. Bei einer Schulaufgabe soll man auch Grundlagen abfragen, also einen Stoff, den ein Schüler immer parat haben muss oder besser gesagt sollte. Und mit solchen „Grundlagen-Aufgaben" lässt sich schon gut die Hälfte einer Schulaufgabe abdecken.

3. Eine Schulaufgabe sollte in einer bestimmte Zeit geschrieben werden. Meistens in 45 Minuten (von besonderen Fächern wie Deutsch abgesehen). Wenn man also 10 Minuten Einlesezeit veranschlagt, dann bräuchte man bei einer Schulaufgabe Aufgaben für 35

Minuten und Stoff für soviel Aufgaben müsste ein Lehrer, wenn er einigermaßen kreativ ist, schon aus wenigen Unterrichtsstunden entwickeln können.

Fasst man diese drei Punkte zusammen, so ergibt sich, dass sich schon über einen Stoff von zwei bis drei Unterrichtsstunden eine Schulaufgabe erstellen lässt. Die Lehrer, die immer wieder verschieben, zeichnen sich also auch dadurch aus, dass sie während einer Unterrichtsstunde wenig Stoff behandeln. Das sind dann die gleichen Lehrer, die am Jahresende nie mit dem im Lehrplan vorgeschriebenen Stoff fertig werden und die dann über die Stofffülle des Lehrplans schimpfen, ohne zu merken, dass es nicht an der Stofffülle, sondern an ihrer Unfähigkeit liegt, wenn sie am Jahresende wieder einmal nicht den ganzen vorgeschriebenen Stoff behandelt haben. Diese Lehrer zeichnen sich auch dadurch aus, dass sie phantasielos sind und ihnen deshalb auch nur selten gute Aufgaben einfallen. Ein kreativer Lehrer erfindet schon zu wenig Stoff gute Schulaufgaben-Aufgaben. Die Schulaufgabenverschiebungslehrer meinen, dass sie sich besonders als gute Lehrer hervortun, weil sie zeigen, wie wichtig sie die Schulaufgaben nehmen, so wichtig, dass sie diese immer verschieben und ist die Schulaufgabe dann doch einmal geschrieben, dann brauchen sie meistens noch sehr lange zum Korrigieren. Dass sie sich durch die ständige Verschiebung der Schulaufgabentermine und der langen Korrekturzeit als schwache Lehrer ausweisen, das begreifen sie nicht.

Lehrerkleidung

Als ich noch Schüler war, trugen die allermeisten Lehrer im Unterricht einen Anzug, zumindest eine Kombination. Die besonders progressiven, meist jüngeren Lehrer verzichteten auf eine Krawatte und damit gleichzeitig auf etwas Autorität. Autorität war aber später, im Nachklang der 68er, eh' nicht mehr gefragt. Diejenigen, die als Studenten die Autorität in den Schulen abschaffen wollten, durften jetzt, als Lehrer, darunter leiden. Aber das merkten sie nicht, dazu waren sie viel zu antiautoritär konditioniert. Dann ließen die Lehrer auch ihr Sakko im Kleiderschrank hängen und zogen zu ihrer Jeans einen Pullover an. Die Verschlechterung der Luft im Klassenzimmer wollten sie nicht merken. Ein Sakko hatte nämlich den Vorteil, dass man bei Körpererwärmung dieses Kleidungsstück auch im Unterricht leicht und stilsicher ausziehen und über eine Stuhllehne hängen konnte und so zuviel Schweißgeruch verhinderte.

Heute trägt meistens nur noch der Schulleiter ein Sakko. Die anderen Lehrer, und sind sie noch so alt, wandeln mit Jeans und Pullover und Schweißgeruch durch die Schulgänge. Wenn dann die Temperatur im Klassenzimmer steigt, so muss sich der Lehrer seines Pullovers entledigen, indem er ihn über seinen Kopf zieht. Er nimmt ihn nicht, wie das Sakko, ab, sondern er zieht ihn aus und dies hat einen leicht pornographischen Touch.

Aber das ist noch nicht das Schlimmste. Das Schlimmste an der Jeans-Pullover-Kleidung ist, dass sich ein Lehrer auf Grund dieser Kleidung unwahrscheinlich progressiv und schülernahe fühlt. Zwar machen Kleider Leute, aber ein Pullover macht noch keinen guten und eine Jeans noch keinen beliebten Lehrer. Aber diesen Antizusammenhang begreifen die meisten Lehrer wieso nicht. Dass ein Anzug oder eine Kombination die Würde des Lehrers unterstreicht, setzt voraus, dass die Lehrer so etwas wie Restwürde noch haben.

Lehrer in einzelnen Fächern

Fast jeder Lehrer ist ein ausgeprägtes Individuum. Trotzdem haben viele Lehrer einer Fachschaft bestimmte Gemeinsamkeiten. Ich betone, dass nicht alle Lehrer einer bestimmten Fachschaft so waren, wie ich sie hier beschreibe, aber die meisten. Deshalb differenziere ich der Einfachheit- und Bequemlichkeithalber hier nicht.

Deutsch

Wenn in der fünften Klasse auf dem Mathematiklehrplan das Thema „Durchschnitt" bzw. „arithmetischer Mittelwert" stand, so ließ ich die Schüler immer die durchschnittliche Anzahl an Kindern der Lehrer einer Fachschaft unseres Gymnasiums ausrechnen. Die durchschnittlich wenigsten Kinder hatten immer die Lehrer der Fachschaft Deutsch. Es waren immer durchschnittlich 1,1 – 1,2 Kinder pro Deutschlehrer. Einmal erklärte mir ein Deutschlehrer, dass er so viel korrigieren muss, dass er keine Zeit zum Kindermachen hat. Ich fragte ihn etwas überrascht, ob er denn überhaupt weiß, wie man ein Kind macht! Ja! Dann ist ja alles gut.
Die Deutschlehrer waren meistens nicht die intelligentesten Lehrer. Woran lag das? Vielleicht daran, dass man, um Deutsch bzw. Germanistik zu studieren, keine spezielles Wissen bzw. Begabung haben musste. So hatte der durchschnittliche Deutschlehrer nicht nur besonders wenig Kinder, sondern auch eine durchschnittlich schlechte Abiturnote. Man brauchte nicht einmal gern und viel lesen, um Germanistik zu studieren. In der Schule hatten die Deutschlehrer auch kein besonders gutes Image, weder bei den Schülern, noch im Lehrerkollegium. Ein Grund hierfür

war, dass die Schüler wegen Deutsch nur selten durchfielen. Dass viele Deutschlehrer nicht gut Deutsch konnten, sah man an ihren wenigen schriftlichen Äußerungen in Jahresberichten. Ihre Kurzberichte dort waren unter den Ansprüchen, die sie an ihre Schüler stellten.

Ein Problem bei Deutschlehrern war die Korrektur von Schüler-Aufsätzen. Das begann schon damit, dass etliche Deutschlehrer der deutschen Grammatik nicht mächtig waren. Besonders die Kommaregeln waren nur den wenigstens geläufig. So strichen sie mit dicken Rotstiften richtig gesetzte Kommas an oder umgekehrt. Sie kritisierten Gedanken in einem Aufsatz einfach deshalb, weil sie diesen nicht folgen konnten. Die Notenbegründung war oft Wischiwaschi, zwar gerichtlich nicht anfechtbar, aber doch nicht nachvollziehbar. Dies bedeutete, dass Schüler und Eltern über die Aufsatzkorrekturen lästerten. Einmal regten sich Eltern über eine angeblich falsche Korrektur eines Aufsatzes einer Deutschlehrerin so auf, dass die Lehrerin sich selbst anzeigte. Daraufhin wurde ihre Korrektur von einem anderen Deutschlehrer nachkorrigiert. Teils musste der Nachkorrektor der Deutschlehrerin, teils aber auch den Eltern Recht geben.

Es gab da einen Deutschlehrer, welcher einem Schüler einen Verweis gab. In der schriftlichen, zweisätzigen Begründung der Untat des Schülers machte der Deutschlehrer drei Fehler. Die Eltern schickten den Verweis, mit Rotstift korrigiert, an die Schulleitung zurück! Der Schulleiter musste daraufhin den Lehrer auf seine Fehler hinweisen und eine Antwort an die Eltern erfinden.

In den jährlichen Jahresberichten stehen immer die Lektüren der einzelnen Klassen. Da machte ich mir einmal die Arbeit, mehrere Jahrgänge von Jahresberichten zu vergleichen und ich stellte wenig überraschend fest: Die meisten Deutschlehrer lassen schon jahrelang in der gleichen Jahrgangstufe immer die gleiche Lektüre lesen. Wie langweilig ist das denn? Wie langweilig müssen solche Lehrer erst im Unterricht sein. Wenn man dies zurückverfolgt, dann ergibt sich, dass etliche Deutschlehrer ein Lehrerleben lang immer die Texte mit den Schülern behandeln, welche sie schon als Referendare durcharbeiteten. Bei den allermeisten unserer Deutschlehrer begann die deutsche (Schul-)Literatur 1947 und endete 1971. Vorzugsweise wurde gelesen „Andorra", weil dies besonders kurz ist, und Dürrenmatt und Hesse. Das war überschaubar. Aber es gab auch vor und nach diesen Dichtern Literatur und die Literaturnobelpreise wären doch eine Orientierung auch für Deutschlehrer gewesen! Natürlich sagte jeder Deutschlehrer, dass er schon Ulysses gelesen hat – stimmte aber meistens nicht. Auch frühere Literatur war bei ihnen, wenngleich sie es nicht eingestanden, Fehlanzeige! Man konnte mit irgendeinem Lehrer über modernste Literatur sprechen, nur nicht mit einem Deutschlehrer. Und wenn man ihm nachweisen konnte, dass er unbelesen ist, so war seine Ausrede, dass er, wegen der vielen Korrekturarbeit, nicht zu seinem ach so geschätzten Hobby, dem Lesen, kommt.

Ich kannte folgenden Deutschlehrer: In beiden Staatsexamen bekam er schlechte Noten. Die Noten waren so schlecht, dass er nur einen Angestelltenvertrag erhielt, da es damals zu wenig Deutschlehrer gab. Und dieser Angestelltenvertrag wurde jährlich verlängert. Irgendwann war er so lange Angestellter, dass er verbeamtet werden musste. Als Deutschlehrer korrigierte er Tag und Nacht. In einem von ihm korrigierten Aufsatz stand mehr in Korrekturrot als in Schülerblau. Und dieser Lehrer sagte mir einmal – und zwar ernst, nicht im Spaß -: „Ich habe keine Freundin, da ich keine Zeit dazu habe!" Ist so etwas nicht beängstigend? Und dabei hätte ihm eine Familie so gut getan. Hätte er eigene Kinder gehabt, dann hätte er vielleicht verstanden, dass nicht alle Schüler „Deppen" sind. Hätte er eigene Kinder gehabt, dann hätte er vielleicht begriffen, dass schlechte Noten die Schüler wenig motivieren. Hätte er eigene Kinder gehabt, so hätten die ihm vielleicht einmal gesagt, wie lächerlich er mit seinem übertriebenen Imponiergehabe wirkt. Er war ein typischer Lehrer: Er wusste immer alles besser. Wenn man aber der Sache nachging, so stellte sich rasch heraus, dass er doch nur ein gefährliches Halbwissen hatte.

Religion

Die Religionslehrer sind Gutmenschen – die evangelischen mehr als die katholischen. Damit sind sie offiziell zeitgemäß, eigentlich jedoch unzeitgemäß. Die meisten Schüler werden ja nicht aufs Gymnasium geschickt, um einmal Gutes zu tun, sondern um einmal Karriere zu machen und Geld zu scheffeln.

Die Religionslehrer haben es schwer, weil sie von den meisten Schülern nicht ernst genommen werden. Warum? Einmal, weil sie Gutmenschen sind; zum zweiten, weil man wegen „Religion" nicht durchfällt; drittens, weil sie, schon aus religiösen Gründen, zu den Schülern lieb sein müssen (Liebet eure Feinde!); viertens, weil sie am ersten und am letzten Schultag eines Schuljahres immer Veranstaltungen – sie nennen es ökumenische Gottesdienste – in fremden Lokalitäten – sie nennen es Kirchen – organisieren müssen, und viertens ist ihr Fach ein Schwätzerfach und der Lehrplan schreibt Stuhlkreise vor. Wie lustig ist das für die Schüler.

Da die Religionslehrer also in ihrem Fach nicht ernst genommen werden, sind sie umso erbarmungsloser in ihrem zweiten Fach, meistens Latein oder Deutsch oder Englisch. Da zeigen sie, dass sie „harte Hunde" sein können. Trotzdem leiden sie unter einem Minderwertigkeitskomplex.

Mathematik

Die arrogantesten Lehrer sind die sogenannten Mathematiklehrer. Sie unterrichten auf dem Gymnasium „Rechnen" und nennen dies „Mathematik". Dort wo ihr Wissen nämlich aufhört, da beginnt Mathematik. Auf der Universität haben sie gehört, dass die meisten Mathematik-Vorlesungen eine Aneinanderreihung von Definition, Satz, Beweise, Definition, Satz, Beweis usw. ist. Sie mussten dies aber als Lehrer schnell wieder vergessen und „Rechnen" unterrichten. Nun stellen sie in den unteren Klassen die Aufgabe: „Ich pflanze 20 Bäume im Abstand von je 10 Metern. Wie lang ist die Strecke zwischen dem ersten und dem letzten Baum?" Dann freuen sie sich tierisch, wenn Schüler schreiben: „Der Abstand beträgt 10 x 20 m = 200 m." Sie haben nämlich zuhause zwanzig Bäume auf ein Blatt Papier gezeichnet und festgestellt, dass es zwischen dem ersten und dem letzten Baum nur 19 Abstände sind. Sie behandeln das simple Kapitel „Kurvendiskussion" so durcheinander, dass es ja nicht alle Schüler verstehen. Dabei braucht man bei diesem Thema nichts zu begreifen. Man wendet einfach nichtverstandene, von jedem erlernbare Techniken an (Symmetrie, Ableitung, Steigung, Krümmung …) und schon kann eigentlich jeder Schüler, der das kleine Einmaleins beherrscht, Kurven diskutieren. Für ihre Arroganz sind auch viele Eltern schuld. Die meisten Elternsprechstunden bei einem Mathematiklehrer eröffnen die Eltern so: „Ich habe Mathematik in der Schule auch nicht begriffen!" Anstatt darauf den Eltern zu sagen, dass sie einen schlechten Mathematiklehrer hatten, antworten sie: „Wissen sie, das wundert mich nicht, dass sie in Mathematik keine so guten Noten hatten, es ist nun einmal ein sehr schweres Fach und selbst meine Schüler verstehen nicht alles!" Die Eltern beenden dann das Gespräch in der Sprechstunde oft mit dem Hinweis, dass sie zwar in der

Schule nicht viel von Mathematik begriffen haben, dass sie es aber später, in ihrem Beruf, trotzdem weit gebracht haben. Und zynische Väter fügen dann oft noch hinzu: „Wahrscheinlich verdiene ich heute mehr als sie, obwohl ich in Mathe eine Fünf hatte!"

Sport

Man könnte meinen, dass die Sportlehrer einen noch größeren Minderwertigkeitskomplex haben als die Religionslehrer, da man in „Sport" noch weniger durchfallen kann als in „Religion". Gefehlt!

Die Sportausbildung kann man zwar nicht als „akademisch" bezeichnen, das wissen aber die Sportlehrer nicht. Früher bezeichnete man einen Abitur mit Leistungskurs „Sport" „Gorillaabitur", mit folgender Begründung: „Ein Gorilla würde zwar in Sport-Theorie 0 Punkte (Note 6) bekommen, in Sport-Praxis würde er aber so gut sein, dass er insgesamt das Abitur bestehen würde." Wenn man Sportlehrer wegen ihrer dürftigen akademischen Ausbildung anspricht, so widersprechen sie auf das heftigste. Sie meinen, sie mussten beim Studium Schiedsrichterregeln lernen, sie argumentieren, dass sie beim Studium (Studium betonend) so viel lernen mussten wie ein Sportmediziner auch. Um sie nicht zu sehr zu blamieren, gab ihnen, zu meiner Zeit, der Schulleiter meistens keine Klassenleitung. So brauchten sie keine Protokolle und Zeugnisbemerkungen schreiben und konnten sich ganz auf ihre Unterrichtsvorbereitungen konzentrieren, die da waren: „1/2 Stunde Fußballspielen, 20 Minuten Gymnastik usw.".

Biologie

Die Biologielehrer waren oft rechte Naturburschen. Sie trugen meist lange Bärte, engagierten sich für den Umweltschutz und wurden von diesem ausgenutzt, ließen an Nachmittagsstunden von Schülern die Flussauen reinigen und hatte bisweilen biologische Hobbies, wie die Imkerei oder die Fortpflanzung. Sie nahmen ihr Fach äußerst wichtig und sich selbst noch wichtiger. Um dies zu zeigen, ließen sie schwere Stegreifarbeiten schreiben und benoteten diese „äußerst scharf". Maulten ältere Schüler dagegen wurde ihnen entgegnet, dass Biologie ein sehr schweres Fach ist und dass nur die wenigsten deshalb gute Noten in diesem Fach verdienen. In der sechsten Klasse kamen sich die Biologielehrer besonders wichtigsten vor, denn da gaben sie auch Sexualkundeunterricht. Heute sind die Schüler in der sechsten Jahrgangstufe meistens schon aufgeklärter als die Biologielehrer und können sich oft schon selbständig, ohne Lehrerhilfe, einem der über 60 Geschlechter zuordnen.

Kunsterziehung

Die allermeisten „Zeichenlehrer", wie sie umgangssprachlich genannt wurden, waren auch Künstler und das war ihr Problem. Sie verstanden wenig bis nichts von Kunstgeschichte. Als Künstler brauchten sie nicht alte Kunst betrachten, sondern eigene, moderne schaffen, ohne Vorbild, denn sonst wäre es ja wieder keine eigene Kunst gewesen. Als Künstler mussten sie auch nicht malen oder zeichnen können, sondern sie brauchten nur originell bis originär, bestenfalls ordinär zu sein; sie und ihre Malerei. Da sie das Zeichnen und Malen also nur sehr eingeschränkt beherrschten, so konnte sie den Schülern nur wenig beibringen. Themen wie perspektives Zeichnen oder figürliches Zeichnen oder Farbtheorie beherrschten die wenigsten Kunsterzieher. Da also die meisten Zeichenlehrer wenig konnten und die wenigsten Schüler von ihnen etwas lernen wollten, gab es eine stillschweigende Übereinkunft: Wenn sich die Schüler während des Unterrichts so ruhig verhielten, dass ihr Schreien nicht im Direktorat zu hören war, dann überließ der Kunsterzieher die Schüler sich selber und sie sich auch sich selber.

Schwierig war es an Schulen, wo es mehrere Zeichenlehrer gab. Diese vertrugen sich meistens nicht besonders gut. Einig waren sie sich nur darin, dass ihre Schüler wenig lernen brauchten und dass es die Noten 4, 5 und 6 in der Notenskala eines Zeichenlehrers nicht gibt. Ansonsten gestaltete jeder seinen Unterricht ganz individuell. Da kannte ich einen Kunsterzieher, welcher seinen Unterricht meistens im Vorbereitungsraum verbrachte, während seine Schüler im Unterrichtsraum taten, wozu sie Lust hatten. Nicht dass er faul gewesen wäre, nein! Er malte eifrig im Nebenraum Bilder, welche er dann auf Ausstellungen präsentierte und einige davon sogar an die Schule, wo er unterrichtete, verkaufte. Da gab es eine grüne Kunsterzieherin. Sie war meistens schwarz gekleidet, wie eine Hexe, und trug langes, offenes Haar. Ihr Kunstunterricht bestand überwiegend in belehrenden Worten welche von Kernenergie und Dieselmotoren, Frieden und amerikanische Bösewichte handelten.

Moderne Fremdsprachen

Englisch-, Französisch- oder Spanischlehrer sind die normalsten Lehrer am Gymnasium. Sie haben sich meistens einige Monate in England oder Frankreich oder Lateinamerika aufgehalten. Sie sind „Lehrerdurchschnitt". Sie sind zwar etwas eingebildet, da sie eine oder mehrere Fremdsprachen recht gut sprechen, aber auch das Eingebildetsein gehört zum „Lehrerdurchschnitt". Der Bartwuchs oder Details der Kleidung ließen manchmal erahnen, welche Sprache sie unterrichteten. Besonderheiten solcher Länder wurden von ihnen oft absolut gesetzt. So äußerte ein Englischlehrer fast täglich im Lehrerzimmer seinen Vorschlag, in Deutschland die Großschreibung abzuschaffen. Ansonsten gibt es über diese Lehrer wenig zu berichten. Sie waren eben meistens nur Durchschnitt, nicht besonders originell und verbrachten viele Ferien in einem Land, dessen Sprache sie beherrschten.

Musiklehrer

Eine eigene, seltsame Sorte sind die Musiklehrer und zwar deshalb: In ihrer Kindheit wurden in ihnen meistens Wunderkinder gesehen. Mit zwei Jahren hatte man sie auf einen Klavierhocker vor ein Klavier gesetzt und fotographiert. Dann hat die ganze Großfamilie dieses Photo mit dem Bild des kleinen Mozarts am Klavier verglichen. Die meisten Mitglieder der Großfamilie kamen zum Ergebnis, dass eine gewisse Übereinstimmung mit Mozarts Kindheitsbild durchaus gegeben ist. Mit sechs Jahren haben sie schon Sonatinen von Diabelli und Kuhlau gespielt und mit dem „Fröhlichen Landmann" von Schumann die Eltern begeistert. Irgendwann zwischen Einschulung und Abitur begriffen ihre Eltern, dass es zu einer Solistenkarriere ihres Sprösslings nicht reicht. Nicht einmal der Orchesterberuf war für das Kind erstrebenswert, wegen der vielen Konzerte am Abend, zur besten Fernsehzeit. So waren sich Eltern und Kind einig,

Musiklehrer zu werden. Das einzige Hindernis dabei war die Aufnahmeprüfung an der Musikhochschule. Hatte man diese geschafft, dann konnte man an das Lebensende denken. Während des ganzen Studiums blieb man instrumental ungefähr auf dem Niveau der Aufnahmeprüfung und die „Theorie" erreichte selten Universitätsniveau Der große Schock kam dann mit dem Lehrersein.

Normalerweise interessieren sich Schüler nicht für das Nichtdurchfallerfach „Musik". Das frustriert die Musiklehrer. Aber was machen? Die meisten Musiklehrer geben auf.

Ich kannte eine Musiklehrerin, bei welcher die Schüler ihre Lieblings-CDs in den Musikunterricht mitbringen durften. Die meisten Unterrichtsstunden wurden dann mit Pop und Rap vom CD-player ausgefüllt. Zweimal im Schuljahr fand Unterricht statt. Im ersten Halbjahr bestand dieser aus einer „Musiktheoriestunde". In der darauf folgenden Unterrichtsstunde wurde dann eine Stegreifarbeit über diese letzte Stunde geschrieben – Durchschnittsnote 1,4. Die Stegreifnote war dann zugleich auch Zwischenzeugnisnote.

Ich kannte einen Musiklehrer, der jedes Jahr zur selben Zeit die gleiche Stegreifarbeit schrieb. Die Schüler wussten dies. In einer Klasse mit 25 Schülern erhielten 20 Schüler eine Eins, drei Schüler eine Zwei und zwei Schüler eine Drei. Letztere ärgerten sich so über die Faulheit dieses Musiklehrers, dass sie nur Quatschantworten auf das Stegreifblatt schrieben, obwohl sie die richtigen Antworten gewusst hätten. Nach dieser Stegreifarbeit war wieder „Wunschkonzert". Oft fand „Musikunterricht" mit Schülern aber ohne Lehrer statt. Zum Abspielen von CDs benötigt man schließlich keinen Lehrer. Öfter waren die Musiklehrer verhindert, Unterricht zu halten. Sie waren mit dem Organisieren, z.B. von Schülerkonzerten, beschäftigt. Trotzdem waren die meisten Musiklehrer bei der Schulleitung sehr angesehen. Sie machten nämlich Vorspielabende, besonders vor dem Neueinschreibungstermin der Grundschüler am Gymnasium. Das Programm solcher Schülervorspielabende bestand darin, dass Schüler, welche an Musikschulen, also nicht am Gymnasium, Instrumente lernten, etwas vorspielten. Und dann wurde dies so verkauft, als hätten die Schüler dies im Musikunterricht des Gymnasiums gelernt bzw. erarbeitet. Und das stand dann so auch in der Lokalzeitung und begeisterte die Eltern, welche ihr Kind auf dieses Gymnasium schicken wollten.

Aber das war immer schon so. In meiner Abiturklasse versuchte uns der Musiklehrer C-Dur beizubringen! Zu F-Dur sind wir dann nicht mehr gekommen.

Befriedigung, Erfolg und Geld bekommen viele Musiklehrer außerhalb der Schule. Sie geben Konzerte oder spielen aushilfsweise in Konzerten mit. Voraussetzung ist, es wird gut bezahlt. Sie hämmern die Mondscheinsonate herunter und beeindrucken damit das Publikum, das nichts von Musik versteht. Durch ihre Fingerfertigkeit, ihr verlebtes Gesicht und ihre Haarpracht beeindrucken sie besonders junge Lehrerinnen. Überhaupt schien mir, dass der Partnerwechsel bei Musiklehrern besonders häufig war.

Vor einigen Wochen stand in der Lokalzeitung die Todesanzeige unseres früheren Musiklehrers. Ich erkundigte mich, woran er schon gestorben ist, er war ja noch nicht so alt. Antwort. Nach der Pensionierung war er allein. Sein Reiz auf Frauen war verlebt. Er verbrachte jeden Abend in mehreren Beizen. Er hat sich zu Tode gesoffen.

Lateinlehrer

Wie oben schon angeführt, haben etliche Lateinlehrer als weiteres Fach „Religion". Andere hatten „Griechisch", was heute ja nur noch selten unterrichtet wird, wieder andere unterrichteten auch „Deutsch" oder „Geschichte". Allen ist gemeinsam, dass sie für die Berufswelt weitgehend untaugliche Sachen unterrichten. Heute kann selbst ein Pfarrer fast ohne Latein auskommen. So standen die Lateinlehrer immer unter Rechtfertigungsdruck. Ständig mussten sie begründen, wie wichtig ihr Fach ist. Etwas Überflüssiges zu begründen ist jedoch schwer und macht mit der Zeit aggressiv.

Ihr typisches Argument, dass Schüler Latein lernen sollen, ja müssen, ist: „Latein ist die Grundlage der meisten europäischen Sprachen! In keiner anderen Sprache begreift man Grammatik besser als in Latein. Wer Latein kann, der kann alle anderen Sprachen leichter erlernen!" Mein Gegenargument war dann immer, dass ich Französisch direkt erlernen kann, ohne Umweg über Latein. Es ist hier aber nicht der Ort, dies auszudiskutieren. Die meisten Lateinlehrer sind altmodisch und konservativ. Für sie hat die Menschheitsgeschichte mit Cicero und Ovid ihren Höhepunkt erreicht und seitdem geht es bergab. Lateinlehrer sind auf Biegen und Brechen auf die Schule, als ihren Arbeitgeber, angewiesen. Man braucht sie sonst nirgends in der Berufswelt. Etliche Lateinlehrer tragen einen gepflegten Bart. Dies gibt ihnen den Anstrich von Intellektualität, die sie anscheinend nicht und ohne Bart schon gar nicht haben. Im Sommer fahren sie nach Italien, vorzugsweise nach Rom, und verbringen dort die heißen Nachmittage im Forum Romanum. Im Unterricht sind sie „Pauker", denn in „Latein" benötigt man weder Teamfähigkeit, noch Sprachkompetenz, noch „Lösungsfindung". Ihre ganze pädagogische Tätigkeit besteht darin, den Schülern beizubringen, Vokabeln zu lernen und lateinische Texte ins Deutsche zu übersetzen, zuerst den Tacitus, dann Cäsar und dann Cicero. Nach ihrem ersten Unterrichtsjahr sind sie mit den Unterrichtsvorbereitungen für ihr restliches Leben fertig. Es kommt kein neuer Stoff mehr hinzu, da die Stoffgebenden lateinischen Dichter und Philosophen schon lange tot sind und späteres Kirchenlatein überfordert sie. Das Wenige, was, außer Kirchenlatein, in den letzten 2000 Jahre an Stoff hinzu kam stand in den Comic-Hefte „Asterix und Obelks".

Lehrerindividuen

Ein dumm-arroganter Lehrer

Grundsätzlich habe ich die Erfahrung gemacht, dass die Lehrer, die sich als knallhart gaben, als Schüler auf dem Gymnasium und als Studenten an der Universität die Dümmsten waren. Von so einem will ich nun berichten. Er hatte einen Oberlippenbart. Er versuchte hochdeutsch zu sprechen, aber die unbeabsichtigte Dialektfärbung verriet seine schwäbische Herkunft. Er trug stets Sakkos mit Achselschweissflecken. Er ging aufrecht wie eine Bohnenstange. Er verkniff sich jedes Lachen und schaute immer nur Ernst drein. Wenn es lustig zuging, dann wurde seine Mimik traurig, als wollte er sagen: Die Ärmsten lachen und erkennen nicht den Ernst der Lage. Er wusste alles besser. Er unterrichtete auch Sozialkunde. Bei der Wiedervereinigung Deutschlands sprang er tagelang mit dem Grundgesetz durch das Lehrerzimmer und belehrte alle die Lehrer, die nicht schnell genug vor ihm verschwanden, über die Unmöglichkeit der Wiedervereinigung nach dem Grundgesetz. Einmal war Kommunalwahl und er vermutete, dass in einer bestimmten Gemeinde zu viel Kandidaten aufgestellt worden waren. Siegessicher lief er wieder durch das Lehrerzimmer und verkündete dort laut, dass die Wahl in dieser Gemeinde ungültig ist und dass er dafür sorgen wird, dass sie, mit weniger Kandidaten, wiederholt wird. Dann setzte er seine bedeutendste Grimasse auf sein Gesicht, ging zum Spiegel, um den Sitz seiner Haare und seines Oberlippenbartes zu überprüfen und lief ins Sekretariat. Dort verlangte er, sofort vom Schulleiter empfangen zu werden. Die Sekretärin schaute ihn zuerst etwas überrascht und dann verstört an. Als sie aber seinen dümmlichen Blick in seinem aufgeregten Gesicht sah, meldete sie ihn beim Schulleiter an mit dem Hinweis, dass es sich anscheinend um etwas ganz Wichtiges handelt. Als der Lehrer mit schwäbischem Akzent in das Büro des Schulleiters trat, erreichte sein bedeutungsvoller Blick seinen Höhepunkt. Der Schulleiter bot ihm an, Platz zu nehmen. Er lehnte ab. Sein Anliegen schien ihm zu wichtig, als es durch eine bequeme Sitzhaltung zu entlasten. Er baute sich vor dem Schulleiter auf, der nun ebenfalls stehen musste. Beide waren gleich groß. Der Lehrer schaute dem Schulleiter in die Augen als wäre showdown, allerdings zwei Stunden vor high noon. Dann begann er in schlichten Worte – zu komplizierten Formulierungen war er situationsbedingt nicht in der Lage – zu reden: „Wie ich heute in der Lokalzeitung las, waren in der Gemeinde x bei der Kommunalwahl am letzten Sonntag 20 Kandidaten aufgestellt. Ich habe in den Kommunalwahlgesetzen nachgeschaut und festgestellt, dass zu viel Kandidaten aufgestellt waren Die Wahl muss also wiederholt werden. Um weiteren Schaden zu verhindern, muss ich unbedingt sofort ins Landratsamt gehen und dort den Zuständigen von diesem Verstoß gegen die Wahlordnung informieren. Sie müssen mich also sofort für den restlichen Vormittag beurlauben." Was sollte nun der Chef machen? Er hatte auch ein wenig Angst. Wenn er den Lehrer nicht sofort für den Restvormittag beurlaubt, dann erzählt dieser allen Lehrern, dass der Schulleiter die Aufdeckung eines politischen Wahlskandals verhindert und man soll sich einmal Gedanken machen, warum der dies verhindern will! Der Schulleiter ging zu seinem Schreibtisch, blätterte in den Stundenplänen, stellte fest, dass bei diesem Lehrer an diesem Vormittag nur noch zwei Stunden Sozialkunde ausfielen, dachte weiter, dass die Schüler wieso in diesen beiden Stunden nur das lehrplanfremde Kommunalwahlrecht diskutieren würden und bedachte, dass er nur eine dieser beiden Stunden vertreten lassen muss, die andere war eine Randstufe in der Oberstufe, und sagte: „Ja wenn dies so ist, und wenn dies von so elementarer Wichtigkeit ist, dann können sie sofort ins Landratsamt gehen!" Der Lehrer wandte sich um und verließ mit einem tieftraurigen aber bedeutungsvollen Blick, so als wäre die Demokratie in Deutschland gefährdet, das Zimmer des Schulleiters. Er ging wortlos an der Sekretärin vorbei. Jede Wahrnehmung, jedes Zunicken von ihr, jede Beachtung einer Bemerkung von ihr, ja jeder Gruß hätte der Situation ihre Bedeutung genommen. Er war auf dem Weg, die Demokratie zu retten. Er ging ins Lehrerzimmer und sagte zu den dort anwesenden Lehrern: „Sollte jemand nach mir fragen, ich bin im Landratsamt. Der Chef beauftragte mich, dort unverzüglich zu klären, dass die Kommunalwahl im Dorf x ungültig ist." Das saß. Die jüngeren Lehrer schauten ihn be- und verwundert an. Wau, wir haben an diesem Gymnasium einen Lehrer, der gerade die Demokratie in Deutschland rettet, denn wenn jemand die Demokratie in einem kleinen Dorf rettet, dann hat er so viel getan, als hätte er die Demokratie in ganz Deutschland gerettet. Die Lehrer mittleren Alters dachten: Was soll das? Ist doch mir wurscht, ob die Abstimmung im Dorf x demokratisch oder undemokratisch war. Hauptsache, ich hab meine Ruhe! Und die ältesten Lehrer meinten für sich: So ein Depp!

Also holte besagter Lehrer eine Krawatte aus seinem Schränkchen, band sich diese gekonnt um, schaute nochmals in den Spiegel, ob mit den Haaren, dem Oberlippenbart und der Krawatte alles in Ordnung ist und verließ dann aufrecht, etwas zu steif, das Lehrerzimmer, das Gymnasium, um im Landratsamt einen Skandal aufzudecken.

....

Nach drei Stunden schlich sich dieser Lehrer wieder ins Lehrerzimmer. Seine Krawatte hatte er schon auf dem Rückweg vom Landratsamt abgenommen. Er war zwar extra langsam zur Schule zurückgegangen, aber einige Lehrer, die am Nachmittag Unterricht hatten, waren noch da. Diesen musste er kleinlaut mitteilen, dass er eine Bestimmung für „Kommunalwahlen in Dörfern unter 2000 Einwohnern" übersehen hatte. Hätte er diese gekannt und hätte er diese im Unterricht behandelt und hätte er nach dieser bei einer Stegreifarbeit gefragt, so wären wohl alle Schüler, die dies nicht gewusst hätte, Deppen gewesen.

Doch zurück zum eigentlichen Thema dieses Kapitels. Dieser Lehrer hatte ein schlechtes erstes Staatsexamen an der Universität gemacht. Natürlich war nicht er daran schuld, sondern die prüfenden Professoren. Auch die Note des zweiten Staatsexamens war schlecht. Natürlich waren da wieder andere schuld. Die Gesamtnote war jedenfalls so schlecht, dass er nicht in den Schuldienst als „Studienrat zur Anstellung" übernommen wurde. Da aber die Sozialkunde- und Deutschlehrer damals rar waren, wurde er vom Staat angestellt, nicht verbeamtet. Nach etlichen Jahren verbesserte sich die Personalsituation. Nun wollte der Staat die Angestellten ausstellen und durch Beamte mit einem entsprechenden Staatsexamen ersetzen. Als dies unserem Lehrer mitgeteilt wurde legte er dagegen Widerspruch ein. Sein Hauptargument war, dass er schon so lang Angestellter war, dass man ihn nicht einfach wieder entlassen kann. Es war eine langwirige Angelegenheit, bis schließlich der Staat nachgab und ihn sogar verbeamtete.

Nun war er also Beamter und blieb als Lehrer unbeliebt. Er wusste alles besser, besser als die Schüler sowieso, aber auch besser als die Kollegen und sogar besser als der Chef und selbst besser als die ganze Kultusbürokratie. Seiner Gescheitheit, so meinte er, ist jeder anderen überlegen. Um dies zu beweisen, gab er, typisch für dumme Lehrer, immer schlechte Noten. In den Deutschschulaufgaben stand nach seiner Korrektur mehr mit Rot- als mit Blaustift geschrieben. An jeder Formulierung eines Schülers hatte er etwas auszusetzen. Während jeder Unterrichtsstunde erwähnte er mindestens zweimal versteckt, dass er, im Vergleich zu seinen Kollegen, sehr begabt ist. Mit Nobelpreisträgern will er sich freilich nicht messen, fügte er bescheiden hinzu.

Ich ärgerte mich weniger über diesen Kollegen, als über die Schüler, welche die dümmliche Überheblichkeit dieses Deutsch- und Sozialkundelehrers nicht erkannten und durchschauten.

Ein knallharter Lehrer

Für etliche Lehrer ist das Schulehalten ein ständiger Krieg. In diesem Krieg stehen sich der Lehrer und die Schüler gegenüber. Diese Lehrer halten jährlich die Schlacht für gewonnen, wenn sie am Ende eines Schuljahres besonders viele Durchfaller der Notenkonferenz präsentieren können. Ihre unreflektierte Devise: Je schlechter die Noten, umso besser der Lehrer. Nach diesem „Erfolgsschlüssel" bemessen sie auch die pädagogischen bzw. kriegerischen Fähigkeiten ihrer Kollegen. Diese „harten" Lehrer können zwar solche Schlachten gewinnen, den Krieg aber nicht. Der ist für sie nämlich mit ihrer Pensionierung zu Ende und Schüler gibt es weiterhin. Dann freuen sich die meisten Schüler und die einmal beim Pensionierten Durchgefallenen jubeln, dass der pensionierte Lehrer seinen Krieg verloren hat und es für ihn keine Möglichkeit gibt, den Krieg neu anzuzetteln. Er wird in dieser Niederlagenstimmung seine Pension durchleben, besser gesagt durchleiden, bis er stirbt.

Ich kannte einen solchen Lehrer. Er war Junggeselle, weil ihn keine Frau wollte. Da er also keine Frau ärgern und sich an ihrer Unterwürfigkeit aufgeilen konnte, musste diese Frauenrolle seine Schüler übernehmen. Nebenbei erwähnt, er war deshalb auch gegen jede Form von Emanzipation der

Frauen, obwohl dieses Thema seine Leben gar nicht betraf. Seine Fächer waren Latein, Deutsch und Geschichte. Für ihn waren dies die wichtigsten Fächer im ganzen Fächerkanon. Andererseits waren dies auch die einzigen Fächer, von denen er wenigstens einen Schimmer an Ahnung hatte. Wer diese Fächer nicht so beherrschte wie er, also noch weniger als fast nichts wusste, der war nicht wert, das „Abitur" zu bekommen. Wer in Latein bei ihm schlechte Noten bekam und zeigte, dass er dieses Fach nicht für das wichtigste Fach hielt, der war nicht Wert, zu studieren – auch wenn er Mathematik studieren wollte. Ein Mathematikstudent sollte - nach Ansicht dieses Lehrers - auf dem Gymnasium nicht nur Latein, sondern auch Altgriechisch gelernt haben, um Euklids „Grundlagen der Geometrie" in Originalsprache lesen zu können. Nur so konnte man Euklid wirklich verstehen, meinte er. Andererseits konnte dieser Lehrer zwar Altgriechisch, verstand aber trotzdem Euklid nicht. Also, um es mathematisch zu formulieren, Altgriechisch ist weder eine notwendige, noch eine hinreichende Bedingung für ein Mathematikstudium.

Da nun an unserer Schule nicht Griechisch unterrichtet wurde, so galt seine ganze Liebe dem Latein. Latein war für ihn der Lebenssinn schlechthin. Ein wirklich menschliches Leben setzte Lateinkenntnisse voraus. Um zu beweisen, dass nicht alle Schüler menschenwürdig leben bzw. einmal leben werden, ließ er möglichst viele Schüler wegen Latein durchfallen. Die Durchfallerquote in den einzelnen Fächern diente ihm auch als Nachweis für die Bedeutung eines Faches. Es kam ihm nicht auf den Sinn oder auf den Lehrinhalt oder auf die Nützlichkeit eines Faches an. In Geographie fielen immer wenige Schüler durch, also war es für ihn ein weitgehend überflüssiges Fach. Was nutzt es auch, wenn man weiß, dass Nordkorea neben China liegt, dafür aber nicht Ovid übersetzen kann. Auch in Mathematik hielt sich die

Durchfallerquote in Grenzen. Dieses Fach hielt er schon deshalb für überflüssig, weil es keine bedeutenden römischen Mathematiker gab. Es war also ein Fach, welches man nicht unbedingt beherrschen musste, um menschenwürdig zu leben.

In den Notenkonferenzen saß er verbittert und rachsüchtig. Er feilschte mit den Zähnen. Verkrampft hielt er sein Notenbüchlein in der einen Hand und in der anderen Hand einen Rotstift. Beides waren für ihn Symbole für Lebenssinn, Gerechtigkeit und römisches Recht.

Da wurde z.B. in einer Notenkonferenz über einen Schüler diskutiert ob er das Jahresziel erreichen oder durchfallen sollte. Latein 5, Mathematik 2, Deutsch 5, Englisch 2, Französisch 2, Geschichte3, Geographie 2, Biologie 2, Chemie 2. Der Klassenleiter war ein Mathematiklehrer. Der schlug der Klassenkonferenz vor, dem Schüler Notenausgleich zu gewähren. Zwei Fünfer konnte man mit drei Zweiern in den Hauptfächern ausgleichen und die Noten der Nebenfächer waren auch ok. Damit hätte der Schüler das Klassenziel erreicht, trotz zweier Fünfer. Empört blies sich der Lateinlehrer auf: „Klassenziel erreicht und eine Fünf in Latein! Das hätte es früher nicht gegeben. Was soll mit einem solchen Individuum auf der Uni einmal werden? Das sind doch die Typen, die später im Beruf versagen und dann Chaoten werden!"

Der Konferenzvorsitzende: „Lieber Kollege, immerhin hat der Schüler in Mathematik einen Zweier und vielleicht will der Schüler einmal Ingenieur werden!"

Der Lateinlehrer: „Hier geht es nicht darum, was er einmal werden will, sondern darum, ob er für das Gymnasium geeignet ist und das ist er nicht mit einer Fünf bei mir in Latein und mit einer Zwei in Mathematik, wo man ja weiß, wie bei diesem Mathematiklehrer die Noten zustanden kommen!"

Der angesprochene Mathematiklehrer: „Nun, es gibt in dieser Klasse zwei Schüler, welche in Mathematik im Zeugnis einen 5er bekommen werden."......
Überspringen wir den Rest der Notenkonferenz und die folgenden Jahre. Schließlich kam auch für diesen Lehrer die Zeit der Pensionierung. Lange wehrte er sich gegen den Gedanken, kein aktiver Lehrer mehr zu sein. Er musste in Pension geschickt werden. Kein Kollege und kein Schüler weinte ihm eine Träne nach, als er zum letzten Mal das Schulhaus verließ. Er lebte, ohne Weib und Kinder, allein in einer Dreizimmerwohnung, umgeben von ungelesenen Büchern und leeren Weinflaschen. Anfänglich suchte er, Nachhilfeunterricht zu erteilen. Niemand interessierte sich jedoch hierfür. Dann gab er dies auf und wurde depressiv und ging schließlich ins Altenheim, wo er dement starb.

Ein gemütlicher Lehrer

Wenn ich eine Freistunde hatte und mich langweilte, so besuchte ich oft den Zeichenlehrer. Neben dem Zeichensaal, in dem sich zwischen 20 und 30 Schüler tummelten, war ein kleines Zimmer, der Vorbereitungsraum des Zeichenlehrers. Wenn ich in den Zeichenraum trat, dann sagte der Zeichenlehrer zu seinen Schülern: „Horcht's mal her, ihr malts jetzt amal ein Bild wie ihr euch den Herbst so vorstellt!" Dann gingen wir, der Zeichenlehrer und ich, an den mehr oder weniger eifrig malenden Schülern vorbei, in den Vorbereitungsraum. Dort befand sich an der Decke ein Feuermelder. Über diesem war ein Kondom gestülpt. Dort stand, neben vielen Zeichenblöcken, Mappen und Pinseln auch eine Kaffeemaschine. Diese wurde nun angeworfen und dann tranken wir Kaffee, rauchten Zigaretten, redeten und kümmerten uns nicht um die Schüler. Höchstens, wenn im

Nebenraum die Schüler zu laut wurden, dann stand der Zeichenlehrer auf, legte seine qualmende Zigarette in den Aschenbecher, ging in das Unterrichtszimmer, brüllte „Hei, seid's mal etwas ruhiger!", kam zurück und rauchte und quatschte weiter mit mir.

Ein strenger Lehrer

Es gibt und gab immer den sogenannte. „strengen" Lehrer. Sein Hauptziel ist nicht, den Schülern viel Wissen zu vermitteln, oder sie teamfähig zu machen, oder ihnen Freude am Schulegehen zu geben, oder dass sie einmal ein gutes Abitur schreiben werden, oder dass sie Studierfähigkeit erlangen mögen. Sein Ziel ist nur, in den Augen der Schüler und Eltern, als „streng" zu gelten. Ob die Schüler bei ihm etwas lernen ist ihm egal. Nach meinen Beobachtungen lernten die Schüler bei einem sog. strengen Lehrer nicht viel. Die Schüler und Eltern hatten jedoch meistens den gegenteiligen Eindruck. Später sagten dann die ehem. Schüler oft über diesen Lehrer: „Der war zwar streng, aber man hat viel bei ihm gelernt" – was nur in den seltensten Fällen stimmte. Das Image, ein „strenger" Lehrer zu sein, hatte für diesen Lehrer zwei Vorteile: Einmal verhielten sich die Schüler während seines Unterrichts angenehm ruhig. Zweitens wurde er auch von den Kollegen geachtet, wenigstens von den schlechten Lehrern – von mir nicht. Dass diese sogenannte „Strenge" im Unterricht nicht gerade bei den Schülern zu kreativem Denken führte, lässt sich erahnen. Auch hatte dieser „strenge" Lehrer seine bevorzugten Schüler. Das waren nicht immer die besten Schüler, aber immer Schüler, die auf der Schleimspur dieses Lehrers krochen und manchmal darauf auch ausrutschten.

Solche „strengen" Lehrer hatten einen „pädagogischen" Trick auf Lager. Die ersten Schulaufgaben oder Exen waren bei ihnen hundsgemein schwer. Die Notendurchschnitte waren dann dementsprechend schlecht. Im Laufe des Schuljahres machten sie immer leichtere Schulaufgaben und Exen. Die Noten verbesserten sich und am Ende des Schuljahres stellte sich der „strenge" Lehrer vor die Klasse und sagte: „Schaut, meine Schüler, am Anfang des Schuljahres hatten wir einen Notendurchschnitt von 4,3. Am Ende des Schuljahres einen von 3,4. Ihr habt euch, dank meines Unterrichts (das Wort „hervorragenden" unterdrückte er) um fast eine Notenstufe gesteigert. In Wirklichkeit waren die Schüler – dank seines Unterrichts – schlechter geworden und die Prüfungen leichter.

Ein scharfer Lehrer

Da gibt es den scharfen Lehrer. Der freut sich über jede schlechte Note, die er einem Schüler hineindrücken kann; nein, nicht allen, sondern den meisten. Diese scharfen Lehrer haben nämlich immer auch ihre Lieblingsschüler. Das sind gute Schüler. Denen geben sie dann gern übergute Noten. Die müssen dann ihre Alibischülerrolle übernehmen. Mit ihnen kann der scharfe Lehrer begründen, dass er ein ganz normaler, nein ein besonders guter Lehrer ist und dass es für einen motivierten, fleißigen Schüler auch möglich ist, von ihm gute Noten zu erhalten.

Diese scharfen Lehrer leben von der Vergangenheit. Ein beliebtes Gerede von ihnen ist: „Früher, als ich noch auf das Gymnasium ging, war alles viel schwerer, man lernte mehr, die Lehrer waren strenger. Ein Großteil der heutigen Schüler wäre früher auf dem Gymnasium chancenlos gewesen. Ich aber habe es damals geschafft!" Dann folgt seine Reflexion auf heute: „Ich tue den Schülern nichts Gutes, wenn ich sie nicht gehäuft durchfallen lasse, denn wenn sie einmal an der Universität studieren wollen – und ich weiß das aus eigener Erfahrung – dann brechen sie sowieso das Studium bald ab. Man tut also den Schülern nichts Gutes, wenn man sie nicht durchfallen lässt." Und dann kommt das Mitleidsargument: „Leider gibt es heute unter den jüngeren Lehrern etliche, die ihr Abitur gerade so schafften und jetzt meinen, auch ihre Schüler müssen es gerade so schaffen."

Im Übrigen habe ich folgendes festgestellt: Die strengsten Lehrer habe das eigene Abitur gerade so geschafft, habe das erste und das zweite Staatsexamen gerade so geschafft. Und um dies zu vertuschen, geben sie später gehäuft schlechte Noten und werden scharfe Lehrer.

Ein milder Lehrer

Es gibt aber auch den milden Lehrer. Der leidet mit den Schülern. Eine schlechte Note eines Schülers ist für ihn ein persönliches Versagen. Dann quälen ihn Gedanken wie: Habe ich den Lernstoff richtig erklärt? oder: Habe ich den Schüler gut motiviert? oder: War der Schüler indisponiert? Gefährdete Schüler frägt er solange bzw. sooft aus, bis er ihnen mit etwas schlechtem Gewissen eine gute Note geben kann oder er stellt ihnen so leichte Fragen, dass er ihnen mit einem etwas besseren Gewissen eine gute Note geben kann oder er trägt ihnen einfach, ohne sie auszufragen, eine gute Mitarbeitsnote in sein Notenbüchlein ein, ohne Gewissen. Wenn das Schüler mitbekommen, so machen sie dem milden Lehrer das Leben schwer denn sie wissen, dass er sich um ihr Durchkommen bemüht. Von den strengen Lehrern wird der milde Lehrer verachtet. Sie haben fast keinen Kontakt mit ihm. Sie sagen ihm nach, dass er selber auf dem Gymnasium nicht gut war. Das Gegenteil ist jedoch meistens der Fall.

Lehrer mit eigenen Kindern

Früher war es Tradition, ganz früher sogar vorgeschrieben, dass Lehrerinnen ledig sein mussten. Drum verstand man unter „Fräulein" eine Lehrerin. Heute sind die Lehrer verheiratet, geschieden, wieder verheiratet, liiert, ab und zu ledig, partnerlos. Viele Lehrer sind auch kinderlos, ein Umstand, den ich nicht verstehe: eigene Kinder bedeuten doch eigene, intensive Erfahrungen mit dem Kind, das auch Schüler ist. Man kann zu Hause pädagogisch testen und man versteht Schüler doch erst, wenn man eigene Kinder hat und so ihre Entwicklungsschwierigkeiten hautnah täglich miterlebt. Allerdings gibt es auch den Spruch: Die schlimmsten im Dorf sind Pfarrers Hund und Lehrers Kinder. Woran das liegt?

Ein Deutschlehrer sagte mir einmal, dass er nächtelang korrigieren muss, dass ihm zum Kindermachen keine Zeit bleibt. Ist dieser Lehrer strohdumm und glaubt er, dass ich ihm diese dumme Aussage auch abnehme?

Meine Beobachtungen waren immer, je mehr eigene Kinder ein Lehrer hatte, umso einfühlsamer konnte er auf seine Schüler eingehen, kannte ihre Nöte und Freuden, ihre Schwierigkeiten und Vorzüge. Ich kenne keinen kinderlosen, guten Lehrer!

Es ist 13 Uhr. Die Schule ist aus. Die Schüler verlassen das Schulhaus. Einige Lehrer versammeln sich noch im Lehrerzimmer, um ihre Erlebnisse an diesem Vormittag auszutauschen. Ein Lehrer mit eigenen Kindern hingegen fährt nach dem Schulschluss rasch nach Hause und setzt sich zu seinen eigenen Kindern an den Tisch. Unter dem Mittagessen beginnen seine Kinder ihre Schultageserlebnisse zu erzählen und zu diskutieren. Sie kritisieren manche Lehrer, manche Notengebung an diesem Tag usw. Der Lehrer, sprich

Vater, denkt sich dabei: Wieviele meiner Schüler sitzen jetzt daheim am Mittagstisch und kritisieren jetzt gerade mich? Als ich Lehrer wurde habe ich mir vorgenommen, vor meinen eigenen Kindern nie ihre Lehrer am Gymnasium zu kritisieren. Ich dachte, wenn ich meinen Kindern rechtgebe, dann suchen sie schulisches Versagen nicht bei sich, sondern beim Lehrer. Dies hielt ich fast ein halbes Jahr durch. Als dann wieder einmal eines meiner Kinder einen konkreten Vorfall in seinem Unterricht kritisierte, ließ ich es mir genauer erklären. Dann musste ich – ich konnte nicht anders – einfach zugeben, dass der Lehrer am Vormittag nicht richtig handelte, sei es, dass er gegen die Schulordnung verstieß, sei es, dass er sich unpädagogisch benahm. Ich musste einfach meinen Kindern meine Meinung über ihren Lehrer sagen und die war nicht gut.

Ein rechthaberischer Lehrer

Die meisten Lehrer sind rechthaberisch. Sie haben immer recht oder besser gesagt, sie sind überzeugt, immer recht zu haben. Dies liegt schon an ihrem Beruf. Sie müssen den Schülern etwas vermitteln und die Schüler müssen dabei den Eindruck bekommen, dass das Vermittelte richtig ist. Äußert ein Schüler an der Richtigkeit einer Lehrerantwort einen Zweifel, so empfinden fast alle Lehrer dies als einen niederträchtigen Angriff auf ihre Person, als eine Beleidigung, ja, als eine Provokation. Der Schüler will ihn fertig machen, denken sie dann. Nun, es kommt selten vor, dass ein Schüler einen Lehrer korrigieren will. Häufiger stellen die Schüler dem Lehrer nur Fragen zum nicht verstandenen, weil schlecht erklärten Unterrichtsstoff. Und schon das ist von den Schülern niederträchtig, empfinden manche Lehrer. Einmal bedeuten solche Fragen, dass der Lehrer den Stoff so schlecht erklärte, dass solche Nachfragen notwendig sind, und das kann, nach Ansicht vieler Lehrer, nicht sein, zum zweiten will der fragende Schüler damit nur „Zeit schinden". Auf jeden Fall, so empfinden es viele Lehrer, ist diese Fragerei unverschämt. Eine Lehrerehefrau wird im Alltag auch nie Recht haben, es sei denn, sie ist selber Lehrerin.

Es gibt verschiedene Schülerfragen. Die häufigsten Fragen gehen über das Verständnis des schlecht erklärten Stoffes. Hier lassen sich einige Lehrer herab und erklären den Stoff noch einmal, meistens genauso unverständlich wie das erste Mal. Der Schüler wird dann, obwohl er den Stoff immer noch nicht verstanden hat, kopfnickend so tun, als hätte er ihn nun verstanden. Ober es gibt Fragen, welche den Lehrer von seinem Unterrichtsstoff entfernen wollen. Hier gibt es Lehrer, die nicht durchblicken und wirklich darauf eingehen. Und dann gibt es auch Schülerfragen, und das sind nicht wenige, auf die der Lehrer keine Antwort parat hat. In diesem Fall gibt er die Standardantwort: „Das kannst Du noch nicht verstehen, das ist Stoff im nächsten Schuljahr!" Auch ich war ein Lehrer mit dieser Antwort. Die letzten Jahre vor meiner Pensionierung dachte ich mir allerdings: Warum soll ich denn nicht ehrlich sein. Ich habe promoviert, also werden die Schüler schon davon ausgehen, dass ich nicht dumm bin. Wenn ich also während meines Unterrichts eine Frage nicht beantworten konnte oder wenn ich mir, aus Bequemlichkeit, keine Antwort überlegen wollte, so antwortete ich in den letzten Jahren meines Lehrerseins dem Fragenden: „Früher hätte ich gesagt, dass die Antwort auf deine Frage überflüssig ist, da du sie eh' noch nicht verstehst und dass diese Frage in zwei Jahren wieso im Unterricht behandelt wird, also gedulde dich. Heute sage ich, dass ich Alzheimer habe und die Antwort auf deine Frage vergessen habe. In Wirklichkeit habe ich die richtige Antwort nicht parat und bin zu bequem, um eine Antwort zu erfinden." Eigenartiger Weise waren die meisten Schüler von meiner Antwort immer beeindruckt.

Ein weiteres Problem eines Lehrers ist sein analytischer, unstillbarer Wissensdurst. Ein bekannter Arzt sagte mir einmal: „Meine Sprechstundenhilfe plant im Schnitt bei einem Patienten eine viertel Stunde Sprechzeit ein. Ist der Patient ein Lehrer, so plant sie eine halbe Stunde – und diese Zeit genügt bei dem Patient Lehrer meistens nicht, weil er alles besser weiß als ich und resistent ist gegenüber jeder Belehrung von mir. Also gebe ich ihm von vorneherein recht, um die Sprechzeit nicht überlang auszudehnen."

Unter Schülern bekannt ist das Sprichwort: „§ 1: Der Lehrer hat immer recht. §2: Sollte der Lehrer einmal nicht recht haben, dann gilt §1." Diese Rechthaberei macht viele Lehrer in der Öffentlichkeit und auch bei den Schülern unsympathisch. Mit einem solchen Rechthaber verheiratet zu sein ist weder für die Ehefrau, noch für die eigenen Lehrerkinder leicht zu ertragen. Früher traute sich eine Lehrersgattin in der Öffentlichkeit nur, ihren so gescheiten Lehrerehegatten zu preisen und zu loben. Die Lehrerskinder bauten meistens eine Opposition gegen ihren so gescheiten, immer rechthabenden Vater auf. Sie wollten anders sein als ihr Besserwisser.

Ein verrückter Lehrer

Es gibt auch verrückte Lehrer. (In welchem Beruf gibt es keine leicht Verrückten? Nur als Lehrer fallen sie leichter auf!) Ich kannte einen Kollegen, der hatte eine besondere Leidenschaft für das Dritte Reich und er unterrichtete Geschichte und Deutsch und Französisch. Eigentlich unterrichtete er nur „Drittes Reich", einmal im Geschichtsunterricht, dann im Deutschunterricht und auch auf Französisch. Schrieb der Lehrplan in Geschichte „Steinzeit" vor, so unterrichtete er den

Schülern über die „steinzeitlichen" Methoden der Nazis. Schrieb der Lehrplan „Goethe" vor, so unterrichtete er die Schüler, wie weit die Nazis von Goethes Humanismus entfernt waren. Schrieb der Lehrplan „Das Plusquamperfekt" in Französisch vor, so stellte er die Beziehung zum Dritten Reich so her: „etwas über das Dritte Reich zu wissen ist doch wohl wichtiger, als etwas über das Französische Plusquamperfekt!" Die Eltern rannten mit Beschwerden dem Schulleiter die Türen ein. Anfangs vertröstete sie der Schulleiter: Er wolle mit dem Lehrer sprechen. Er sprach auch mit diesem, aber ohne Erfolg. Zum Halbjahr erhielten dann die entsprechenden Klassen andere Geschichts-, Deutsch- oder Französischlehrer. Die Nachfolgelehrer durften dann im folgenden Halbjahr den Stoff des ganzen Jahres durchnehmen. Nun beschwerten sich die Eltern der Schüler, die zum folgenden Halbjahr den Dritten-Reich-Lehrer erhielten. Denn dieser musste ja irgendwo beschäftigt werden.

Ein fauler Lehrer 1

Zugegeben, es gibt nur wenige faule Lehrer und noch weniger ganz faule Lehrer. Ich kannte einen Kollegen, dem die Einführung eines neuen Schulbuches Kopfzerbrechen machte. Jahrzehnte lang unterrichtete er nun schon nach dem Schulbuch, das er schon während seiner Referendarzeit kennen gelernt hatte. Er kannte es auswendig. Er ließ Schüler daraus lange Passagen vorlesen, damit die Zeit vergeht, er stellte jedes Jahr die gleichen Stegreifaufgaben und Schulaufgaben, die sich auf dieses Schulbuch bezogen. Er wusste zu jeder Abbildung in diesem Schulbuch eine Frage auswendig. Kurz gesagt: Mit dem alten Schulbuch in der Mappe brauchte er sich nicht mehr auf den Schulunterricht vorbereiten. Und dann führte man an seiner Schule, in seinem

Fach, ein neues Schulbuch ein und er sollte nach diesem nun unterrichten. In der Diskussion, die dieser Einführung voraus ging, hatte er sich mit Händen und Füßen gegen diese Einführung gewehrt. Es half nichts. Das alte Schulbuch sei schon zu weit vom neuen Lehrplan entfernt, hielt man ihm entgegen. Dann ist eben der neue Lehrplan schlecht und ich werde weiter nach dem guten, alten Lehrplan unterrichten, schrie er seine Kollegen an. „Das geht nicht", meinte der Fachbetreuer, „denn bei ihren Schulaufgaben sehe ich ja, nach welchem Lehrplan sie unterrichten!" Kurz und gut, er konnte das neue Schulbuch nicht verhindern. Also bekamen die Schüler seiner Klasse am ersten Schultag des neuen Schuljahres ein neues Lehrbuch ausgehändigt. Am zweiten Tag jedoch bekam jeder Schüler dieses Lehrers eine Kopie des alten Schulbuches mit dem Hinweis, dass die Schüler in seinen Unterricht nur die Kopie des alten Lehrbuches müssen. „Das neue Schulbuch könnt ihr zu Hause lassen", forderte der Lehrer die Schüler auf.

Der Schulbibliothekar wunderte sich am Ende des Schuljahrs, als er die Schulbücher wieder einsammelte. Er erhielt nach einem Jahr nagelneue Bücher von den Schülern zurück.

Ein fauler Lehrer 2

Fast alle Lehrer hielten sich selbst für sehr fleißig. Am Vormittag verbrachten sie jede Freistunde am Kaffeetisch im Lehrerzimmer mit Kollegengesprächen. Sie ratschten über Gott und die Welt und selten auch über Schule und Schüler. Am Nachmittag zu Hause pflegten sie ihren Garten oder gingen Spazieren, was einen schlechten Eindruck auf die umgebende Bevölkerung machte. Am Abend begannen sie meistens mit den Unterrichtsvorbereitungen und Korrekturen und setzten diese bis tief in die Nacht hinein fort. So waren also die Lehrer, die von sich dachten, fleißig zu sein. Ein Lehrer den ich kannte war zweifellos fleißig, wenngleich nicht nur in seinem Lehrerberuf. Er hatte noch Nebenjobs, welche ihn in Beschlag nahmen und öfter musste er den Unterricht unterbrechen, um vor die Klassentüre zu gehen, da er gerade, während des Unterrichts, auf dem handy angerufen wurde und dieses Telefonat wichtiger als der Unterricht war. Diese Nebengeschäfte dürften auch seine Haupteinnahmequelle gewesen sein, obwohl er A 15 war.

Schließlich gab es die extrem faulen Lehrer, die aber geistig nicht mehr fähig waren, ihre Faulheit einzusehen und zu verbergen. Ich kannte eine Englischlehrerin, bei welcher der ganze Englischunterricht in deutschen und englischen Monologen bestand. Das machte ihr keine Arbeit. Sie redete und erzählte ihren Schülern stundenlang Geschichten und Ungerechtigkeiten aus ihrem Leben. Am Ende eines Schuljahrs hatte sie ihren Schülern ganze zwei Seiten ins Schulheft diktiert, darunter 16 Vokabeln und zwei Grammatikregeln. Sonst nichts. Die Hausaufgabenhefte waren am Ende des Schuljahres so jungfräulich wie es die Schüler am Schuljahresanfang gekauft hatten.

Ein besonderer Lehrer

Es war so um 1997, da kam vom Ministerium die Bestimmung, dass soundsoviel Prozent der Lehrer einer Schule einen Gehaltszuschlag bekommen, weil sie besonders gut unterrichten. Durch diese Maßnahme sollte die Motivation der Lehrer gesteigert werden. Jeder sollte ein besonders guter Lehrer werden wollen und sich dementsprechend ins Zeug legen. Doch so ganz funktionierte diese Absicht nicht. Einmal musste der Schulleiter die drei oder vier besonders guten

Lehrer seiner Schule bestimmen. Das Kollegium rätselte, wer diese wohl sein mögen. Der Schulleiter gab natürlich nicht bekannt, wen er für den Lohnzuschlag vorgesehen hatte. Aber die Namen der Auserwählten machten trotzdem bald die Runde. Entweder die Betroffenen verkündeten es stolz hinter vorgehaltener Hand oder man fragte die Vermuteten direkt. Wenn sie es nicht abstritten, dann konnte man dies als ein „Ja" werten. Der gewollte Motivations-Effekt für die meisten Lehrer blieb allerdings aus. Viele Kollegen fragten sich, warum gerader diese und solche Lehrer diese finanzielle Bevorzugung erfuhren. War es vielleicht gar nicht ihr besserer Unterricht, sondern ihre bessere Beziehungen bzw. ihr besseres Verhältnis zur Schulleitung? Vielleicht konnte er besser dienern und sich trittsicher auf der Schleimspur des Schulleiters bewegen? Auf jeden Fall war der Neid groß. Ich sagte zu einem finanziell Ausgezeichneten einmal: „Nun verdienst Du also im Monat 200 DM mehr als ich. Das heißt doch, dass ich um 200 DM weniger arbeiten muss als Du! Aber um 200.- DM schlechter arbeiten als du das hieße ja, gar nichts mehr für die Schule zu machen!" Und so dachten viele.

Kollegen und Kolleginnen – alles menschlich

Wenn ein Mensch bis zum Eintritt ins Berufsleben noch keinen Lebenspartner hat, so bleibt er mit großer Wahrscheinlichkeit den Rest seines Lebens allein, wenigstens standesamtlich. Eine Ausnahme bilden Lehrer an Gymnasien. Hier ist das Kollegium ungefähr geschlechterparitätisch besetzt und so gibt es etliche Möglichkeiten anzubandeln, vor allem in den vielen Freistunden, die besonders jungen Lehrern aufs Auge gedrückt bekommen, damit sie möglichst lange im

Schulgebäude verweilen müssen und für Vertretungsstunden zur Verfügung stehen.

Meistens treffen die gleichen Lehrertypen aufeinander. Da es mehrere Lehrer gibt die pedantisch, überkorrekt, langsam denkend und deshalb immer mit Schularbeiten belastet sind, finden sich oft und rasch zwei aus dieser Kategorie zusammen. Und das ist gut so. Beide haben fast nie Zeit, zu turteln. Sie müssen ja beide immer korrigieren oder sich auf den Unterricht vorbereiten.

Für Kollegen, aber auch für Schüler, ist die Kennenlernphase eines Lehrer und einer Lehrerin immer besonders spannend. Beide treffen sich heimlich im Kartenraum im Keller, wo nur der Hausmeister zweimal im Jahr reinschaut. Gerade in dieser Turtelphase beauftragen die Geographielehrer besonders gern und häufig Schüler, im Kartenraum im Keller eine Karte zu holen und sie geben den Schülern auch noch den Schlüssel für den Kartenraum mit. Zuerst wundern sich die beauftragten Schüler, denn fast noch nie hat der Lehrer im Unterricht Karten verwendet und seinen Schlüssel schon gar noch nie aus der Hand gegeben.

Oder das frische Liebespaar trifft sich im hintersten Winkel der Bibliothek und gerade zu dieser Zeit fällt einem Lehrer ein, Bücher in diesem hintersten Winkel zu suchen.

Oder sie verabreden sich am Samstagabend, nach den Korrekturarbeiten, in einer Pizzeria außerhalb der Stadt und gerade an diesem Samstagabend führt auch ein älterer Schüler seine neue Flamme in diese Pizzeria aus.

So ein Verhältnis lässt sich also nie lange verbergen. Und die Betroffenen wollen dies auch gar nicht, schließlich soll die Welt ja von ihrem Herzenserfolg erfahren. Spätestens am Schuljahresende erscheint dann einer der Jungverliebten beim Stundenplanmacher und meint, dass er, also der Stundenplanmacher, doch dieses zarte Pflänzchen Liebe beim nächstjährigen Stundenplan beachten solle. „Könnten sie nicht nächstes Jahr den Stundenplan so machen, dass meine Kollegin und ich am gleichen Nachmittag Unterricht bzw. frei haben?" „Könnten sie nicht unsere Stunden so legen, dass wir den Unterricht gleich anfangen und aufhören? Dann könnten wir mit dem gleichen Auto zur Schule fahren!" Echte Grüne, auch wenn sie rot wählen!

Ein brünftiger Lehrer

Wie in Hollywood oder sonst überall, so gab es auch unter den Lehrern wenige, welche es sich zum Hobby machten, möglichst viele Kolleginnen, vorwiegend Referendarinnen oder Studienrätinnen z.A. in ihr Bett zu bekommen, unabhängig davon, ob sie ledig oder verheiratet, hübsch oder weniger hübsch waren. Ein Kollege von mir nannte solche Lehrer treffend „schwanzgesteuert".
Besonders leicht hatte es da an meiner Schule der Lehrer, welcher auch den Stundenplan machte, der Stundenplanmacher. Er schaute ein wenig verwegen aus: wildes zerzaustes Haar, das immer weniger wurde, tiefe, eingegrabene Furchen im ledrigen Gesicht, rauchige Stimme vom vielen Rauchen, geringer Bauchansatz vom mäßigen Saufen. Als Stundeplanmacher und Stellvertreter des Stellvertreters unserer Schule hatte er an der Schule etwas zu sagen. Dies und sein Aussehen ließ manches Weiberherz dahinschmelzen. So traf es sich, wohl nicht ganz zufällig, dass nicht nur er, sondern auch jeweils sein neues Opfer, laut Stundenplan, am Freitag schon um 10 Uhr ins Wochenende gehen konnten. Da er verheiratet war, braucht er dann allerdings gute Ausreden wie: „Fortbildung über das Wochenende" oder „Vorbereitung einer Exkursion über das Wochenende". Schließlich wunderte er sich, dass seine Ehefrau nichts mehr dagegen hatte, dass er so oft über das

Wochenende solche „Termine" hatte. Als er das merkte, da war es aber schon zu spät, da hatte seine Ehefrau auch ihre Wochenenden mit einem lover belegt.

Ein Einzelgänger

Lassen Sie mich von einem Lateinlehrer erzählen. Der verhielt sich schlimm gegenüber Schülerinnen und von diesen waren es besonders die Hübschen, die er nicht leiden konnte. Ein kleiner Perversling also. Für ihn galten die Faustregeln:
a) Je hübscher, umso dümmer
b) Eine Schülerin, bei der die Dummheit nicht auffallen soll, hat es nötig, hübsch zu sein.

Um eine solche Schülerin braucht man sich als Lehrer nicht bemühen, die heiratet entweder einmal reich oder wird reich durch häufig wechselnde Männer oder in Medien. Solche Mädchen hatten einen Notenmalus bei ihm. Aber auch gegenüber Buben konnte er unangenehm sein.
Es war einmal eine 9. Klasse. Der Stundenplanmacher muss einen rabenschwarzen Tag gehabt haben. Jedenfalls plante er die Stundenvergabe so, dass dieser Lehrer Deutsch und Latein in dieser 9. Klasse unterrichtete. Fast an jedem Schultag unterrichtete dieser Lehrer zwei Stunden lang in dieser 9. Klasse. An Stelle von „unterrichten" sollte man besser „drangsalieren" sagen. Wenn ich nach einer Doppelstunde Deutsch oder Latein in diese Klasse kam, so musste ich zuerst einmal fünf Minuten die Schüler wieder „herunterholen". Unter diesem Lehrer litten also nicht nur die Schüler, sondern auch die anderen Lehrer, welche in dieser Klasse unterrichteten.
Mit zweiundsechzig Jahren hätte dieser Lehrer in den vorzeitigen Ruhestand gehen können. Er war unverheiratet,

manche meinten, er sei unbewusst schwul. Er tat es nicht. Nichts wartete auf ihn daheim. Er hatte nicht einmal eine Katze, die er hätte ärgern können. Mit fünfundsechzig Jahren wurde er pensioniert, quasi zwangsweise. Er hätte gern weitergemacht. Er hoffte lange, dass man ihn als Vertretung noch brauchen würde, so Schwangerschaftsvertretung oder so. Jeder Schulleiter ist froh, eine solche Reserve zu haben. Nur ihn strich der Schulleiter sofort aus der Reserveliste. Mit seinem einzigen Bruder war er zerstritten. Es ging um eine Erbschaft. Er hatte keine eigenen Kinder, auch keine unehelichen. Er hatte keine Nichten. Er hatte keine Neffen. Er hatte aber ein Haus mit einem großen Garten und ein gutgefülltes Bankkonto und Wertpapiere. Er hatte niemand, der mit ihm in den Urlaub fahren wollte. Er kannte niemand, der mit ihm einmal zum Essen gegangen wäre.

Als Pensionist in seinem eigenen Haus vereinsamte er noch mehr. Kein Kollege wollte ihn besuchen. Er stritt sich mit der Kommune wegen seines großen Gartens. Er schrieb Leserbriefe. Die Zeitungen druckten seine Leserbriefe nicht mehr ab. Er wurde noch störrischer. Er wurde noch rechthaberischer. Er wurde dement. Schließlich bekam er vom Gericht einen „Betreuer" vorgesetzt. Dieser kümmerte sich um sein Geld und seine Wertpapiere und seinen Besitz. Er bekam eine Bulgarin als Pflegerin. Die lebte bei ihm, die führte ihn in den Garten und fütterte ihn wie ein Kleinkind.

Er lebte seine letzte Welt, die niemand kannte.

Ein Lehrer mit Minderwertigkeitskomplex

Nennen wir ihn Lehrer Klein, weil er auch klein war und auch stämmig und eine quadratische Schädelform hatte. Er sprach ein beschränktes Deutsch mit einem Einschlag von bayerischem Dialekt. Bei Gesprächen erweckte er den

Eindruck, dass er nicht besonders intelligent ist. Der Besuch von klassischen Konzerten war ihm ein Gräuel, Oper war für ihn ein Fremdwort, dass es Kunstausstellungen gibt, wusste er nicht. Dabei lag dieser Mangel nicht ausschließlich bei ihm. Auch seine Ehefrau konnte mit Konzert, Oper und Kunstausstellung nichts anfangen und ihn deshalb auch nicht unterstützen, diesen Mangel zu beheben. Sie hatten zwei Kinder, weil man einfach zwei Kinder hat, und einen Hund. Es belastete sie ein wenig, dass es zwei Mädchen waren und nicht zwei Kinder unterschiedlichen Geschlechts. Nun, trotz dieses Mankos lebten sie recht gut. Doch nun habe ich schon vorgegriffen, zurück zu der Zeit, als Herr Klein jung war:

Herr Klein machte das Abitur, das er gerade so schaffte, d.h. die Umstände ließen es ihn schaffen: Er hatte einen Mathematiklehrer, der bewunderte, dass seine Eltern ihn, trotz mangelnder Intelligenz, auf das Gymnasium schickten. Er hatte einen Englischlehrer, der überhaupt schülerfreundlich war und dem es außerhalb seines Vorstellungsvermögens lag, einen Schüler durchfallen zu lassen. Der Schüler Klein war allerdings nicht so blöde, dass er seine Situation falsch einschätzte. Er ahnte damals schon, dass er eigentlich für ein Studium ungeeignet ist. Wenn überhaupt ein Studium, dann höchstens ein Lehramtsstudium. Ein solches, so zeigten etliche seiner Lehrer, haben schon dümmere geschafft. Als er sich also für ein Lehrerstudium entschlossen hatte, ging er alle Fächerkombinationen durch. Er machte sich ein Punktesystem und das Ergebnis war, dass er höchstens das Studium der Fächer Sport und Biologie schaffen könnte.

Um einen sicheren und gutbezahlten Beruf zu haben, wurde er also Lehrer. Da er sich selber auf dem Gymnasium recht hart tat, hatte er einen unbewussten Hass auf alle Schüler, welche sich auf dem Gymnasium leicht taten. Gegenüber den guten Schülern hatte er einen Minderwertigkeitskomplex. Auch gegenüber großen Schülern hatte er diesen Komplex.

Eigentlich gegen allen Schülern. Um zu beweisen, dass die Schüler doch nicht so gescheit und leistungsfähig sind, wie sie sind, schrieb er unaufhörlich Stegreifarbeiten über Stoffe, welche er im Unterricht nur oberflächlich behandelt hatte und korrigierte diese sehr streng. Er redete sich ein, dass seine Stegreifarbeiten recht leicht sind und begründet die schlechten Noten dieser Stegreifarbeit mit der Dummheit der Schüler. Auf diese Weise bewies er sich, dass er als Schüler besser war, als seine Schüler heute.

Ich kannte einen sehr guten Schüler. Einmal sagte mir dieser Schüler ganz gelassen, dass er in Biologie auf eine Stegreifarbeit bei Herrn Klein einen 5er bekam. Ich wollte ihn ob seiner Faulheit schimpfen. Er sagte jedoch beruhigend zu mir: „Ich war immer noch besser als der Klassendurchschnitt, der lag nämlich bei 5,2." Ich redete mit dem Herrn Klein und erhielt die erwartete Antwort: „Alle Schüler sind dumm und faul!"

In Klassen, in denen er unterrichtete lauteten die Zeugnisnoten der Durchfaller meistens: Mathematik = 5, Biologie = 5 ...... oder Englisch = 5, Biologie = 5 ...... oder Französisch = 5, Biologie = 5 ..... Bei den Notenkonferenzen giftete er die Lehrer an, die nicht genügend 5er vergaben. Solche Weicheier verlangen von den Schülern zu wenig, bei denen lernen die Schüler nichts, die haben Angst vor schlechten Note, die stellen sich nicht ihrer Verantwortung und ermöglichen so auch ungeeigneten Schülern, das Abitur zu bestehen und dann zu studieren.

Herr Klein war deshalb weder bei den Kollegen, noch bei den Schülern beliebt. Er trug es mit Würde und redete sich ein, dass er als einer der wenigen Lehrer dazu berufen ist, das Gymnasium-Niveau hoch zu halten. Die Schüler aber lästerten, hinter vorgehaltener Hand, besonders über seinen Sportunterricht. Beim Hochsprung meinten sie, dass er, der

Lehrer, mit größerem Erfolg unter der Stange durchkommt als über die Stange.

Ein mädchenfreundlicher Lehrer

Auch hier geht es um einen Lehrer, welcher sich sowohl auf dem Gymnasium, als auch beim Studium sehr schwer getan hatte. Er unterrichtete die Fächer Biologie und Chemie. Im Gegensatz zu dem oben schon erwähnten Lehrer, der Biologie und Sport unterrichtete, waren die Noten, die er bei Stegreifarbeiten vergab, nicht durchgehend schlecht. Bei ihm gab es einen Mädchenbonus und dieser richtete sich nach der Entwicklung und dem Aussehen der Schülerinnen. Man munkelte sogar, dass er mit der einen oder anderen Schülerin etwas hatte.

Doch ich will diese Gerüchte nicht vertiefen sondern von etwas anderem berichten: Dieser Lehrer hatte einmal das persönlich Pech, dass er eine Klasse in Chemie unterrichten musste, in welcher neben den Buben nur zwei Mädchen saßen, und diese sahen zudem nicht einmal besonders hübsch aus. Später, so hörte ich, soll er eine Schülerin gar geheiratet haben.

Ein überforderter Sportlehrer

Die wenigsten wussten, wie er richtig heißt. Alle nannten ihn Bärli, anscheinend wegen seines Aussehens. Dabei sah er gar nicht wie ein Bärlein aus. Er war 165 cm hoch und nicht viel weniger breit. Zwei stämmige Haxen steckten in seinem gedrungenen Rumpf. Im Gegensatz hierzu war sein Schädel zierlich und voller Haare. Er war Sohn eines oberbayerischen Dorfschullehrers und sprach leichten bayrischen Dialekt.

Wäre sein Vater nicht Lehrer gewesen, so wäre auch Bärli nicht Lehrer geworden. So aber wurde von seinen Eltern dieser Beruf für ihn bestimmt. Allerdings sollte er es weiter bringen und einmal besser haben als sein Vater, der nur eine A-12-Besoldung hatte. Er sollte den Generationenaufstieg vom Volksschullehrer zum Gymnasiallehrer schaffen. Also schickte man ihn auf ein Internat mit angeschlossenem Gymnasium, weil von seinem Heimatdorf aus täglich kein Gymnasium erreichbar war. Der Bärli tat sich alle neun Klassen hindurch schwer im Lernen und hart im Denken. Einmal musste er eine „Ehrenrunde" drehen. Er sagte später, dass er dies nur tat, da es ihm im Internat so gut gefiel, vor allem das Essen. Er schaffte das Abitur eher mit Krach, als mit Ach. Beim schriftlichen Abitur erreichte er freilich das Ziel nicht auf Anhieb. Er musste „ins Mündliche". Hier kam ihm zu Gute, dass ein Prüfer ein Freund seines Vaters war und dass sein rustikales Aussehen – bei der mündlichen Prüfung trug Bärli einen Trachtenanzug – und sein Dialekt den Zweitprüfer beeindruckte. Nun ist das Geradenochbestehen des Abiturs die eine Sache, eine andere Sache ist das Studium. Wie oben schon erwähnt, sollte der Bärli Gymnasiallehrer werden. Hierzu musste er zwei Fächer studieren. Er war jedoch nicht einmal für ein Fach geeignet. Nach längerem Überlegen kam man auf das Fach „Biologie". Vater und Sohn hofften, dass dem Sohn sein jahrelange Umgang mit dem Vieh auf dem nachbarlichen Bauernhof von Vorteil sein könnte. Auch hatte er schon als kleiner Bub mit einem Luftgewehr auf Spatzen geschossen und war zuständig für das Aufstellen von Mäusefallen im elterlichen Haus. Also, Biologie, dieses Fach könnte ihm bedingt liegen. Aber er brauchte noch ein zweites Fach. Nach langem Überlegen wurde das Fach Sport ausgespäht. Hier überlegten sich Vater und Sohn folgendes: Dieses Fach besteht aus zwei Teilen, einem theoretischen und einem praktischen Teil. Auch wenn er im theoretischen Teil beim Studium versagt, so kann er doch, bei ausdauerndem Training, die Gesamtnote „reicht gerade noch", erhalten. Und so kam es auch. Bärli trainierte täglich Laufen und Springen, Werfen und Schwimmen und bestand das erste sowie das zweite Staatsexamen gerade so, aber immerhin.

Also war er Studienrat, und was für einer, ein ganz harter, ein knallharter. Schüler, die ihn als Biologielehrer bekamen, begannen zu zittern. Es konnten gescheite oder dummer Schüler sein, beim Bärli hatten sie in Stegreifarbeiten immer schlechte Noten und der begründete dies schlicht und einfach so: „Heutzutage sind alle Schüler blöd!" Diese Erklärung war kurz, einleuchten und falsch. Ich versuchte diese Einstellung, wonach alle Schüler heute blöde sein sollen, so zu erklären: Der Bärli war und ist blöd, nur weiß er das nicht. Als er auf dem Gymnasium war, hatte er wohl immer schlechte Noten gehabt, obwohl er sich so anstrengte. Würde er nun seinen Schüler gute Noten geben, so würde er seine eigene Dummheit zugeben. Die Schüler sollten, so wie er, schlechte Noten bekommen.

Nun kann man natürlich entgegnen: Die Stegreifarbeiten werden ja vom Fachbetreuer stichprobenweise nachkorrigiert und dann müsste doch dem Fachbetreuer auffallen, dass die Aufgabenstellung der Stegreifarbeiten vom Bärli zu schwer war oder er zu streng benotete. Nun, dagegen hatte der Bärli einen Trick: Die Aufgaben, welche die Schüler bei einer Stegreifarbeit bearbeiten mussten, waren nicht recht schwer und die Korrektur auch nicht besonders streng, nur, die Aufgaben waren weit von dem entfernt, was der Bärli im Unterricht behandelt hatte. Kam dann ein Schüler oder gar seine Eltern mit dem Vorwurf, dass die Aufgaben der Stegreifarbeit nichts mit seinem Unterricht zu tun haben, so konterte der Bärli, dass der Schüler nicht zu einer Transferleistung fähig ist. Hätte der Schüler den Unterrichtsstoff durchdrungen und verstanden, so könnte er diesen auf die Aufgaben der Stegreifarbeit transferieren. Also blieben die Schüler beim Bärli in Biologie dumm.

Ein **eingebildeter Deutschlehrer und Poet dazu**

Nennen wir diesen Deutschlehrer Reinhard. Er war klein von Statur und hatte einen Glatzenansatz. Diesen interpretierte er als Hinweis auf seine Intelligenz, da beide, Glatze und Intelligenz, etwas mit „Kopf" zu tun haben. Sein Studium hat ihm seine damalige Frau finanziert, die schon geldverdienend arbeitete. Sie erwartete oder besser gesagt, sie hoffte, dass ihr Mann sie nach seinem Studium finanziell verwöhnen würde. Kinder wollten sie sich keine leisten. Als Reinhard dann im unkündbaren Beamtenstatus war, zeigte er sich selbständig und war von seiner Frau finanziell unabhängig. Er ließ sich deshalb scheiden. Man braucht in jeder Lebenslage die richtige Frau, war seine Ansicht. Wenn sich die Lebenslage ändert, dann muss man auch die Frau oder Lebensgefährtin ändern. Als Student fährt man ja schließlich auch ein anderes Auto als später, als Generaldirektor! Und da gab es noch einen Scheidungsgrund: Reinhard wollte nun unbedingt ein Kind, nicht zwei und schon gar nicht noch mehr, aber eben eines. Mir kam es so vor, als wollte er durch ein Kind seine Männlichkeit bzw. seine Zeugungsfähigkeit beweisen. So nahm er sich, nach einigem Suchen, eine andere Frau, eine etwas dümmliche, die meinte, unter der Halbglatze von Reinhard verbirgt sich ein Gehirn. Mit ihr zeugte er „sein" Kind.

Reinhard war also Deutschlehrer. Er korrigierte tage- und nächtelang Aufsätze. Immer wieder las er sie durch und verglich sie. Er stellte Querverbindungen zwischen den einzelnen Aufsätzen her. Er schrieb seitenlange Kommentare auf die Schulaufgaben, welche dann die meisten Schüler und ihre Eltern nicht einmal lasen. Jede korrigierte Schulaufgabe war für ihn wie eine siegreich beendete Schlacht.

Der Reinhard war also neu verheiratet. Schulaufgaben-korrekturen und neue Frau forderten ihn bis an seine psychische Grenze. Als dann noch ein Kind hinzukam, war er überfordert. Als Deutschlehrer trug er eine Brille. Jedes Jahr wurden seine Brillengläser dicker. Schließlich ließ er sich seine beiden Augen mit einem Lasergerät korrigieren. Diese Operation brachte jedoch das falsche Ergebnis. Von nun an verschwammen die Aufsätze vor seinen neu bebrillten Augen noch mehr. Er wurde zwei Monate krankgeschrieben. Dann wurde er für den Rest des Schuljahrs krankgeschrieben. Dann wurde er für das nächste Schuljahr krankgeschrieben. Dann wurde er vorzeitig, in noch relativ jungen Jahren, pensioniert. Und dann kam langsam eine Besserung und seine Sehfähigkeit nahm wieder zu. Er wurde vom wieder vom passiven, zum aktiven Germanisten. Er begann zu dichten. Und weil Dichterlesungen meistens am Abend sind, so begann er, am Abend mit seinem Auto zu Dichterlesungen zu fahren und seine Werke vorzutragen. Er wurde ein recht bescheidener Dichter und lebte von seiner üppigen Pension. Einmal las ich von ihm eine Kurzgeschichte. Darin schildert er, wie er von einer Schülerin in Versuchung geführt wurde. Er erzählt darin, wie seine Schülerin und er allein in einem Zimmer saßen und wie die Schülerin immer aufdringlicher wurde und wie es der Schülerin allmählich in dem Zimmer sehr warm wurde und sie deshalb Kleidung ablegen musste usw. Mir kam dies alles wenig selbstbiographisch vor und ich nahm an, dass es eher dem Wunschdenken des Reinhard entsprach.

Jahre später hörte ich, dass Reinhard wieder gut sehen kann, sogar ohne Brille und dass er auch Nachts mit dem Auto immer noch auf Dichterlesungen fährt und dass er sich überlegt, sich wieder scheiden zu lassen, um sich eine andere Frau zuzulegen, eine, die etwas von Poesie versteht und zu seinem entsprechenden Lebensabschnitt passt.

Ein Schnellkorrektor als Deutschlehrer

Wie er eigentlich hieß, weiß ich gar nicht mehr. Alle sprachen ihn mit seinem Vornamen an und der war Paul. Paul hatte ein schütteres Haar. In seinem fleischigen Gesicht saßen zwei Schweinsäuglein. Er lastete fast drei Zentner auf seine viel zu schwachen Beine. Er trug meistens karierte Hemden, dicke, handgestrickte Pullover und speckige Manchesterhosen. Er redete ausgeprägten Dialekt und unterrichtete Deutsch und Latein Er war zwar verheiratet aber kinderlos. Regelmäßig schimpfte er über zu hohe steuerliche Belastungen eines Kinderlosen. Seine Frau, ebenfalls Lehrerin, schimpfte mit. Sie war ihrem Mann im Gewicht und Aussehen fast identisch. Auch sie wollte keine Kinder, da diese nicht urlaubskompatibel und dreckmachend sind. Beide schafften es geistig nicht, folgenden einfachen Zusammenhang zu begreifen: Wenn es keine Kinder gibt, dann braucht man auch keine Lehrer. Dieser Kausalzusammenhang hatte nach Pauls Meinung schon zu viel mit Mathematik zu tun und das war ein rotes Tuch für ihn und zwar schon seit seiner Schulzeit.
Er war einer dieser Lehrer, die sich als Schüler auf dem Gymnasium hart taten und deshalb ihren ganzen Frust an ihren Schülern ausließen. Sigmund Freud hätte seine Freude an ihm gehabt. Vielleicht sollte vor der Neueinstellung eines Lehrers ein Psychologen die schulische Vergangenheit des Einzustellenden erforschen und auswerten. Auf jeden Fall, Paul war knapphart und wenn ein Schüler wegen ihm durchfiel, so bereitete dies ihm einen größeren Lustgewinn, als Sex mit seiner übergewichtigen Frau. Allerdings gab es da

eine Ausnahme: Wenn ein Schüler wegen Mathematik durchfiel, dann tat es ihm sogar leid.

Trotzdem bewunderte ich den Paul, wenigstens wenn er Deutschschulaufgaben korrigierte. Brauchten die meisten Deutschlehrer wochenlang, um eine Deutschschulaufgabe zu korrigieren, so benötigte Paul nur einen Nachmittag und das ging so: Er saß am Schreibtisch, vor ihm das Geschriebene eines Schülers und daneben sein Computer. Dieser hatte eine gute software und es war ihm ein Drucker angeschlossen in dessen Papierfach Etiketten lagen. Während er nun die Schulaufgabe korrigierend durchlas, tippte er Zahlen in den Computer. Gefiel ihm z.b. eine Formulieren, so tippte er eine bestimmte Zahl ein, stellte er immer wieder Rechtschreibfehler fest, so gab er eine andere Zahl ein. Und als er die Schulaufgabe eines Schülers überflogen hatte, war eine vielziffrige Zahl im Computer und dieser wandelte diese Zahl in einen Text und dann brauchte Paul nur noch die Taste „D" zu drücken und das Etikette mit dem Text wurde ausgedruckt und dieses Etikett klebte Paul dann auf die Schulaufgabe und so war die Schulaufgabe in zehn Minuten korrigiert.

Warum Nachhilfe?

Es gab einen Mathematiklehrer, der zugleich stellvertretender Schulleiter eines Gymnasiums war. Wie er es wurde, das wusste außer dem Schulleiter niemand. Man konnte es nicht einmal erahnen. Anscheinend bekam er diesen Posten, damit er mehr in der Verwaltung und weniger im Klassenzimmer war und so weniger schlecht unterrichten konnte.

Der unterrichtete einmal einen Grundkurs in Mathematik. Als stellvertretender Schulleiter hatte er nicht nur zu unterrichten, sondern auch Verwaltungsaufgaben zu erledigen. Um möglichst effektiv zu sein, erledigte er diese überwiegend in der Zeit, in der er Unterricht hätte halten sollen und hier speziell während der Unterrichtsstunden im Grundkurs Mathematik. Es war ein kleines Gymnasium. Sein Grundkurs bestand nur aus 12 Schülern. Beim Grundkurs-Abitur in Mathematik bekamen acht Schüler die Note 5 oder schlechter und fünf Schüler bestanden wegen Mathematik im Grundkurs des stellvertretenden Schulleiters das Abitur nicht und mussten eine „Ehrenrunde" drehen. Die Ursachen für das schlechte Abschneiden dieses Kurses waren jedoch nicht nur die seltene Anwesenheit des Lehrers, sondern auch seine mangelnde fachlichen Fähigkeiten. Er sah dies freilich ganz anders. Nach seiner Meinung waren die Schüler wenig motiviert und vor allem der Stoff zu umfangreich und dann waren in diesem Kurs noch mehr Schülerinnen als Schüler!

Als dieser stellvertretende Schulleiter wieder einmal einen Grundkurs Mathematik bekam, waren viele Eltern vorge-warnt. So fragte mich ein Freund, ob ich seiner Tochter nicht Nachhilfe in Mathematik in der Abiturklasse geben könnte, denn erstens war sie nicht gerade begabt, zweitens sagten dies alle bisherigen Mathematiklehrer zu ihr und drittens hatte sie oben beschriebenen stellvertretenden Schulleiter im Grundkurs Mathematik bekommen. Ich erklärte mich bereit, schon deshalb, um zu erfahren, wie es ein Lehrer fertig bringen kann, dass von 12 Schülern, acht Schüler beim Abitur die Note 5 und schlechter erhalten. Einmal in der Woche traf ich meine Nachhilfeschülerin und was ich da erlebte ließ mich am Schulsystem zweifeln. Eigentlich waren pro Woche drei Stunden Grundkurs in Mathematik vorgesehen. Öfter jedoch antwortete mir die Nachhilfeschülerin, dass in vergangener Woche kein Mathematikunterricht stattfand, da der Lehrer als stellvertretender Schulleiter etwas anderes zu tun hatte! (Das hätte er auch am Nachmittag erledigen können, ja müssen!)

Fand dann doch einmal Mathematikunterricht statt, so war der grausam. So bewies der stellvertretende Schulleiter über drei Unterrichtsstunden einen „Satz". Dies war absolut sinnlos, weil die Schüler diesen Beweis nicht begriffen und niemals brauchten, ganz besonders nicht im Abitur. Und so kam es, wie es kommen musste. Zwei Wochen vor dem Abitur hatte der stellvertretende Schulleiter nicht einmal die Hälfte des vorgeschriebenen Stoffes im Unterricht behandelt. Vor den Schülern erklärte er in der letzten Stunde vor dem Abitur, dass dies nicht so schlimm sei, denn er kann aus den Kategorien Analysis, Geometrie und Stochastik von je zwei gestellten Abituraufgaben je eine auswählen und er wird diese auswählen, welche er im Unterricht schon ungefähr behandelt hat. Von dieser saudummen Strategie ließ ich mich nicht beeindrucken und so hatte ich mit meiner Nachhilfeschülerin schon wochenlang den ganzen Stoff behandelt und das war gut so. Der stellvertretende Schulleiter konnte zwar Aufgaben auswählen, er hatte jedoch so wenig Stoff behandelt, dass die Wahrscheinlichkeit gering war, dass sich Aufgaben finden, die er im Unterricht behandelt hatte. Meine Nachhilfeschülerin, obwohl, wie schon oben erwähnt, kein mathematisches Genie, hatte das zweitbeste Grundkursabitur in Mathematik an diesem Gymnasium geschrieben. Es gab noch einen besseren Schüler. Dieser war allerdings in Mathematik begabt. Da dies bei diesem stellvertretenden Schulleiter jedoch nichts nutzte, hatte auch dieser Nachhilfeunterricht. Und wieder erhielten bei diesem stellvertretenden Schulleiter über drei Viertel der Grundkursschüler im Mathematikabitur einen Fünfer oder schlechter. Und wieder bemühte man als Begründung hierfür, dass der Kurs einfach aus lauter schlechten Schülern bestand.

Noch eine kurze Anmerkung zum Nachhilfeunterricht. Überall hört man, dass, angesichts der Stofffülle und der kurzen Schulzeit und der Schwierigkeit des Stoffes, die meisten Schüler Nachhilfe benötigen. Nach meinen

Erfahrungen benötigen die meisten Schüler Nachhilfe, weil sie schlechte Lehrer haben!

Ein Wirtschaftslehrer

Er ist in Berlin geboren und dort auch aufgewachsen. Er war nur ca. 165 cm groß, schlank, Glatze. Eigentlich ein unscheinbarer Typ. Aber er konnte reden, wie wohl die meisten geborenen Berliner. Er konnte so gut reden, dass der Zuhörer seine zahlreichen negativen Eigenschaften vergaßen. Wieso er gerade in Bayern an einem Gymnasium unterrichtete, blieb mir ein Geheimnis. Lehrer zu sein machte ihm eigentlich keinen Spaß. Für ihn war Lehrersein gleichbedeutend mit einem sicheren Einkommen, gleichbedeutend mit bestbezahltem Halbtagsjob. Nur am Vormittag arbeiten, 12 Wochen Ferien, mehr Verdienst als ein hart arbeitender Facharbeiter, das war's.
Eigentlich hatte er Wirtschaftsrecht studiert. Dann war er aber der Verlockung nach wenig Arbeit und gutem Verdienst erlegen. Aber auch als Lehrer vergaß er seine eigentliche Leidenschaft nicht. So gründete er, während seiner Zeit als Lehrer, zwei Firmen und kaufte ein drittes Unternehmen auf. Mit großer Leidenschaft und viel Zeitaufwand betrieb er diese Geschäfte erfolgreich. Nun werden sie fragen, liebe Leser, geht das überhaupt? Darf jemand, der beim Staat als Lehrer arbeitet, noch andere Geschäfte betreiben? Nun, diese Frage ist nicht so eindeutig zu beantworten. Eigentlich geht dies nur, wenn man in Berlin eine über 80 Jahre alte Mutter hat. Dann lässt man nämlich diese Geschäfte über die alte Mutter in Berlin laufen und man selbst bringt sich in diese Geschäfte nur nebenzeitlich ein, quasi ehrenamtlich. Wenn man es so sieht, dann ist ein Lehrer, welcher in diesem Beruf quasi nebenberuflich arbeitet aber hauptamtlich verdient, sogar

noch vorbildhaft. Und dass dies tatsächlich so ist, zeigen folgende Beispiele:

So beschäftigte er einige Schüler seiner Schule in seinen inoffiziellen bzw. den offiziellen Betrieben seiner alten Mutter. Dafür bezahlte er ihnen wenig, denn sie konnten hier ja Erfahrung fürs praktische Leben sammeln und die waren für die Schüler wichtiger als alles leicht verdiente Geld. Und überhaupt konnte er sich ja bei diesen Schülern dann in Form von guten Noten erkenntlich zeigen. Eines seiner Geschäfte, die er betrieb, war ein Reisebüro. Da konnte man ältere Schüler gut, nützlich und gewinnbringend einsetzen. Und selber konnte man noch weiter gut an der Schule verdienen: Stand eine Klassenfahrt an, oder eine Abiturfahrt ins Ausland an, so braucht sich der Klassenlehrer, der eine solche Klassenfahrt durchführen musste, nur an seinen geschäftstüchtigen Kollegen wenden und der organisierte über sein Reisebüro (Pardon, über das seiner Mutter) alles. So war jedem geholfen: Der Klassenlehrer braucht nicht den Weg in ein Reisebüro zu machen und der geschäftstüchtigen Lehrer verdiente nebenzu daran. Allerdings war er nicht immer in der Schule anzutreffen. Er war öfter krank, denn manchmal gingen die (Neben-)Geschäfte so gut, dass er fast keine Zeit für das Lehrersein aufbringen konnte und dann fühlte er sich eben krank.

Da war in München einmal eine Touristikmesse. Besagter Lehrer machte in der Schule krank und fuhr nach München. Auf dieser Messe gab es auch ein Preisausschreiben und unser Lehrer gewann die Hauptpreis. Reporter stürzten sich auf ihn. Er überlegte: Wenn ich jetzt fotografiert werden, dann ist dieses Foto übermorgen in Zeitungen und vielleicht erkennt mich dann ein Kollege und wundert sich, dass ich in Münhcen und nicht krank war. Also gab er seinen Hauptgewinn zurück.

Unser Lehrer aus Berlin hatte eine Schwäche für Schülerinnen um die 17 Jahre und manche Schülerin war von ihm so fasziniert, dass sie mit ihm in die Kiste stieg. Einmal erzählte er mir – er war zugegeben nicht mehr nüchtern – streng vertraulich, von einer solchen Affäre.

Damals gab es in Bayern noch das G9 und die Leistungskurse. So war er sehr bemüht, immer einen Leistungskurs in Wirtschaf und Recht in der 12. und der 13. Jahrgangsstufe zu bekommen. Die Gründe seines Verlangens waren klar: Er unterrichtete schon jahrzehntelang diesen Leistungskurs. Er konnte den Stoff fast auswendig. Er musste sich nicht mehr auf die einzelnen Unterrichtsstunden vorbereiten. Wenn er zwei Leistungskurse, in der 12. und 13. Jahrgangstufe unterrichtete, so war damit ein großer Teil seiner wöchentlichen Unterrichtsstunden abgedeckt. Aus den Schülern seiner Leistungskurse konnte er Handlanger für sein Reisebüro bzw. das Reisebüro seiner Mutter in Berlin, rekrutieren. Mit den Leistungskursen konnte er Exkursionen, z.B. zur Frankfurter Börse, machen, was wiederum seinem Reisebüro zu Gute kam.

Wie schon erwähnt und angedeutet, ließen das Reisebüro und verschiedene junge Freundinnen ihm keine Zeit, um sich auf den Unterricht vorzubereiten. Und er kam die allermeiste Zeit „blank" in den Unterricht. Das fiel zuerst den Schülern auf, dann nahmen dies die Eltern wahr und die Kollegen wussten dies schon lange und ärgerten sich stumm darüber. Schließlich drang es auch bis zum Schulleiter vor. Da die Regelbeurteilung der Lehrer gerade anstand, so besuchte der Schulleiter unangekündigt auch den Unterricht des Berliners. Wie zu erwarten, so hatte dieser sich nicht auf den Unterricht vorbereitet und da genügte selbst seine „Berliner Schnauze" nicht, dem Schulleiter fiel es auf. Und als er ihn ein zweites und ein drittes Mal im Unterricht besuchte, war es auch nicht besser. Der Schulleiter brachte kein Verständnis für das Reisebüro der uralten Mutter auf und gab dem Berliner eine recht schlechte Beurteilung für seine Lehrertätigkeiten. Diese war zwar gerecht aber so schlecht, dass vorerst an eine Beförderung des Berliners nicht zu denken war. Nun hatte unser Berliner seine Geheimwaffe: Jura. Er ging wegen dieser Note vor Gericht. Eigentlich konnte man vor Gericht nur dann erfolgreich klagen, wenn dem Schulleiter bei einer Beurteilung formale Fehler unterlaufen waren. Der Berliner sagte unumwunden dem Schulleiter ins Gesicht, dass er ihn wegen der schlechten Beurteilung angezeigt hat. Der Schulleiter wurde zuerst blas, dann blasser, dann überlegte er, dann sagte er zum Berliner, dass man doch über alles reden kann und dann redeten sie miteinander.

Berliner zu Schulleiter: „Ihnen ist da ein Formfehler unterlaufen, so dass Ihre Beurteilung fehlerhalft ist und sie diese zurücknehmen müssen!"

Schulleiter zu Berliner: „Also, Formfehler können ja immer unterlaufen, trotzdem stimmt meine Beurteilung!"

Berliner zu Schulleiter: „Beurteilung hin oder her, sie haben jedenfalls ein Gerichtsverfahren am Hals, welches weder ihren Nerven, noch ihrer Karriere gut tut!"

Das Gespräch wurde eigenartiger Weise nicht heftiger, sondern immer ruhiger. Der Schulleiter, sowieso zart besaitet, versuchte zwar nicht direkt, aber langsam nachzugeben. Nach einer Stunde einigten sich der Schulleiter und der Berliner auf folgenden Kompromiss der eine bessere Note bei der nächsten Beurteilung einschloss.

Ein Direktoratsmitarbeiter

Als ich ihn kennenlernte, war er bereits Mitarbeiter des Direktorats. Die meisten Lehrer hielten ihn für einen guten Lehrer und einen noch besseren Direktoratsmitarbeiter. Die gleiche Meinung hatte er auch von sich selbst. Er hielt sich für megagut. Eine Ursache, auf der diese Meinung beruhte, war, dass er leise, bedächtig, leicht lispelnd, langsam und schwach dialektgefärbt sprach. Eine andere Ursache war, dass er in seinen meisten Reden untertreibend einfließen ließ, wie bedeutend er schon früher war und dass sich diese Bedeutung ständig gesteigert hat. Dies machte er so geschickt, dass es die allermeisten Lehrer nicht merkte, auch der Direktor nicht. Bei den weiblichen Lehrkräften dürfte auch sein Aussehen, besonders sein schütteres, dunkles, schon leicht ins gräuliche übergehendes Haar auch noch eine Rolle gespielt haben.

Zugegeben, er war auch wohl ein guter, vielleicht sogar ein sehr guter Lehrer und seine Schwächen konnte eigentlich nur jemand erkennen, der ihn auch privat näher kannte. So wies er oft beiläufig darauf hin, dass während seines Studiums ein bedeutender Professor ihm das Angebot gemacht hatte, sein Assistenz zu werden und bei ihm zu promovieren und zu habilitieren und dass er dann wohl eine Professur erhalten hätte. Aber es kam eine Studentin, seine jetzige Frau, dazwischen und wegen dieser verzichtete er auf eine glänzende Universitätskarriere. Und weil dies im Gespräch so beiläufig kam, wurde über den Wahrheitsgehalt dieser Aussage nicht nachgedacht, sondern man war nur beeindruckt von dieser übertriebenen Bemerkung.

Als Mitarbeiter des Direktorats unterrichtete er nur wenige Stunden. Für die restlichen Stunden hatte er für das Direktorat zu arbeiten, obwohl es eigentlich hier nicht genügend Arbeit gab. So suchte man Arbeit für ihn, die man auch fand, die aber letztlich keine richtige Arbeit war. So bekam er wöchentlich eine Stunde angerechnet für das Organisieren von Schulfesten. Das macht im Jahr ca. 30 Unterrichtsstunden Freistellung, um am Schuljahresende ein Schulfest zu organisieren. Dann erhielt er die Fachbetreuung in Ethik, wieder eine Wochenstunde weniger Unterricht, obwohl damalsnur in wenigen Klassen Ethik unterrichtet wurde. Dann brauchte er wöchentlich zwei Stunden weniger zu unterrichten, weil er als Herausgeber des Jahresberichts fungierte. Diese Aufgabe bestand darin, dass er von Lehrern Berichte für den Jahresbericht sammelte und diese zum Abtippen an eine Sekretärin weitergab. Dafür stand er im Impressum des Jahresberichts als Herausgeber. Was nicht darin stand war, dass er dafür überdurchschnittlich viele sogenannte Entlastungsstunden gutbeschrieben bekam.

Der Stundenplanmacher.

Da gab es einen Lehrer, nennen wir ihn Hans. Der besuchte schon als Schüler dieses Gymnasium, dann verbrachte er als Referendar ein Jahr seinen Zweigschuleinsatz an diesem Gymnasium und schließlich war er als Lehrer bis zu seiner Pensionierung und diesem Gymnasium. Zwischen seinem 11. und 65. Lebensjahr war er nur ein Jahr nicht an diesem Gymnasium, sondern an der Seminarschule. Diesen Heimvorteil nutzte er. Den Direktor des Gymnasiums kannte er schon, als dieser noch angehender Lehrer an diesem Gymnasium war. Mit diesem verstand er sich deshalb ausgesprochen gut. Schon als StR z.A. wurde er Direktoratsmitarbeiter. Seine Hauptaufgabe war es, den Stundenplan zu machen und die Vertretungsstunden zu organisieren. Letzteres ist keine leichte Aufgabe. Angenommen, ein Lehrer meldet sich krank, dann braucht es einen Vertretungslehrer. Der Hans schaut dann in den Stundenplan und stellt fest, dass in der Stunde, die vertreten werden muss, fünf Lehrer eine Freistunde haben. Welchen Lehrer soll er nun für diese Vertretungsstunde auswählen? Der Hans wählte, so hatte ich wenigstens den Eindruck, nach Sympathie. Je unsympathischer ihm ein Lehrer war, umso eher wurde er ausgewählt, eine Vertretungsstunde zu halten. Beschwerte

sich ein Lehrer über zu häufige Einsätze, so „fuhr er diesem über das Maul", so wie es nur ein gscherter Altbaier kann.
Ähnlich verhielt es sich bei der Stundenplangestaltung. Welche Möglichkeiten dort ein Stundenplanmacher hat, lässt sich am besten an seinem eigenen Stundenplan ablesen. Hans gab sich am Freitag immer nur die beiden ersten Stunden. Er hielt also am Freitag von 8 bis 9,30 Uhr Unterricht und verabschiedete sich dann ins Wochenende. Andererseits hatte er die Möglichkeit, einem ihm unsympathischen Lehrer viel Unterricht am Nachmittag aufzuhalsen und ihn mit viel Freistunden zu „beglücken". So ein Lehrer musste dann jeden Tag fast den ganzen Tag in der Schule anwesend sein, hatte viele Freistunden, in denen er als Vertreten Verwendung finden konnte.

Nach meiner Pensionierung verlor ich den Hans aus den Augen und aus dem Sinn und bedauerte beides nicht. Nur einmal traf ich ihn zufällig, er war nun ebenfalls pensioniert, in einem Wirtshaus. Er saß vor einer Halben Bier welche nicht seine erste war und schaute depressiv zu, wie der Bierschaum abnahm. Seine Klamotten waren speckig. Er roch etwas schweißig. Sein Gesicht durchzogen tiefe Falten. Seine Haut sah ledrig aus, vom vielen Rauchen. Seine frühere anziehende Wirkung auf junge Lehrerinnen war nicht mehr vorhanden. Seine Frau hatte ihn verlassen. Ich wollte mich auch nicht zu ihm setzen, denn er hat mir damals zu viel Vertretungsstunden gegeben.

Ein fauler Lehrer

Faulheit ist bei Lehrern ein oft falsch verstandener oder nicht anwendbarer Begriff. Der eine Lehrer korrigiert ausgeschlafen, hochkonzentriert, ohne jede Ablenkung eine Schulaufgabe in fünf Stunden. Der andere Lehrer richtet sich vor der Korrektur gemütlich ein: er platziert ein Glas Rotwein auf dem Schreibtisch, an dem er während der Korrektur ab und zu nippt. Auf dem Schreibtisch stehen Fotos seiner beiden eigenen, überaus begabten Kinder, die er beim Korrigieren immer wieder anschaut, um sich klar zu machen, wie dumm der Schüler, dessen Arbeit er gerade korrigiert, verglichen mit seinen eigenen Kindern, ist. Im Hintergrund spielt im Radio Musik aus seinen wilden Jahren und die Überhitzung des Zimmers, welche seinem Rückenleiden so gut tut, bedingt eine gewisse Schläfrigkeit. Auch wenn er die gleiche Schulaufgabe, die obiger Lehrer in fünf Stunden korrigiert, gleich gründlich durcharbeitet, braucht er 15 Stunden dafür. Ist nun der erste Lehrer deshalb fauler, als der zweite Lehrer? Also, über Faulheit bei Lehrern kann man streiten, dass es aber ganz wenige faule Lehrer gibt, das soll folgendes Beispiel zeigen:

Ich kannte einen Lehrer, der sein Faulsein perfektionierte. Er unterrichtete Mathematik und Physik. Sein Mathematik-unterricht begann mit der Verbesserung der Hausaufgabe. Er hatte das Lösungsbuch zum Mathematikbuch und so brauchte er aus diesem nur die richtigen Ergebnisse an die Tafel schreiben. Die Schüler verglichen dieses mit ihrer Hausaufgabe und wussten dann, ob sie die Aufgabe wahrscheinlich richtig oder falsch zu Hause gerechnet hatten. Warum dies so war und wo evtl. ihr Fehler lag, das blieb Geheimnis. Danach schlug er das Lösungsheft zu und nahm, wie die Schüler auch, das Mathematikaufgabenbuch aus seiner Tasche.

„Welche Aufgabe haben wir zuletzt gerechnet?"

Die Schüler schauten in ihrem Schulheft nach und nannten die zuletzt gerechnete Aufgabe.

„Gut, dann rechnen wir jetzt die übernächste Aufgabe im Buch!"

Sein System war einfach: eine Aufgabe ließ er einen Schüler an der Tafel vorrechnen, die folgende Aufgabe gab er als

Hausaufgabe und die darauf folgende ließ er weg usw. Das Rechnen einer Aufgabe an der Tafel durch einen Schüler hatte den Vorteil, dass dabei viel Zeit verging. Dass dieser Lehrer einmal zu Hause eine Matheaufgabe durchgeschaut und sich überlegt hätte, wie kann man sie erklären? - Fehlanzeige! Dies war schon rein technisch nicht möglich. Dieser Lehrer hatte das Schulbuch nie zu Hause und überhaupt vermied er in seiner Wohnung alles, was ihn an seinen einkommensreichen aber unbeliebten Beruf erinnert hätte.

Doch, da waren doch noch die Schulaufgaben. Ja, die wurden auch geschrieben. Immer die gleichen. Und dann mussten die ja auch noch korrigiert werden. Ja, die wurden auch vom Lehrer korrigiert. Aber die korrigierte er während des Unterrichts.

Wie oben schon erwähnt, dieser Lehrer musste aber auch noch Physik unterrichten und hierzu manchmal das eine oder andere Experiment aufbauen. Dass er seine freien Nachmittage in der Physiksammlung verbringen sollte, um hier ein Experiment aufzubauen, das kam für ihn auf keinen Fall in Frage. Also überließ er das Aufbauen eines Experiments einigen Schülern während des Unterrichts und nannte dies „learning by doing" und sagte, dass dies didaktisch und pädagogisch sehr sinnvoll ist.

Eigentlich endete der Unterricht täglich um 13 Uhr. Unser Lehrer verlegte den Unterrichtsschluss für sich auf 12,45 Uhr. Die Schüler freuten sich natürlich darüber. Auch die Eltern freuten sich, besonders jene, welche ihre Kinder mit dem Auto von der Schule abholten. Um 13 Uhr brach nämlich immer ein Parkchaos dort aus. Wusste nun eine Mutter, dass ihr Kind während der letzten Stunde, offiziell also von 12,15 Uhr bis 13,00 Uhr, diesen Lehrer im Unterricht hatte, so konnte sie ihr Kind schon um 15,45 Uhr abholen, noch bevor die anderen Eltern um 13 Uhr das Verkehrschaos verursachten.

Es ist 12,47 Uhr. Unser Lehrer verlässt gut gelaunt das Gymnasium und läuft dem Chef in die Hände. Dieser spricht ihn an: „Haben sie nicht bis 13 Uhr Unterricht?" Der Lehrer antwortet: „Haben sie nicht auch heute bis 13 Uhr Unterricht?" Nach dieser Antwort geht er gut gelaunt weiter zu seinem Auto und der Schulleiter schlecht gelaunt zu seinem Auto. Beim Heimfahren überlegt sich der Schulleiter, wie er auf diese unverschämte Antwort des Lehrers reagieren soll und es fällt ihm nichts ein, denn er hatte ja seinen Unterricht auch vorzeitig beendet.

Ein sich selber lieb- und gutmachender Lehrer

Da gab es einen Lehrer, der bei seinen Kollegen und den Schülern, ja sogar bei den Eltern, gleichermaßen beliebt war, weil er immer und jedem andeutete, dass er ein sehr guter Lehrer ist und dass er alle liebt. Ich mochte diese Art von unterschwelligem Liebesgeheische nicht und ich war deshalb der einzige Kollege, der ihn nicht liebte. Da er dies merkte, wurde ich von ihm auch nicht geliebt.

Er war Mathematiklehrer und stellvertretender Schulleiter. Wenn er eine ihm bisher fremde Klasse bekam, die in zwei Jahren Abitur machen würde, so vermittelte er in den ersten Stunden den Schülern – damals hießen die Kollegiaten -, dass sie bisher lauter schlechte Mathematiklehrer hatten und dass sie nun in der glücklichen Lage sind, mit ihm von einem ganz hervorragenden Lehrer in Zukunft unterrichtet zu werden und wenn sie ihm in jeder Stunden ihre Dankbarkeit spüren ließen, dann würde er sie schon zu einem guten Abitur führen. Und so begann sein Mathematikunterricht mit recht schwierigen Aufgaben und schweren Exen und nicht minder schweren Klausuren. Die Noten waren entsprechend schlecht. Damit bewies er den Schülern seine Eingangsbehauptung, dass sie bisher lauter schlechte Mathematiklehrer hatten. Dann ließ er am Schuljahresende all diejenigen Schüler durchfallen, bei denen es im nächstjährigen Abitur knapp werden könnte. Dann kam sein zweites Jahr, das Abiturjahr. In diesem mussten die Schüler fast nur noch Mathematik lernen - andere Fächer stellte er als unbedeutende Nebenfächer hin - und viel Mathematikhausaufgabe machen. Die Schulaufgaben blieben schwer, die Noten schlecht. Dann kam das Abitur und die Noten der Schüler im Abitur waren wesentlich besser als die Klausurnoten während des Schuljahres, freilich nicht besser als der bayerische Landesdurchschnitt. Eigentlich wäre dies ein Beweis, dass er ein schlechter Lehrer war, denn die Jahresnoten sollten eigentlich nicht zu sehr von den Abiturnoten abweichen. Dieser Mathematiklehrer und stellvertretende Schulleiter zog jedoch aus dieser Tatsache ganz andere Schlüsse. Einmal bewies dieser Umstand, dass das bayerische Abitur viel zu leicht ist. Zweitens zeigte es ihm, dass er die Schüler auf das Abitur richtig vobereitet hatte. Deshalb war es spätestens nach dem Abitur angebracht, dass besonders die jüngeren Mathematiklehrer vor ihm ihren Kotau machten. Nach der Tiefe der Verbeugung richtete sich übrigens im folgenden Schuljahr der Stundenplan, denn der Überlehrer und stellvertretende Schulleiter war auch Stundenplanmacher.

Religionslehrer

Viele Lehrer haben eine Pseudointellektualität, aber keine Leidenschaft für ihr Fach. Da schaue man nur in die Jahresberichte von bayerischen Gymnasien. In vielen Berichten steht dort die Literatur, welche die Deutschlehrer im Unterricht „behandelten". Da liest man die Autoren Dürrenmatt und Hesse, Grass und Frisch; von Frisch

„Andorra", weil es wenig differenziert und schwarz und weiß malt. Von den klassischen Autoren werden vorwiegend kurze Werke behandelt: Die schwarze Galeere, Schimmelreiter, Wozzek. Michael Kohlhaas ist schon fast zu lang. Und dann kann man hier noch eine Beobachtung machen: Jeder einzelne Deutschlehrer behandelt fast jedes Jahr die gleiche Literatur. Das erspart ihm, ein neues Buch zu lesen und sich darüber Gedanken zu machen. Da gibt es ein besonders schönes Beispiel: James Joyce: Ulysses. Nahezu jeder Deutschlehrer behauptet, dass dies ein Schlüsselroman der Literatur ist, den man gelesen haben muss. Fragt man dann die Deutschlehrer, nach Details in diesem Roman, so kann man bald vermuten, dass diesen Roman fast kein Deutschlehrer gelesen hat. Ich machte die Erfahrung, dass ich mich eher mit einem Chemielehrer über die neueste deutsche Literatur unterhalten konnte, als mit Deutschlehrern. Wen wundert dies auch, die Deutschlehrer waren ja Tag und großenteils auch noch nachts damit beschäftigt, Aufsätze zu korrigieren.

Ähnlich verhielt es sich mit einem Religionslehrer. Er hatte die übliche Karriere hinter sich: Priesterseminar, eine Frau kommt dazwischen, Religionslehrer. Er war ein richtiger Angeber und hatte mit seiner Psyche das Problem, dass er nie akzeptieren konnte, dass ihm eine Frau seinen Traumberuf raubte. Er kam in den Unterricht, natürlich - wie immer – unvorbereitet, und fing an, über die moderne Theologie zu quatschen. Und alle paar Minuten zog er ein Taschenbuch aus seiner Tasche, hielt es hoch, zeigte den Schülern die Titelseite und kommentierte dieses Büchlein als eines der tiefsten theologischen Werke. Ab und zu unterbracht ein Schüler seinen Monolog und Buchkommentar und meinte, dass er das mit dem Glauben und der Religion früher ganz anders gelernt hat und im Übrigen steht es in der Bibel auch ganz anders. Nun, dem stopfte der Religionslehrer schnell das Maul: „Noch nie was von Exegese gehört, was? Dein Glaube ist ja zutiefst mittelalterlich, schlimmste Scholastik, nichts von Existentialphilosophie verstehen und meinen Vortrag unterbrechen. Also, informiere dich erst einmal und dann kannst du dich wieder in meinem Unterricht melden". Nur, wo er sich informieren sollte, das sagte der Religionslehrer nicht. Das einzige Unterrichtsziel bei ihm war, dass die Schüler mit geöffnetem Mund und bewundertem Blick verrieten, wie beeindruckt sie von ihm waren. Und in der Tat: Nehmen wir an, dass er pro Unterrichtsstunde fünf Bücher vorstellte, also bei zwei Unterrichtsstunden Religion in der Woche wären dies 40 Bücher im Monat, gut, sagen wir 30 Bücher, die Ferien eingerechnet. Nehmen wir weiter an, dass ein solches Buch durchschnittlich 150 Seiten umfasst und dass man, da es sich um theologisch-philosophische Bücher handelt, zwei Minuten braucht, um eine Seite zu lesen, so müsste dieser Religionslehrer pro Monat 150 Stunden Bücher lesen. Er müsste in der Woche 37,5 Stunden nur lesen, das wäre so viel, wie ein Arbeiter in den Wochen arbeitet. Das ist in der Tat beeindruckend.

Es begab sich aber einmal, dass dieser Religionslehrer das Klassenzimmer schnell verlassen und alles hinter sich lassen musste. Da lagen also die Bücher, welche er gerade vorgestellt hatte oder welche er noch vorstellen wollte auf dem Pult. Ich konnte mich nicht zurückhalten und blätterte mir die Bücher durch, solange der Lehrer nicht im Klassenzimmer war. Und da sah man genau, wie der Lehrer gelesen hatte, nämlich mit Lineal und Kugelschreiber. Das Wesentliche, welches er uns während des Unterrichts vortrug, war fein säuberlich unterstrichen. Diese Unterstreichungen beschränkten sich jedoch nur auf den Klapptext und die kurze Zusammenfassungen. Mehr als dies hat er nicht gelesen. Nehmen wir wieder an, dass er in einer Wochen die Klapptexte und/oder Zusammenfassungen von 10 Büchern las und dass diese nur ½ Seite lang waren, so las er pro Woche 10 Minuten seine theologischen Bücher. Und das entsprach der Realität. So blöfft und beeindruckt man Schüler und die meisten Lehrer haben so etwas nötig. Man macht sich auch bei Kollegen interessant und die meisten merken oder spüren gar nicht, dass es nur heiße Luft ist.

Ein Norddeutscher Lehrer als Unternehmer

Es gab da einen norddeutschen Lehrer, einen Ostfriesen, nennen wir ihn Friedrich-Wilhelm. Er kam ganz frisch vom Referendariat an unsere Schule. Jung, dynamisch, verheiratet, schon drei Kinder. Sein Traumberuf wäre eigentlich der eines Unternehmers gewesen, aber der Beamtenstatus erschien ihm sicherer und warum nicht beides verbinden?
Damals plante man im Gymnasium die Schultoiletten neu herzurichten. Friedrich-Wilhelm bot sich sofort an, hierfür billige Fliesen zu organisieren. Dies wurde ihm erlaubt und wirklich besorgte er billige Fliesen und verdiente hierbei auch noch selber etwas. Ansonsten war er ein fast normaler, ein eher lockerer Lehrer. Um keine Zeit für Elterngespräche zu verwenden - er meinte: zu verschwenden - gab er den Schülern im Zweifelsfall immer die bessere Note. So waren seine Sprechstunden nie von beschwerenden Eltern frequentiert. So konnte er während dieser Sprechstunden „organisieren", also seine Privatgeschäfte betreiben. Später wurde er Fachbetreuer. Sein Motto im Umgang mit den Fachkollegen lautete: Wenn du mir keine Arbeit machst, so mache ich dir auch keine Arbeit.
Ein Glücksfall für ihn war die deutsche Wiedervereinigung. Die Schulen des Ostens waren noch weitgehend computerlos. Also ließ er sich an das Kultusministerium eines der Ostländer ausleihen, um diese mit älteren Computern einer befreundeten Firma aus dem Westen auszustatten. Das war

aber nicht sein einziges Geschäft, von dem er profitierte. Er kaufte im Osten billige Häuser und baute sie in Ferienwohnungen um. Wenige Jahre später kehrte er in den Westen und an unsere Schule zurück.

Es war 1994. Ich plante mit meiner Familie eine Woche in den neuen Bundesländern Urlaub zu machen.

Rein zufällig fragte ich: „Friedrich-Wilhelm, du kennst dich doch im Osten aus. Wo kann ich dort denn Urlaub machen?"

„Ich wüsste da in Thüringen ein gerade fertiggestelltes Ferienhaus. Du bist da sozusagen Erstnutzer."

Die Lage war optimal, der Übernachtungspreis normal. und es stellte sich heraus, dass ihm dieses Ferienhaus gehörte. Egal!

Ein Jahr später fragte er mich: „Wills Du nicht in einem Ostseehotel Urlaub machen? Ich wüsste da ein schönes Hotel!"

Wie sich beim dem Gespräch bald herausstellte, war er Miteigentümer dieses Hotels.

Bei Sitzungen in der Schule läutete ständig sein handy. Es waren Unternehmer und Geschäftsleute, welche etwas von ihm brauchten.

Wegen seiner außerschulischen, erfolgreichen Geschäfte war Friedrich-Wilhelm unter den Kollegen nicht beliebt. Natürlich sind vor allem Erfolglose auf Erfolgreiche besonders neidisch. Mir jedoch war er ein angenehmer Kollege. Fachsitzungen unter seiner Leitung waren immer kurz. Er kritisierte mich nie, denn dies hätte ihm Zeit gekostet und so profitierte jeder von uns beiden davon.

Der Mathematiklehrer und die Lehrpläne

Eigentlich müssten die Lehrpläne in Mathematik unveränderlich sein. Die Geometrie gibt es seit über 2000 Jahren und Arithmetik seit ungefähr 200 Jahren. An

Schulweisheit ist seitdem nicht mehr viel dazu gekommen. Weil dies aber so langweilig wie das Fach an sich ist, so hat man ein Institut gegründet. Dieses ist überflüssig und muss deshalb seine Existenz ständig rechtfertigen und deshalb immer Neues erfinden.

An meiner Schule war ein Lehrer, der nebenzu auch an diesem „Institut" arbeitet. Er war besessen, Karriere zu machen. Zu promovieren hatte er versäumt und so war das „Institut" ein Ersatz hierfür. Im Rücken dieses Kollegen stand ein mir befreundeter Kollege, mit dem ich mich immer wieder über Opern, modernste Literatur, Kinderkriegen und schöne Frauen unterhielt. Zu diesem gesellte ich mich und sagte ihm in einem lockeren, flapsigen aber lauten Ton: „Das ‚Institut' ist so überflüssig wie ein Kropf!" Der Karrieregeile hörte dies und redete seitdem nicht mehr mit mir. Heute bin ich allerdings nicht mehr von meiner Kropftheorie überzeugt: Es gibt immer Lehrer, welche Karriere machen wollen aber für nahezu alles ungeeignet sind. Sie sind besonders unfähig zum Unterrichten. Die Schüler lernen bei ihnen nahezu nichts. Was soll man mit solchen verbeamteten Lehrern machen? Sie werden an das „Institut" abgeordnet und somit unschädlich gemacht.

Erinnern Sie sich noch an die „Mengenlehrer"? Das war einige Jahre die mathematische Geheimwaffe. Durch die Mengenlehre sollten alle Schüler kleine Gausse werden (Gauss war einer der größten deutschen Mathematiker!). Gibt es heute noch die Mengenlehre auf einem bayerischen Gymnasium? Sind deshalb alle Schüler mathematisch dümmer? Nein! Aber die Lehrer des „Institut" hatten einige Jahre nutzlose Arbeit.

Als ich anfing zu unterrichten wurde versucht in der Geometrie alles auf Axiome zu stellen und alles daraus herzuleiten. Ich erinnere mich noch an die lachenden Schüler einer siebten Klasse als ich im Unterricht, laut Lehrbuch und wohl auch laut Lehrplan, beweisen musste, dass durch zwei verschiedene Punkte genau eine Gerade geht.

Später wurde eingeführt, dass in jeder Mathematikschulaufgabe eine Aufgabe stehen muss, welche die Schüler im „Aufsatzstil" beantworten mussten. Nun hat die Mathematik eine eigene „Sprache" mit genau festgelegten Symbolen entwickelt, welche weltweit verstanden wird, und nun sollten die Schüler die Aufgabe in deutscher Sprache lösen. Stellen Sie sich einmal folgende Aufgabe vor: „Beschreibe die Konstruktion einer Tangente an einen Kreis in einem Punkt A der auf der Kreislinie liegt!" Mit den genau definierten mathematischen Symbolen ist diese Aufgabe in einer Zeile präzise, unzweideutig zu lösen. Und jetzt lösen Sie diese Aufgabe einmal in Deutsch: „Ich will meinen Zirkel nehme und stelle dabei fest, dass ich ihn wieder einmal vergessen habe...... Ich stecke mit dem Zirkel in den Punkt A, welcher auf dem Kreis liegt, ein und schlage einen Kreis....."

Ein dicker Lehrer

Er war ein gewichtiger Lehrer, seinem Gewicht und Gehabe nach! Nennen wir ihn Paul. Er wog drei Zentner. Eigentlich hätte er nicht verbeamtet werden dürfen, da er so fett war. Dem prüfenden Amtsarzt versprach er, abzunehmen. Innerhalb weniger Wochen hatte er sich auf 85 kg heruntergehungert (nichts gegessen, nur Wasser getrunken). Der Amtsarzt meinte, nun hat er das Gewicht zu einem bayerischen Lehrer. So wurde er schließlich Beamter auf Lebenszeit. Und dann begann er wieder zu essen oder nennen wir es korrekter „fressen"! Er war Frustfresser, denn sein ganzes bisheriges Leben war eine Aneinanderreihung von Frustereignissen und -erlebnissen.

Der Traum seiner Eltern war, dass Paul Lehrer wird und zwar auf einem Gymnasium denn erstens war sein Vater Volksschullehrer und zweitens erkannten die Eltern, dass Paul sonst zu nichts zu gebrauchen sein würde. Er besuchte eine Klosterschule. Der Vater war überzeugt, dass man mit den Patres reden konnte, wenn es um Noten ging. Eigentlich tat sich Paul in allen Fächern schwer, ganz besonders jedoch in Mathematik. Gut war er im „spicken" und so brachte er es bis zum Abitur. Hier war es dann aus mit dem Spicken und Paul bekam, trotz Klosterschule, einen Sechser in der schriftlichen Abiturprüfung in Mathematik und auch in der mündlichen. So drehte Paul eine Ehrenrunde und erhielt ein Jahr später wieder einen Sechser bei der schriftlichen Abiturprüfung. Nun ging's ins Mündliche und da er hier einen unterwürfigen Hundeblick aufsetzte und seine Eltern dem Direktor als regelmäßige Kirchgänger bekannt waren, bekam er im mündlichen einen Vierer. Das reichte, um das bayerische Abitur mit einer Fünf in Mathematik beim zweiten Mal zu bestehen. Als Dank trat Paul dann später aus der Kirche aus!

Da er sich auf dem Gymnasium und auch beim Studium recht hart getan hat, wollte er dieses Gefühl auch seinen Schülern vermitteln, besonders den Schülerinnen. Bei ihm waren alle Schüler dumm, die meisten saudumm und konnten nicht Latein, das einzige Fach, welches er so einigermaßen beherrschte. (Sein zweites Fach war Deutsch!)-Beim Ausfragen die Schüler fertig zu machen war seine Spezialität und erinnerte ihn an seine eigene Schulzeit. Manche meinten, er kompensiere damit auch seine unansehnliche Fettleibigkeit. Wenn er in das Klassenzimmer kam, stürzte er sogleich auf das Lehrerpult zu, setzt sich auf den einzigen gepolsterten Stuhl im Zimmer, verschnaufte seine drei Zentner und stellt seine Mappe auf den Tisch, um beim Auspacken der Bücher und Hefte sich nicht bücken zu müssen und so seine Kalorien zu schonen.

Wie sein Unterricht verlief weiß ich nicht und die Auskunft, welche mir Schüler gaben, sind lückenhaft und teils widersprüchlich.

Fünf Minuten, bevor dem Schlussgong durch das Schulgebäude hallte, mahnte er seine Schüler, das Klassenzimmer leise und eiligst zu verlassen. Dann mühte er sich, so rasch es mit seinem Leibesumfang eben ging, den schuleigenen Parkplatz zu erreichen, wo sein Mercedes schon auf ihn wartet. Noch meist bevor es in der Schule gongte hatte er seinen Mercedes links durch drei Eigenzentner belastet. Er ließ das Auto an, verließ den schuleigenen Parkplatz und fuhr Richtung zuhause. Auf der Autobahn schaltet er dann per handy die Mikrowelle zuhause ein. Wenn er dann seine Haustüre aufmachte, schlugen ihm schon die wohlriechenden Düfte des in der Mikrowelle in der Zwischenzeit aufgetauten und gegarten Mittagessens entgegen. Guten Appetit!

Auch er hatte das große Ziel, A15 zu werden. Da er beim Schulleiter nicht sonderlich beliebt war, spezialisierte er sich auf die Lehrerausbildung und bildete wenige Tage im Jahr Lehrer in Unwesentlichem weiter. Schließlich erreichte er sein Lebensziel – Kinder hatte er keine – A 15.

Joe Müller

In meinem Studentenheim wohnte auch einer, der den gleichen Dialekt sprach wie ich. Deshalb waren wir uns gleich sympathisch. Er war klein. Deshalb setzte er sich in Gesellschaft immer gleich auf einen Stuhl oder auf ein Sofa, denn damit fiel der Größenunterschied nicht so auf. Dieses Hinaufreden zum Gesprächspartner bedingte bei ihm einen unterschwelligen Minderwertigkeitskomplex. Als ich ihn kennenlernte kamen ich ins dritte und er ins 25. Semester. Er schrieb an einer Doktorarbeit und bereitete sich auf sein 1.

Staatsexamen vor. Das wollte er möglichst bald machen, denn nur bis 35 Jahren wurde man damals verbeamtet. Um es vorweg zu nehmen, dieses Ziel schaffte er knapp. Joe Müller war ein begnadeter Rhetoriker. Deshalb hätte er es wohl auch in der Politik weit gebracht. Er war zwar Mitglied der CSU, aber er konnte sich nicht entschließen, sich in diese Partei einzubringen, denn einem solchen Entschluss hätte er zu viele feuchtfröhliche Abende opfern müssen. Vom 20. bis zum 26. Semester ordnete Joe alle Nebensächlichkeiten der Vorbereitung auf das Staatsexamen unter, auch seine Doktorarbeit, an der er erst sieben Jahre schrieb.

Mit 33 Jahren hatte es Joe zum Referendar geschafft und mit 35 Jahren zum Studienrat z.A. (zur Anstellung). Als Studienrat z.A. lebte Joe unbeschwert und vielbeachtet. Als Lehrer kam ihm zugute, dass er, wie oben schon erwähnt, ein großartiger Rhetoriker war. Er schaute auch gut, ja fast bedeutend aus. Er hatte einen Dreitagebart, einen leichten Glatzenansatz und im Klassenzimmer viel es nicht auf, dass er etwas klein war, er stand ja sitzenden Schülern gegenüber. Immer wieder ließ er in (Unterrichts-)Gesprächen einfließen, dass er an einer Doktorarbeit forscht. Auch dies beeindruckte die Schüler, ganz besonders die Schülerinnen. Und so kam es, wie es kommen musste: Schon bald verliebte sich eine Schülerin in den an Jahren alten, im Beruf noch jungen Lehrer. Nun wird der Eitelkeit eines 36jährigen durch die Verehrung einer 18jährigen geschmeichelt und der Joe brachte es nicht übers Herz, die gerade volljährig gewordene Schülerin von seiner Bettkante zu stoßen. Er hatte Glück, dass er zwar die Schülerin im nächsten Schuljahr nicht mehr im Unterricht bekam, aber das Pech, dass diese schwanger wurde. Die Schülerin und Joe heirateten noch vor der Entbindung. Die Schülerin wurde Studentin. Und hier machte sie eine Entdeckung: Waren es auf dem Gymnasium viele alte oder mindestens altbackene Lehrer und uninteressante Mitschüler, mit denen man in Kontakt kam, so waren es auf der Universität lauter junge, gescheite und interessant aussehende Studenten. Und so ließ sie sich im zweiten Semester vom alten Joe scheiden und heiratete einen jungen Mitstudenten.

Damals habe ich den Joe aus dem Auge verloren. Nun bin ich auch schon pensioniert und habe ein wenig Zeit für Unwichtiges. Einen Teil davon verbringe ich mit goggeln und so habe ich auch einen „Joe Müller" gegoggelt. Dort fand ich die alte Ankündigung, dass 2010 die Doktorarbeit von Joe Müller fertig sein wird, also 40 Jahre nach Beginn. Da sein erster Doktorvater schon längst gestorben ist, wird sie von dessen Nachfolger betreut. Und nun, weitere sieben Jahre später steht im internet, dass die Doktorarbeit von Joe Müller, der jetzt schon 15 Jahre in Pension ist, bald erscheinen wird. Anscheinend hat Joe jetzt den Wettlauf seiner Doktorarbeit mit seinem Ableben aufgenommen. Das Gute an dieser Sache ist: Der Joe Müller hat zeitlebens damit prahlen können, dass er an einer Doktorarbeit arbeitet, wobei das Wort „arbeiten" nicht ganz stimmte.

Ergraut ohne Lehrplan

Da war einmal ein Lehrer, der mit wenig Engagement seiner Pensionierung entgegenlebte. Dieser bekam, da er gutmütig und wenig geeignet war, die Funktionsstelle eines Kollegstufenbetreuers. Damals gab es noch Leistungskurse und Grundkurse in der Kollegstufe (12. und 13. Jahrgangsstufe). Da der einfältige Lehrer ein gutes Verhältnis zum dynamischen Stundenplanmacher hatte, erhielt er jedes Jahr einen der meist drei Grundkurse in Mathematik. Für den Grundkurs schrieb der Lehrplan vor: Wahrscheinlichkeitsrechnen, Vektorrechnung und Integral- und Differentialrechnung. Er aber wollte sich nicht mehr mit der in der Kollegstufe neu eingeführten Wahrscheinlichkeits-rechnung befasse. Also machte er es so:

Zuerst überzeugte er die Schüler, dass es unsinnig ist, im Grundkurs Mathematik ein Abitur zu schreiben. Grundkursabitur macht man in Physik, Biologie oder Chemie, aber nicht in Mathematik, seiner Meinung nach. War ein Schüler nicht seiner Meinung, dann steckte er ihn in einen anderen Mathematikgrundkurs, was er, als Kollegstufen-betreuer, problemlos machen konnte. Dann machte er den Schülern in seinem Mathematikgrundkurs klar, dass der Grundkurslehrplan Unsinn ist. Der tiefere Sinn seiner Aussage war jedoch, wie oben schon angedeutet, dass er „Wahrscheinlichkeitsrechnung" nicht beherrschte. Zu seiner Zeit, als er Schüler war, gab es noch keine „Wahrscheinlich-keitsrechung" und seitdem hat er nichts mehr dazugelernt und wollte auch nichts mehr dazulernen. Er unterrichtete also immer einen Mathematikgrundkurs ohne Lehrplan und mit Schülern, die er überzeugt hatte, dass ein Mathematikgrund-kursabitur Unsinn ist.

Und dann begann er seinen Grundkurs-Unterricht. (Der fiel allerdings oft aus, da der Kollegstufenbetreuer durch die Betreuung von Kollegstufenschülern oft verhindert war.) Der Grundkursmathematikunterricht begann mit dem „Dreisatz" und setzte sich dann fort im Prozent- und Zinsrechnen. Das waren lauter Lerninhalte der 6. Klasse. Den Schülern gegenüber argumentierte er, dass sie dies seit der 6. Klasse schon wieder vergessen haben und dies für ihr Leben wichtiger ist als zu integrieren und zu differenzieren. Als Klausuren ließ er seine Schüler Schulaufgaben der 6. Klasse rechnen. Da die Noten dementsprechend gut ausfielen, regten sich kein Schüler bzw. deren Eltern darüber auf. Dem Fachbetreuer, der seine Klausuren nachprüfen musste (sollte) fiel nicht auf, dass die Klausuraufgaben nichts mit dem Grundkurs-Lehrplan zu tun hatten. Eigentlich wollte ihm nichts auffallen, da auch er schon kurz vor der Pensionierung stand und besagter Kollegstufenbetreuer ein enger Freund von ihm war und er sich daher darauf beschränkte, sein Signum auf die Klausuren zu zeichnen.

Und so verließen jedes Jahr Schüler im Umfang eines Grundkurses unseres Gymnasium, ohne je ein Wort von Vektorrechnung oder Wahrscheinlichkeitsrechnung oder Integration gehört zu haben.

Ein altmodischer Lehrer

Er war ein Lehrer vom alten Schlag, protestantisch, preußisch, ordnungsfanatisch, bis zur Inkonsequenz konsequent. Er entstammte einer alten Pastorenfamilie, die in einer freien Reichsstadt in Südwestdeutschland beheimatet war. Seiner katholischen Umgebung stand er äußerst misstrauisch gegenüber. Der Papst war für ihn immer noch der Antichrist und mit dem katholischen Stadtpfarrer, der am Gymnasium zwei Stunden Religionsunterricht gab, pflegte er nicht zu sprechen. Dem evangelischen Pastor, welcher die wenigen evangelischen Schüler am Gymnasium unterrichtete, schleimte er hingegen hinterher. Er sprach Norddeutsch und nannte dies Hochdeutsch. Er trug an jedem Schultag einen grauen Anzug mit hellen Schweißflecken unter den Achseln und eine altmodische Krawatte. Zucht und Ordnung waren sein Motto und bestimmten sein Verhalten. Einige jüngere Lehrer nannte dieses Verhalten pervers. Er war ledig, denn, nach eigener Aussage, hat ein Lehrer keine Zeit für eine Eva sondern er muss ganz in seinem Beruf aufgehen. Für eine Frau ist da kein Platz.

Nun wäre eine solche Anschauung nicht weiter schlimm, wenn er diese nur auf sich bezogen hätte. Für ihn waren aber fast alle Frauen kleine Huren. Mit so einer Anschauung versuchte er sich gegen ihre Reize zu schützen. Die Schülerinnen aber waren kleine Biester, die sich einmal zu Frauen entwickeln werden. Sie waren durch Geburt prädestiniert, schlecht zu werden. Diese, seine eigenartige Prädestinationstheorie drückte sich in der Notengebung aus. Im Normalfall wurde eine Schülerin, bei gleicher Leistung, schlechter benotet als ein Schüler. Ob sie eine oder zwei oder gar drei Notenstufen schlechter beurteilt wurde, das richtete sich nach dem Aussehen und der Kleidung der Schülerin. Je hübscher, umso dümmer, umso schlechter die Note. So sah seine Rechnung aus.

Er unterrichtete Latein und Geschichte. Seinem Wesen entsprechend handelt es sich bei beiden Fächern um die allerwichtigsten. Nur Griechisch wäre diesen gleichwertig, aber dieses Fach gab es an unserem Gymnasium nicht. Nur ein Organismus, welcher Latein verstand und Cicero übersetzen konnte, war für ihn achtenswert, ja überhaupt ein Mensch im engeren Sinne. Geschichte war für ihn so wichtig, um die Zukunft zu verstehen, was, nach seiner Meinung, sämtliche Politiker nicht taten. Er nahm an, dass sie das nicht taten, weil sie nicht richtig Latein konnten.

Sein Unterricht versetzte die Schüler in das 19. Jahrhundert. Er verzog während des Unterrichts keine Miene, er schritt majestätisch im Klassenzimmer auf und ab, er zog lustvoll sein Notenbüchlein und schrieb genüsslich, vorzugsweise bei weiblichen Schülern, schlechte Noten so hinein, dass es alle Schüler mitbekamen.

Schlimm waren die letzten Jahre seines Lehrerseins. Er benotete seine Schüler immer „schärfer". Er forderte von seinen Schüler so viel, als wären Latein und Geschichte die einzigen Fächer, für die sie Zeit aufbringen müssen. Als er dann 65 Jahre alte war, wurde er zwangspensioniert. Das ganze Lehrerkollegium und alle Schüler des Gymnasiums freuten sich, nur er nicht.

Ein Lehrer der etwas gegen das Durchfallen hatte

Obwohl nun der Franz mit Latein ein „Durchfallerfach'"
unterrichtete, gab er nie einem Schüler einen Fünfer ins
Zeugnis. Seine schlechtesten Durchschnittsnoten waren 4,4.
Manchmal war es peinlich. Schüler, bei denen jeder Lehrer auf
den ersten Blick sah, dass sie für das Gymnasium ungeeignet
sind, Schüler, welche sehr faul waren, Schüler, welche in
Mathematik, Physik, Chemie, Biologie, Geschichte und
Geographie ins Zeugnis eine Fünf bekamen - beim Franz
bekamen sie in Latein einen Vierer. Das ist zwar schlimm, aber
das Schlimmste war, dass sich der Franz dann doch nicht ganz
wohl in seiner ledernen Haut fühlte. Er glaubte, dass er sich
dafür in der Lehrerkonferenz rechtfertigen muss. Seine
Rechtfertigung begann immer so: „Eigentlich hätte der Schüler
auch in Latein einen Fünfer verdient". Selbst er, der sich als
überragender Pädagoge sah, konnte gegen die Faulheit und
Dummheit dieses Schülers nichts ausrichten. Auch fast alle
Einzelnoten bei ihm in Latein zeigten deutlich, dass der
Schüler in Latein einen Fünfer im Zeugnis haben müsste,
wenn da nicht eines wäre: An einem einzigen Tag, während
des ganzen Schuljahres, hatte der Schüler einen guten Tag
erwischt, und gerade an diesem Tag war in Latein eine
Schulaufgabe und gerade bei dieser Schulaufgabe kam das
dran, was der Schüler zufällig wusste und bekam deshalb eine
recht gute Note und wegen dieses einen Tages im Schuljahr
bekam der Schüler nun im Jahreszeugnis einen Vierer in
Latein. Um sein Gewissen bzw. diese Peinlichkeit zu
übertünchen erklärte der Franz seinen Kollegen auf der
Lehrerkonferenz minutenlang diesen Zufall zu Gunsten dieses
Schülers. Die meisten Lehrer schauten sich gelangweilt an.
Man kannte ja diese Geschichten des Franz schon zur Genüge.
Einige Lehrer lachten, während der Franz seinen Blödsinn
wieder einmal aus seinem Mund presste und es wäre auch

zum Lachen gewesen, wenn der Franz nicht so lange gebraucht hätte, bis er diesen Zufall von dem einen Tag im Leben eines schlechten Schülers erklärt hätte. Wenn man dann allerdings auf die Uhr schaute, dann verging einem das Lachen und man begann sich zu ärgern über einen so dummen Lehrer wie den Franz, der als Einziger der Lehrerkonferenz an das Märchen von dem einen guten Tag im Leben eines schlechten Schülers glaubte.

Fachbetreuer und Fachbetreuung

Der Fachbetreuer und zwei seiner Kollegen

Auch der Fachbetreuer war ein Eigengewächs. Er machte an diesem Gymnasium sein Abitur, seine Referendarzeit und begann dann als StR z.A. hier. Schließlich wurde er hier auch Fachbetreuer, Direktoratsmitarbeiter und Studiendirektor. Sein Verhältnis zum Schulleiter war hervorragend. Beide kannten sich ja schon seit seiner Einschulung auf diesem Gymnasium. Auch seine Beurteilungen vom Schulleiter waren deshalb sehr gut. Der Schulleiter war schon in die Jahre gekommen. Der Fachbetreuer und Stundenplanmacher sah hingegen noch jung aus. Der Schulleiter träumte von der baldigen Pensionierung. Der Fachbetreuer und Stundenplanmacher stellte sich eine stressfreie Laufbahn vor. So wurde allmählich der Fachbetreuer und Stundenplanmacher der eigentlich Schulleiter. Der Schulleiter kam fast täglich um 10 Uhr in die Schule, ließ sich von der Sekretärin Kaffee bringen und die Unterschriftenmappe vorlegen und sich vom Stundenplanmacher berichten, was so ansteht. Kamen Lehrer in sein Zimmer, um ihn etwas zu erbitten oder zu fragen, so verwies er diese auf den Stundenplanmacher. Um12 Uhr war seine Zeit abgelaufen und er verließ wieder das Gymnasium. Es war ein eingespieltes Team, der Schulleiter und der Stundenplanmacher bzw. Fachbetreuer.
Der Stundenplanmacher hatte allerdings die Schwäche, mit jungen Referendarinnen oder Studienrätinnen zu versuchen, ein Verhältnis anzufangen, weitgehend unabhängig vom Aussehen der Betroffenen. Dies schadete auf die Dauer dem Verhältnis zu seiner Ehefrau, welche aus dem gleichen Dorf wie er stammte und die er schon seit dem Sandkasten kannte. Mit dieser hatte er ein einziges Mal seine Zeugungsfähigkeit

nachgewiesen. Dann musste es genügen. Ein guter Lehrer hat nicht gleich mehrere Kinder, dachte er, ein Lehrer unterrichtet Kinder und verdient damit Geld. Da ihm am Gymnasium nie jemand widersprach, war er solches auch im privaten Bereich nicht gewohnt. Als seine Ehefrau ihn immer häufiger kritisierte, ließ er sich kurzerhand scheiden. Referendarinnen und junge Studienrätinnen gab es ja genügend an „seinem" Gymnasium.

Seinen Job als Fachbetreuer versah er mit einer extrem dümmlichen Arroganz: Außer seinen temporären Freundinnen kritisierte er jeden Fachkollegen, besonders dessen Schulaufgaben. Die waren dann zu lang oder zu kurz, zu wenig lehrplankonform oder zu sklavisch am Lehrplan orientiert, zu streng oder zu locker korrigiert und benotet. Die allermeisten Kollegen nahmen seine dümmliche Kritik nickend und stumm entgegen und dachten sich ihren Teil. Wenn sich ein neuer Kollege diese unqualifizierte Kritik nicht unterwürfig gefallen ließ und vielleicht fragte, woher er seine Kompetenz als Fachbetreuer hat, für den war es besser, umgehend ein Versetzungsgesuch zu schreiben. Einen Kollegen konnte er besonders schlecht leiden, schon weil dieser vier leibliche Kinder hatte. Das sollte aber die ganze Fachschaft erfahren. Während einer Fachsitzung machte er diesen so richtig fertig. Er stellte von diesem Kollegen korrigierte Schulaufgaben in einer power-point-Präsentation mit entsprechenden Kommentaren der versammelten Mannschaft vor. Er zerriss die Korrektur des Kollegen, den er nicht leiden konnte! Alle anderen lieben Kollegen saßen nickend da. Keiner getraute sich für den Familienvater Partei zu ergreifen. Jeder war froh, dass er nicht selber vor allen fertiggemacht wurde.

Der vierfache Familienvater mit eigenem Haus in der Nähe der Schule stellte sofort ein Gesuch auf Versetzung, denn so eine Fachsitzung hätte er psychisch nicht noch einmal ausgehalten. Er wurde versetzt. Allerdings lag das neue Gymnasium am anderen Ende des Freistaates. Unter der Woche verbrachte er am anderen Ende und am Wochenende bei seiner Frau und seinen vier Kindern.

Fachbetreuung Eberhard

Wie schon mehrmals erwähnt, ist eine Funktionsstelle das höchste Ziel eines Gymnasiallehrers. Der Aufstieg von A 14 auf A 15 ist der größte Sprung, den man in der Lehrerlaufbahn machen kann und das ohne besondere geistige Eignung oder Anstrengung. Man muss nur von der Schulleitung eine „Funktionsstelle" bekommen und die erhält man auch nicht wegen Eignung oder Leistung, sondern wegen Erkenntlichzeigung der Schulleitung gegenüber und das schöne dabei ist, man kann auf der Schleimspur der Schulleitung fast nicht ausrutschen. Erhält man von der Schulleitung die Funktionsstelle „Fachbetreuung", dass ergibt sich noch der günstiger Nebeneffekt, dass man nun die Fachkollegen unter sich hat. Man kann sie kritisieren, ohne von ihnen kritisiert zu werden.

Ich hatte einmal einen Fachbetreuer, nennen wir ihn Eberhard, der bei jeder Schulaufgabe von mir etwas auszusetzen hatte: Einmal habe ich zu schwere Aufgaben gestellt, dann wieder zu leichte, dann wieder zu lange, dann wieder zu kurze Schulaufgaben gehalten, dann wieder zu großzügig und dann wieder zu pingelig bewertet. Ich sagte schließlich zu ihm: „Da du mein „Vorgesetzter" bist, so will ich mich mit Ihnen nicht mehr Duzen. Ich habe für Ihre schachsinnigen Bemerkungen auch keine Zeit. Schreiben Sie diese Bemerkungen auf einen Zettel, wenn Sie formulieren können, und legen sie diesen Zettel meiner von ihnen nachkorrigierten Schulaufgabe bei oder geben sie diesen Zettel der Schulleiter. Im Übrigen würde mich interessieren, aufgrund welcher Qualifikation sie mich ständig kritisieren. Die Noten der beiden Staatsexamen können es jedenfalls nicht gewesen sein, denn ich dürfte besser gewesen sein." Er murmelte noch etwas von Kollegialität und dass er an seiner Kritik an meinen Schulaufgaben auch nichts Schönes findet und dass er das tun muss, denn so alle Dekade kommt der Ministerialbeauftragte zu einer Überprüfung, ob die Schulaufgaben richtig nachkorrigiert wurden. So ein Schwachsinn! Der Ministerialbeauftragte kommt alle Dekade drei Tage lang an ein Gymnasium und da wird er tausende von Schulaufgaben nachschauen, ob die gut nachkorrigiert wurden. Ich entgegnete: „Schon aufgrund dieser Aussage möchte ich mich nicht weiter mit Ihnen unterhalten, auch in Zukunft nicht. Man sollte im Leben ja ein bestimmtes Niveau wahren!"

Und dann kam folgendes:

Auch als Fachbetreuer muss man natürlich Unterricht halten und Schulaufgaben schreiben lassen und diese korrigieren. Die Korrektur der Schulaufgabe einer Schülerin durch den Fachbetreuer gefiel nun dem Vater einer Schülerin, selbst ein Lehrer, nicht. Dieser beauftragte seinen Rechtsanwalt und der erlangte, dass die Schulaufgabe des Fachbetreuers vom Ministerialbeauftragten nachkorrigiert wurde. Das Ergebnis dieser Nachkorrektur war, dass der Fachbetreuer seine eigene Schulaufgabe zu streng und teils falsch korrigiert hatte und deshalb die Note der Schülerin verändert wurden. Man würde sich nun denken, dass der Fachbetreuer, dem ja Falschkorrektur von ganz oben nachgewiesen wurde, sich bei seinen Nachkorrekturen mit Kritik zurückgehalten hätte. Weit gefehlt. Er kritisierte weiter seine Kollegen wegen ihren Korrekturen auf die gleiche Weise, wie er vom Ministerialbeauftragten kritisiert wurde. Nur bei mir schrieb er seine Kritik auf einen Zettel und legte diesen dem Schulleiter vor und dieser kam dann immer zu mir und hielt mir den Zettel unter die Nase. Ich überflog ihn immer flüchtig, sah immer auf die Uhr und ging dann wortlos und lächelnd. Einmal aber, als er wieder an meiner Schulaufgabenkorrektur etwas auszusetzen hatte sagte ich ihm dirket: „Im Gegensatz zu Dir wurden meine Korrekturen nur von Dir bemäkelt, während eine Korrektur von Dir ganz weit oben kritisiert wurde. Wo hast du eigentlich die Kompetenz her, mich zu kritisieren?"

Ich kannte aber auch einen anderen Fachbetreuer. Der war so schüchtern, dass er nicht nur die Schüler, sondern auch seine Kollegen fürchtete. Dazu war er noch ein ganz eifriger Fachbetreuer. Der korrigierte jede Schulaufgabe seiner Fachkollegen heimlich nach, strich Fehler, welche seine Kollegen übersehen hatten, an und machte so aus schlampig korrigierten Schulaufgaben seiner Kollegen perfekt korrigierte. Seinen Kollegen traute er nicht zu kritisieren, wenn sie schlampig korrigiert hatten. Auch er hing der irrwitzigen Idee an, dass, wenngleich mehr als unwahrscheinlich, einmal der Ministerialbeauftragte seine nachkorrigierten Schulaufgaben in Augenschein nehmen könnte und dann würde dieser feststellen, dass diese perfekt korrigiert sind. Heute ist dieser Fachbetreuer pensioniert und niemals hat sich der Ministerialbeauftragte für die von ihm perfekt nachkorrigierten Schulaufgaben interessiert.

Der alte Fachbetreuer

Es gab einmal einen alten, ergrauten, der Pension entgegen gedienten Mathematik- und Physiklehrer. Und weil der so alt war, war er Fachbetreuer. Und weil der Chef des Gymnasiums viel jünger und engagierter war, konnten sich beiden nicht so richtig leiden.

Als er als junger Lehrer an dieses Gymnasium kam, ging noch der Hausmeister nach jeder dreiviertel Stunde mit einer Glocke durch die Gänge des Schulhauses und verkündete läutend den Stundenwechsel. Dann wurde in der Schule eine automatische Läutanlage installiert. Und weil er Physiklehrer war, baute er diese Anlage auch auf. Das aber war eine ganz besondere Läutanlage: Aus ihren Lautsprechern ertönte zum Ende jeder Schulstunde oder Pause ein anderes Motiv einer Opernmelodie. Bei „Ein Mädchen oder Weibchen" wusste jeder Lehrer und die älteren Schüler, dass die zweite Stunde zu Ende ist und die Pause beginnt. Bei „Reich mir die Hand, mein Leben", war die zweite Pause zu Ende und die fünfte Stunde begann. Weil aber die Läutanlage schon alt war und die Stadt als Sachaufwandsträger kein Geld für eine neue Anlage hatte, war die Läutanlage oft kaputt. Richten konnte sie aber nur der alte Fachbetreuer. War der Chef böse auf ihn, dann reparierte er einfach die Läutanlage nicht, bis der Chef wieder lieb zu ihm wurde.

Eigentlich soll ein Fachbetreuer alle Schulaufgaben von Kollegen seines Fachs überprüfen – ich erwähnte es bereits oben. Unser alte Fachbetreuer machte es sich einfach: Erhielt er eine Schulaufgabe von einem Mathelehrer, die schon korrigiert war und schon den Schülern gezeigt worden war, so legte er sie auf einen Stapel. Der Stapel wuchs und wuchs im Laufe der Zeit, bis eine Lehrerkonferenz kam. In solchen Konferenzen erzählte der Chef den Kollegen meist Unwichtiges und die Lehrer lauschten mehr oder weniger fromm oder taten wenigstens so. Während diesen weitgehend überflüssigen Konferenzen saß der der Fachbetreuer immer da und korrigierte die sich angehäuften Schulaufgaben nach. Diese Nachkorrektur bestand darin, dass er nachzählte, ob die Anzahl der Schulaufgaben mit der Anzahl der Schüler übereinstimmte. Auf diese Weise schaffte er mehr Schulaufgaben „nachzukorrigieren", als die Konferenz dauerte. Das nennt man effektives Arbeiten. Diese Praxis hat mich sehr geprägt.

Nachkorrektur in Nichtschulaufgabenfächern

Ich kannte einen Fachbetreuer in Religion. In diesem Fach werden keine Schulaufgaben, sondern nur Stegreifarbeiten geschrieben. Also korrigierte er die Stegreifarbeiten seiner Kollegen nach. Das ist aber doppelter Schwachsinn: Einmal mussten an unserem Gymnasium nur die Schulaufgaben nachkorrigiert werden und zum anderen ist Religion kein „Durchfallerfach". Die schlechtesten Noten sind „befriedigend" und den allermeisten Eltern ist es gleich, welche Noten ihre Kinder in Religion bekommen. Es sei noch erwähnt, dass jener Fachbetreuer mit 48 Jahren ein Jahr krank war, wegen burn-out und dann nicht mehr die volle Stundenzahl unterrichten konnte. Trotz seiner psychischen Einschränkung blieb er aber seinem Prinzip treu, alles nachzukorrigieren, ob notwenig oder nicht!

Wandertage und Schullandheim

Wandertag

Besonders lästige Termine waren immer die beiden jährlichen Wandertage. Ihr Sinn erschloss sich weder Lehrern, noch Schülern. Beide empfanden diese Tage als längst überholte Zumutung, als ein Beweis, wie resistent die Kultusbürokratie gegenüber der Aufgabe von Sinnlosem ist. Über die Wandertage freuten sich lediglich der Direktor und seine Mitarbeiter. An diesen beiden Tagen war das Schulhaus leer, Lehrer und Schüler ausgeflogen und im Direktorat konnte störungsfrei gearbeitet werden.

Die Veranstaltung „Wandertag" hatte nun nichts mit dem Wandern zu tun. Wäre ein Lehrer mit seiner Klasse mehrere Stunden gewandert, so hätte er den Hass der betroffenen Schüler und den Spott der Kollegen auf sich gezogen. Die Klasse hätte sich gefragt: Womit haben wir diesen Lehrer als Klassenleiter verdient? Wieso wandert die Parallelklasse nicht? Wäre ein Lehrer am Wandertag mit den Schülern gewandert, dann hätte es bei den Kollegen so ausgesehen, als wollte er sich beim Schulleiter nur einschleimen. Deshalb war es so, dass die meisten Lehrer nur einmal in ihrem Schulleben am Wandertag wanderten.

Der erste Wandertag als Lehrer ist meistens auch der letzte Wandertag, an dem gewandert wird. Am ersten Wandertag in einem Lehrerleben wanderte der neue Lehrer mit seiner Klasse noch, als seine Kollegen schon beim zweiten Frühstück in einer Wirtschaft saßen, er wanderte noch, als seine Kollegen schon am Mittagstisch zuhause saßen, er wanderte noch, als seine Kollegen schon beim Korrigieren am Schreibtisch saßen. Und als er am späten Nachmittag mit den völlig erschöpften Schülern den Wandertag beendete, hatte er sich bei den

Schülern unmöglich gemacht. Also lässt er am nächsten und den folgenden Wandertagen das Wandern sein. Also, der „Wandertag" hatte i.a. nichts mit Wandern zu tun.

Eine besonders beliebte Art des Wandertags war „Schwimmen". Dies hatte auch den Vorteil, wetterunabhängig zu sein. Der Lehrer bestellte telefonisch einen Bus. Der kam um 8,45 Uhr an der Schule vorgefahren. (Es war ein Schulbus, der bis 8 Uhr noch Schüler befördern musste und ab 13 Uhr wieder für den Schülertransport benötigt wurde!) Die Schüler und meistens zwei Lehrer stiegen in den Bus ein. Dann fuhr man zu einem Erlebnisbad. Nachdem der verbilligte Klassen-Eintritt bezahlt war (die Schüler zahlten, die Lehrer hatten freien Eintritt!), gingen die Schüler in die Umkleidekabinen und eine Lehrer zum anwesenden Bademeister. Dem sagte er: „Ich, Lehrer des Gymnasiums soundso, bin bis Mittag mit einer Klasse hier." Damit gab er seine Verantwortung weitgehend an den Bademeister ab und war bis auf grobe Fahrlässigkeit seiner Aufsichtspflicht enthoben. Dann schlenderte er mit seinem Kollegen in das Erlebnisbaderestaurant. Dort wählten sie zwei Sitzplätze, die möglichst von den badenden Schülern nicht eingesehen werden konnten. Jeder Lehrer bestellte sich ein Paar Weißwürste und ein Weißbier. Um einhalbelf Uhr orderten sie das Gleiche noch einmal! Der eine Lehrer zog die mitgebrachte Zeitung heraus und begann zu lesen. Der andere Lehrer schaute vor allem den andersgeschlechtlichen Badegästen zu. Ab und zu unterbrachen sie ihre entspannende Tätigkeit und ratschten miteinander. Weil es aber ein Schultag war, so redeten sie pflichtgemäß über Schüler und Schule. Ab und zu schaute der „verantwortliche" Hauptlehrer auf die Uhr. Nach zweieinhalb Stunden Aufenthalt im Erlebnisbaderestaurant erhob sich ein Lehrer, trank sein Weißbier aus und forderte den anderen Lehrer auf, mit ihm in die Erlebnisbadeschwimmhalle zu gehen. Sah er einen seiner

Schüler so sagte er diesem: „Sag auch den anderen Schülern, dass wir uns in einer halben Stunden vor dem Ausgang treffen. Wer nicht pünktlich ist, der kann zu Fuß nach Hause laufen! (Scherz!)" Dann gingen beide Lehrer in das Erlebnisbaderestaurant zurück, bezahlten die Weißbiere und die Weißwürste und marschierten langsam zum Erlebnisbadausgang. wo sich schon die ersten Schüler versammelten.

Pünktlich um 12,30 Uhr traf der Bus mit zwei Lehrern und Schülern wieder vor dem Gymnasium ein und konnte um 13 Uhr den planmäßigen Schulbusverkehr wieder aufnehmen.

Da diese Art von Wandertagen sowohl bei den Lehrern, als auch bei den Schülern recht beliebt war, hatte die Schulleitung etwas dagegen. Ihr Argument: Es heißt Wandertag und nicht Schwimmtag!! Also musste man sich etwas einfallen lassen. Ein einheimischer Lehrer wusste, dass ca. 2,5 km vom Gymnasium entfernt, mitten im Wald, eine Wirtschaft lag. Es handelte sich um eine recht kleine Wirtschaft, eigentlich um eine größere Imbissbude mit Sitzgelegenheiten und Toiletten. Und diese Wirtschaft wurde nun, nachdem Wandern am Wandertag Vorschrift war, ein beliebtes Ziel. Der Lehrer bestellte seine Schüler auf 9 Uhr an den Eingang der Schule. Damit hatte er schon einmal eine Stunde gewonnen. Kurz nach 9 Uhr erschien der Lehrer und kontrollierte die Anwesenheit der Schüler. Um 9,15 Uhr begannen Lehrer und Schüler zu Wandern. Spätestens um 10 Uhr war das Wanderziel, die größere Imbissbude mit Toiletten, erreicht. Der Lehrer sagte den Schülern, dass man nun eine längere Rast hier macht. Die Schüler setzten sich irgendwo hin und verzehrten ihre mitgebrachten Brote und tranken ihre mitgebrachten Getränke. Die Lehrer ging in die kleine Wirtschaft, setzte sich an einen Tisch und bestellte sich ein Paar Wienerle und ein Bier. Nachdem er drei Paar Wienerle gegessen und drei Halbe Bier getrunken hatte schaute er auf die Uhr. Es war bereits 11,30 Uhr. Er bezahlte und gingen nach draußen, wo sene Schüler herumlungerten. Der Lehrer sagte zu den Schülern seiner Klasse: „In 10 Minuten ist Abmarsch, bitte sagt es weiter!" Die meisten Schüler waren überglücklich, dass die lange Zeit des Rastens bald vorbei war. Um 11,45 Uhr trat die Klasse ihre Rückwanderung an. Als man nach 20 Minuten die ersten Häuser des Städtleins erreichte, kamen schon die ersten Schüler zum Lehrer mit der Frage: „Kann ich von hier aus gleich nach Hause gehen? Ich wohne gleich hier um die Ecke!" Der Lehrer ließ alle Schüler um sich scharen. Dann verkündete er: „Findet von hier aus jeder nach Hause oder zu seiner Bushaltestelle?" Alle Schüler bejahten. Dann fuhr er im wichtigtuerischem Tonfall fort: „Hiermit beende ich den Wandertag. Ihr könnt nun machen, was ihr wollt, ihr seid aber ab jetzt nicht mehr durch die Gemeindeunfall-versicherung versichert!" Schnell schob er hinterher: „Es ist vielleicht nicht ratsam, dass ihr unbedingt noch zum Gymnasium zurück geht und dem Direktor über den Weg lauft und dieser euch fragt, warum ihr schon vom Wandertag zurück seid. Wenn jemand also unbedingt noch zum Gymnasium muss, so achte er darauf, dass ihn niemand von der Schulleitung dort sieht, sonst wandern wir beim nächsten Wandertag so richtig, auch noch am Nachmittag und das will doch niemand, oder!" Die Schüler nickten verständnis- und verschwörungsvoll. Dann zerstreuten sich die Schüler und der Lehrer schlich sich auf den Lehrerparkplatz des Gymnasiums. Ja nicht dem Schuldirektor begegnen, dachte er, sonst werde ich noch von diesem gefragt, warum der Wandertag schon zu Ende ist. Allerdings erwies sich seine Vorsicht als überflüssig. Als er um die Ecke zum Lehrerparkplatz bog sah er, dass sich viele Lehrer auf den Parkplatz „schlichen", rasch in ihr Auto setzten, um dem Schulleiter nicht zu begegnen und gefragt zu werden, warum man schon den Wandertag beendet hat.

Schullandheim

Am Ende der 5. Klasse war das „Schullandheim" angesagt. Eine Schulklasse fuhr mit drei Lehrern für eine Woche in ein Landschulheim oder eine Jugendherberge. Pädagogisch wurde dies so begründet: Die Schüler, die nun fast ein Jahr lang neu auf dem Gymnasium waren, sollen sich besser kennen lernen. Diese Begründung ist natürlich schwach. Nach dieser Begründung hätte man das Schullandheim schon zu Beginn der 5. Klasse veranstalten müssen. Aber es geht auf dem Gymnasium nicht immer um eine sinnvolles Tun, sonders nur um überhaupt eine Begründung.

Das ist besonders augenfällig bei den mündlichen Noten. Beispiel: Ein Schüler wird vom Lehrer über den Stoff der letzten Stunde ausgefragt und dann benotet. Der Schüler ist mit der Note nicht zufrieden. Nun muss der Lehrer nicht begründen, wie er zu dieser Note kam. Es genügt, dass er das Datum weiß, wann er diese Note machte. Nicht was der Schüler antwortete, sondern wann er antwortete ist als Begründung der Note entscheidend.

Doch zurück zum Schullandheim. Als Lehrer Schüler ins Schullandheim zu begleiten und zu beaufsichtigen kam einer Strafexpedition gleich. Dementsprechend nahmen teil bzw. wurden aufgefordert teilzunehmen neue und junge Lehrer und Religionslehrer und Musiklehrer und Sportlehrer. Den Religions-, Musik-, und Sportlehrer wurde täglich indirekt angedeutet, dass ihre Fächer und damit auch sie eigentlich überflüssig sind. Eine richtige, gute Schule benötigt weder guten Religions- noch guten Musik-, noch guten Sportunterricht. Und überhaupt wegen Religion, Musik und Sport fällt kein Schüler durch, die Noten in diesen Fächern sind also überflüssig und ein Theologie-, Musik- und Sportstudium kann sich sowieso nicht mit anderen Studiengängen messen. Wenn sie einmal eine Wochen keinen

Unterricht halten, weil sie im Schullandheim sind, dann macht das nichts. So dachte auch die Schulleitung.

Fast jeder Schullandheimaufenthalt lief in etwa so ab, wie hier an einem Beispiel geschildert. Es reisten drei Lehrer mit einer Klasse in eine Jugendherberge. Die eine war eine neue Lehrerin. Sie unterrichtete Sport und Englisch. Dann waren noch ein etwas älterer Musiklehrer und dann der Klassenlehrer, der Mathematik unterrichtete, dabei. Ihm oblag die Gesamtorganisation. Am ersten Abend im Schullandheim sagte er zur Sportlehrerin: „Liebe junge Kollegin, wir – dabei meinte er sich und den Musiklehrer - müssen für den nächsten Tag noch eine Stadtralley vorbereiten, pass' doch heute Abend auf die Klasse auf!" Dann verließen er und der Musiklehrer fröhlich die Jugendherberge und zogen in die Stadt. Dort kehrten sie in eine Wirtschaft ein und tranken solange Bier bis sie annehmen konnten, dass die Schüler auf ihren Zimmer waren und schliefen und die Sportlehrerin auch schon schlief. Als sie schließlich in die Jugendherberge zurück kehrten waren die Schüler gerade beim Einschlafen, nachdem die Lehrerin versucht hatte, sie zu bändigen. Am nächsten Abend sagte der Klassenlehrer zur Sportlehrerin: „Liebe junge Kollegin, wir sind im Schullandheim. Ich lege die Betonung auf ‚Schule'. Ich nehme doch an, dass sie die Schüler heute Abend unterrichten wollen!" Die junge Kollegin sagte ja und der Klassenlehrer ging wieder mit dem Musiklehrer in eine Wirtschaft und sie tranken und waren froher Dinge. Als sie in die Jugendherberge zurück kamen schlief schon alles. Am darauf folgenden Tag fragte der Klassenlehrer die junge Sportlehrerin scheinheilig, ob gestern Abend alles geklappt hat? Diese antwortete mit „Ja", was wahrscheinlich nicht stimmte. Daraufhin meinte der Klassenlehrer: „Liebe junge Kollegin, da es bei Ihnen so gut geklappt hat, so sollten Sie auch heute Abend wieder unterrichten, um den Stoff zu festigen!" Die junge Lehrerin nickte mit dem Kopf und der

Klassen- und der Musiklehrer machten sich auch an diesem Abend auf den Weg in eine Wirtschaft. Sie kehrten allerdings diesmal früher als an den Vortagen in die Jugendherberge zurück. Die Sportlehrerin erteilte immer noch den Schülern Englischunterricht. Fassungslos standen die beiden Lehrer da. Was wird das einmal für eine Lehrerin? Hat die überhaupt kein Mitleid mit den Schülern? Die Schüler wollen doch im Schullandheim Gaudi und Erlebnisse und keinen Unterricht? Hat die überhaupt kein Verständnis für Kinder? Der Klassenlehrer ging auf die unterrichtende Lehrerin zu und unterbrach ihren Unterricht. Er stellt sich vor die Lehrerin und rief etwas betrunken den Schülern zu: „So, das war's, ab ins Bett!" Als die Schüler den Raum verlassen hatten, um sich auf ihre doppelstöckigen Betten zurück zu ziehen und dort endlich Blödsinn machen zu können setzten sich die drei Lehrer an einen langen Tisch in dem hallenden, großen Esszimmer der Jugendherberge. Der Musiklehrer hatte vorsichtshalber einige Flaschen Bier organisiert. Der Klassen- und der Musiklehrer wurden jedoch auch nach einigen „Halben" mit der Sportlehrerin nicht warm. „So, jetzt sollten sie dafür sorgen, dass die Schüler auf ihren Zimmern Ruhe geben", sagte der Klassenlehrer zur Sportlehrerin. Diese erhob sich stolz, als wäre dieser Auftrag eine Ehre, eine Auszeichnung an ihr pädagogisches Können, und verließ den Speisesaal. Sie ging aufrecht und ihre Schuhe hallten durch den ganzen Saal. Als sie durch die Türe gegangen war, schütteten die beiden Lehrer weiter das Bier in sich hinein. Nach einer knappen Stunde kam die Lehrerin zurück. Die beiden Lehrer mussten sich nun zusammen nehmen, um nicht zu lallen. Sie meldete, dass es in den Schlafräumen der Schüler ruhig ist, nachdem sie angedroht hatte, dass sie, wenn es nicht augenblicklich ruhig wird, nach dem Schullandheim eine Stegreifarbeit schreiben und auch streng ausfragen wird. „Und das hat gewirkt?" fragte der Musiklehrer ungläubig.

„Nun setzen sie sich etwas zu uns und trinken ein Bier, sie haben es sich verdient!" meinte der Klassenlehrer kollegial. Allein die Lehrerin meinte, sie müsse jetzt unverzüglich ins Bett gehen, denn morgen ist wieder ein harter Tag.

Diese Lehrerin änderte sich im Verlaufe ihres Lehrerlebens nicht. Bei den Schülern hatte sie den Ruf, streng aber gerecht zu sein und dass man bei ihr etwas lernt. In den Augen des Klassen- und des Musiklehrers war sie leicht pervers. Ab ihren Wechseljahren erlaubte sie sich einen älteren Lehrer als Freund. Er war Altphilologe. Um ihr Lebensziel, Studiendirektorin zu sein, zu erreichen, wechselte sie gar auf ein Gymnasium wo eine Funktionsstelle frei wurde. Zurück blieb ein alter, lediger Altphilologe und ein Kollegium das diesen Stellenwechsel so kommentierte: „Die armen Schüler des anderen Gymnasiums!". Sie schaffte dort recht bald den Aufstieg zu A 15. Als sie pensioniert wurde meinten fast alle Schüler und Lehrer: „Sie war zwar unbeliebt, aber streng und gerecht und man hat bei ihr etwas gelernt!" Sie sah auf einen, für sie erfolgreichen Lebensabschnitt zurück und in einen unbestimmten Lebensabschnitt voraus. Was sollte sie nun tun? Sie hatte keine Hobbies, denn ihr einziges Hobby war die Schule. Sie hatte fast keine Freunde, denn zu richtigen Freundschaften hatte sie nie Zeit. Ihre Eltern waren schon gestorben und sie war ein Einzelkind. Ihr Altphilologe war dement. Sie bedauerte aber nie, dass sie nur ein Lehrerleben und keine menschliches Leben geführt hatte. Immerhin hatte sie es bis A 15 gebracht.

Effektives Arbeiten, sinnlose Nachmittage, Konferenzen, Elternsprechstunde, Ferien

Effektives Arbeiten

Es gibt wenige Lehrer welche zugeben, nicht besonders fleißig zu sein. Es gibt viele Lehrer welche meinen, besonders fleißig zu sein. Es gibt einige Lehrer welche sich keine Gedanken darüber machen. Die meisten Lehrer sind fleißig aber furchtbar umständlich. Ihre Leistung stimmt nicht, denn Leistung = Arbeit : Zeit. Wenn man also viel Zeit für eine Arbeit benötigt, dann ist die Leistung recht gering.

Ich hatte früher, als ich schon Lehrer war, öfter in einem Büro zu tun. Büro und Schule waren für mich zwei ganz unterschiedliche Welten.

Einen Telefonhörer hatte der Büroarbeiter in der Hand, den anderen eingeklemmt zwischen Kopf und Schulter. Im Mund steckte sein Bleistift. „Ja, das wird gerade bearbeitet!" „Wann bringt denn die Sekretärin endlich die Unterlagen?" „Wir treffen uns dann heute Abend beim Arbeitsessen." So ging das dauernd im Büro zu. Ich könnte dies als Lehrer nicht einen einzigen Tag aushalten, dachte ich mir.

Welcher Kontrast zum Durchschbnittslehrer: Es ist 7,55 Uhr im Lehrerzimmer. Es läutet. In fünf Minuten beginnt der Unterricht. Einige Lehrer schenken sich noch rasch eine Tasse Kaffee ein. Heute früh fiel das Aufstehen wieder besonders schwer und so musste zu Hause das Frühstück ausfallen, deshalb gönnt man sich wenigsten noch eine Tasse Kaffee in der Schule. Ein Lehrer betrit froh gelaunt das Lehrerzimmer und setzt sich, obwohl er doch in drei Minuten in seiner Klasse den Unterricht beginnen soll. Einen kleinen Stau gehabt! Die meisten Lehrer unterbrechen ihre Gespräche und stehen auf. Einige schauen nochmals in ihre Tasche, ob sie die erforderlichen Unterlagen dabei haben. Es ist 8 Uhr. Es läutet wieder. Der Unterricht beginnt – sollte beginnen. Die meisten Lehrer verlassen das Lehrerzimmer. Sie gehen zu ihren Klassen. In dem weitläufigen Gymnasium kann es dauern, bis sie ihre Klassenzimmer erreichen. „Kommst du am Zimmer der Klasse 6b vorbei?" fragt ein Lehrer seinen, an ihm vorbei eilenden Kollegen. Dieser nickt. „Sag den Schülern doch, dass ich etwas verspätet kommen werde, ich muss nur noch etwas kopieren, sie sollen ruhig sein!" Dieser nickt wieder. Es ist sieben Minuten nach 8 Uhr. Mit Ausnahme des kopierenden Kollegen sind die Lehrer in ihren Klassen und unterrichten. Es ist 8,41 Uhr. Die Lehrer, welche in der nächsten Stunde frei haben, packen ihre Sachen wieder in ihre Mappe und beenden ihren Unterricht. Sie wollen zu den Ersten im Lehrerzimmer gehören, um am Kaffeetisch noch einen Platz und Kaffee zu bekommen. Die anderen Lehrer, welche in der folgenden Stunde Unterricht haben, unterrichten noch. Es ist 8,45 Uhr. Es läutet. Die erste Stunde ist aus. Der eine Lehrer, erläutert noch kurz die gestellte Hausaufgabe, der andere Lehrer unterhält sich noch mit einem Schüler. Um 8,50 Uhr haben die meisten Lehrer das Klassenzimmer, wo sie in der ersten Stunde unterrichteten, verlassen und gehen zum Klassenzimmer, wo sie in der zweiten Stunde unterrichten sollen. Auf dem Weg treffen sich einige Kollegen.

„Ich komme gerade aus der Klasse 10d, wie macht sich denn bei dir die Schülerin Sabine?"

„Wenn die so gut in ihren schulischen Leistungen wäre, wie sie ausschaut, dann hätte ich nicht zu klagen!"

„Also ich lasse sie heuer durchfallen! Da brauche ich aber bald viele Noten. Wenn die im zweiten Halbjahr Nachhilfe nimmt, dann muss der 5er schon sicher sein!"

„Du brauchst dich nicht anstrengen, ich kann auch einen 5er beisteuern!"

Es ist 8,57 Uhr. Es ist wieder ruhig in den Schulhausgängen. Ein einziger Lehrer sitzt korrigierend im Silentium-Raum. Viele Lehrer unterrichten. Einige sitzen im Lehrerzimmer und ratschen kaffeetrinkend miteinander. Dabei redet man über Gott, die Welt, Schüler, das Kultusministerium, den Chef, Kollegen und das Wetter. Diese Gespräche im Lehrerzimmer finden in einer so konzentrierten Atmosphäre statt, dass diese Lehrer von sich und den anderen den Eindruck haben, dass sie arbeiten, dass die Freistunden für sie eigentlich Arbeitsstunden sind.

Ein „normaler" Lehrer unterrichte Schüler 21 Stunden pro Woche (es sind eigentlich 21 Dreiviertelstunden). Hinzu kommen noch zwei Pausenaufsichten pro Woche (die dauern, wenn man den Weg in die Pausenhalle und zurück abzieht, je 10 Minuten). Dazu kommen noch 10 Freistunden, in denen er im Lehrerzimmer kaffeetrinkend über Gott und die Welt palavere (das heißt man dann „pädagogisches Gespräch"). Hinzu kommen dann noch am Abend zu Hause täglich mehrstündige Vorbereitungen und Korrekturen. Ein Lehrer, der gut hochrechnen kann, kommt so in der Woche locker auf 70 bis 80 Arbeitsstunden. Ich habe einmal meine Stunden minutiös aufgeschrieben und bin in der Woche auf höchstens 30 Stunden gekommen! Aber das war einmal. Heute, so habe ich mir sagen lassen, kommen noch viele Nachmittagskonferenzen hinzu.

Doch zurück zur Schule:

12,45 Uhr: Die ersten Klassenzimmertüren öffnen sich und die Schüler verlassen die Klasse und anschließend das Schulhaus. Die geleerten Klassen werden sofort von ausländischen Reinigungskräften besetzt.

12,50Uhr: Weiter Klassenzimmertüren öffnen sich und wieder wird das Zimmer sofort gereinigt.

12,55 Uhr: Zwei Klassenzimmertüren öffnen sich. Je ein junger Lehrer und die Schüler verlassen den Raum und dann das Schulhaus.

13.00 Uhr: Der Gong verkündet wortlos, dass der Vormittagsunterricht aus ist. Drei Klassenzimmertüren öffnen sich noch. Je ein Referendar und die Schüler verlassen den Raum und dann das Schulhaus.

In der Zwischenzeit haben sich die allermeisten Lehrer im Lehrerzimmer versammelt. Nur vier Lehrer, welche zuhause Frau mit Kindern am Mittagstisch sitzend wissen, verlassen sofort die Schule. Die meisten Lehrer gehen ins Lehrerzimmer und quatschen über Gott und die Welt – pardon, sie führen „pädagogische Gespräche" und bereiten sich mental den Unterricht nach!

Vom Zeugnisnotenmachen

Damit sich die Notenkonferenzen nicht zu sehr in die Länge ziehen ist es erwünscht, dass der Klassenleiter die Noten mit den Fachlehrern abspricht. Das ist im Allgemeinen kein Problem. Schwierig wird es bei Schülern, welche in mindestens zwei Fächern rein rechnerisch Noten zwischen 4,3 und 4,7 haben. Meistens beginnt dann ein Tauschhandel. Da gibt es den einen Lehrer, dem es eine große Befriedigung ist, wenn ein Schüler durchfällt. Wenn der darauf besteht, dass ein Schüler mit einem Notendurchschnitt von 4,52 bei ihm eine Fünf im Zeugnis bekommt, dann kann der Schüler nur hoffen, dass dies Lehrer nicht auf einen gleichgesinnten Lehrer trifft, bei dem der Schüler auch einen Notendurchschnitt von 4,52 hat. Stößt er auf einen gegengesinnten, schülerliebenden Lehrer, so wird dieser sagen. „O.k. ich frage den Schüler noch einmal aus!" In diesem Satz steckt dann schon unausgesprochen die zu erwartende Ausfragenote 2 und der

Schüler bekommt dann rechnerisch die Durchschnittsnote 4,48 und damit die Zeugnisnote 4 und alles ist im Butter. Der Schüler und seine Eltern freuen sich, dass das Klassenziel doch noch erreicht wurde und die Lehrer haben mit keinem „ernsthaften" Gespräch mit den Eltern oder gegebenenfalls mit dem Rechtsanwalt der Eltern zu rechnen. Wie gesagt, so kann es laufen und so läuft es auch meistens. Wie ist es jedoch, wenn zwei Lehrer in einer Klasse die Schüler gern durchfallen sehen? Dann kann es sein, dass ein Schüler durchfällt, der in zwei Fächern die Durchschnittsnote 4,51 hat und im Zeugnis dann zwei Fünfer stehen. Es gibt aber auch die Konstellation, dass ein Schüler lauter softe Lehrer hat und dann das Klassenziel ohne einen Fünfer erreicht, obwohl er rechnerisch in vier Fächern die Durchschnittsnote 4,51 hatte.

Notenkonferenz

Im Februar und im Juli erhalten die Schüler Zeugnisse, im Februar das Zwischen- und im Juli das Jahreszeugnis. Einige Tag vorher tragen alle Lehrer in die Notenlisten ihre Noten ein und versuchen auch etwas in die Rubrik „Betragen" und „Fleiß" zu schreiben. Diese Listen überprüft der Klassenleiter, denn oft stellt sich heraus, dass manche Lehrer zu einfältig sind, um einen Notendurchschnitt richtig mit dem Taschenrechner auszurechnen oder um richtig zu „runden". Das Hauptproblem ist jedoch die fristgerechte Erledigung dieser Aufgaben. Beim Jahreszeugnis haben die Lehrer fast ein ganzes Jahr Zeit, um von allen Schülern, die sie unterrichten, eine vorgeschriebene Anzahl von Noten zu machen und es sind in der Schulordnung nur eine geringe Anzahl an Einzelnoten vorgeschrieben. Man glaubt es nun nicht und ein Mensch, der in der freien Wirtschaft arbeitet, kann es nicht nachvollziehen, dass es Lehrer gibt, die nach fast einem Jahr noch nicht die vorgeschriebene geringe Anzahl an Noten beisammen haben. Dabei sind die auch noch umständlich, ich möchte fast sagen „blöd". Angenommen, ein Lehrer muss in einem Jahr von einem Schüler sechs mündliche Noten haben. Der Lehrer hat jedoch nur fünf mündliche Noten und der Durchschnitt aus diesen fünf Noten ergibt 3,1. Dann überlege ich mir halt noch, ob ich nicht noch einen 3er als Unterrichtsbeitrag in Erinnerung habe. Und selbst wenn er in einem Unterrichtsbeitrag noch einen 5er bekommen würde, käme er immer noch auf einen Durchschnitt von 3,4! Ob er nun 3,1 oder 3,4 hat, gerundet ist die Note ein 3er! Den Schülern ist es gleichgültig, ob sie als Durchschnittsnote eine 3,9 oder eine 4,3 haben, hauptsächlich im Jahreszeugnis steht eine „ausreichend". Es gibt hingegen Lehrer, die sich nächtelanges Kopfzerbrechen machen, ob sie einem Schüler in den Notenbogen 3,9 oder 4,3 eintragen sollen.

„Häufig" – „Nicht immer", über Zeugnisbemerkungen

Die Zwischenzeugnisse waren schon „im Computer". Nun musste in der Klassensitzung noch über die Zeugnis-bemerkungen geredet bzw. abgestimmt werden. Das ist im Normalfall kein Problem bzw. keine Diskussion wert. Der Klassenlehrer schlägt der Klassenkonferenz Bemerkungen vor und diese genehmigt sie, im Allgemeinen diskussionslos. Warum hier Gehirnschmalz verschwenden, wenn die Eltern die Zeugnisbemerkungen doch nicht verstehen? Einmal kamen Eltern zu mir in die Sprechstunde. Sie hatten einen so frechen Sohn, wie ich noch nie einen solchen unterrichtete. Und andere Lehrer berichteten mir das gleiche. Die Eltern eröffneten das Gespräch: „Nun, das ist ja doch recht erfreulich; in der Zeugnisbemerkung steht ja, dass sich unser Sohn meinst ordentlich benimmt. Das klingt gut!" „Meine liebe Eltern", erwiderte ich, „das ist die schlechteste Bemerkung, die es im Computer gibt! Für eine schlechtere gibt es im Computer keine Vorlage und ich hätte sie selber eintippen müssen!" Soviel zum Unverständnis der Zeugnisbemerkungen durch die Eltern.

Die Lehrer einer Klasse saßen, müde vom Mittagessen und transpirierend in einem überheizten Zimmer. Es waren immer nur die Lehrer der Klasse anwesend, über die gerade „gesessen" und debattiert wurde. Alles verlief zügig. Den wenigen weniger intelligenten Schülern, denen ihre Eltern keinen Nachhilfeunterricht finanzieren wollten oder konnten, wurde mitgeteilt, dass die Versetzung am Ende des Schuljahres gefährdet sei. Über die anderen wurde nicht geredet. Für diese Sitzung waren 20 Minuten eingeplant.

Eine typische Klassensitzung: Es sind 16 Minuten vergangen und die Sitzung ist eigentlich zu Ende. Man hat über alle potentiellen Durchfaller gesprochen. Eigentlich - denn die Schulleiterin, die zugleich Sitzungsvorsitzende ist, hat noch ein schwerwiegendes Bedenken: Die Schulleiterin, welche in dieser Klasse gar nicht unterrichtet, spricht mit engagierter Stimme: „Herr Klassleiter, sie haben bei der Bemerkung des Schülers XY geschrieben: „Er verhielt sich nicht immer einwandfrei", wäre es nicht besser zu schreiben, dass er sich häufig nicht einwandfrei verhält?" – Der Klassleiter hatte die Zwischenzeugnisse schon fertig und die Schulleiterin hatte sie schon unterschrieben. Nun sieht er sich wieder vor dem Computer – zuerst den Computer hochfahren – dann das Passwort nachschauen – wo finde ich das schon wieder – damit er in das Zeugnisprogramm kommt – dann die Bemerkung ändern, dann das geänderte Zeugnis ausdrucken – dann das neu ausgedruckte Zeugnis unterschreiben und das alte Zeugnis vernichten – dann mit dem neu unterschriebenen Zeugnis ins Sekretariat gehen und die Sekretärin bitten, sie möge nachschauen, ob die Schulleiterin nicht gerade Zeit hat – dann warten, bis die Schulleiterin Zeit hat – dann zur Schulleiterin gehen und sie bitten, dass sie das „neue", ausgebesserte Zeugnis unterschreiben möge – dann warten, bis die Schulleiterin das ganze „neue" Zeugnis durchgelesen und unterschrieben hat – dann das „neue" Zeugnis zu den übrigen Zeugnisse einsortieren. Und das alles nur deshalb, weil die Schulleiterin will, dass in der Zeugnisbemerkung statt „nicht immer", „häufig" steht.

Zurück zur Klassensitzung:

Klassleiter: „Ich meine, ‚häufig' und ‚nicht immer' ist fast das Gleiche, auf jeden Fall ist der Unterschied nicht so groß, dass die Eltern des Schülers XY einen solchen Unterschied verstehen. Beide Eltern haben eh' nur Hauptschulabschluss!"

Der Lateinlehrer, ein Lehrer, welcher keine Klassleitung dieses Jahr hat und deshalb auch keine Zeugnisse schreiben muss und beim Ersten Staatsexamen so schlecht Noten bekam, dass er für den Posten eines Fachbetreuers nicht in Frage kommt, wirft ein: „Ich meine schon, dass ‚häufig' schärfer klingt als ‚nicht immer'. Typisch Schleimer, denkt sich der Klassleiter, der wird noch einmal auf der Schleimspur der Schulleiterin ausrutschen.

Der katholischer Religionslehrer, welcher den Schüler XY nicht im Unterricht hat, da XY evangelisch ist, wirft auch noch unaufgefordert ein: „Ja, ‚häufig' ist schärfer als ‚fast immer'!"

Der Klassleiter ist schon etwas aufgebracht. Er entgegnet dem Religionslehrer und meint damit die Schulleiterin: „Da sie keine germanistische Ausbildung haben, glaube ich, dass sie das nicht beurteilen können!"

Katholischer Religionslehrer: „Aber vom Gefühl her!"

Leichte Unruhe in der Sitzung.

Klassleiter: „Im Übrigen, jeder hat dem Schüler XY als Verhaltensnote einen Zweier oder einen Dreier gegeben und jetzt soll ich ins Zeugnis eine Bemerkung schreiben, welche einem Vierer entspricht."

Evangelischer Religionslehrer, welcher beim Schüler XY als Verhaltensnote einen Zweier vorgeschlagen hat, fühlt sich ob der Bemerkung des Klassleiters angegriffen. „Das eine hat doch mit dem anderen nichts zu tun! Bei mir verhält sich der Schüler XY ja einigermaßen anständig. Man muss aber doch berücksichtigen, was er sonst noch so alles treibt. Der hat doch sicher von anderen Lehrern – (die nicht so gut sind wie ich – denkt er sich) – einen Verweis bekommen. Also, das muss man doch auch berücksichtigen!"

Klassleiter: „Er hat einen Verweis bekommen und zwar von mir und dies hat mit seinem Verhalten nichts zu tun. Ich meine, die Verhaltensbemerkung ‚nicht immer‘ ist schon o.k."

Die Sitzungsteilnehmer diskutieren nun engagiert und immer heftiger über diese Zeugnisbemerkung. Jeder will sich vor der Schulleiterin profilieren, schließlich ist gerade „Beurteilungs-jahr". Sie vergessen dabei Zeit und Raum. Die veranschlagten 20 Minuten Sitzungsdauer sind schon längst überschritten. In diesem Zimmer sollte schon längst über eine andere Klasse diskutiert werden. Schließlich unterbricht die Schulleiterin das Durcheinandergerede, indem sie in die Versammlung schrill schreit: „Wir stimmen also darüber ab, ob ‚nicht immer‘ durch ‚häufig‘ ersetzt werden soll!". Enttäuschung, war dieses Thema doch so schön anspruchslos zum Diskutieren, jeder konnte mitreden.

„Wer ist für ‚häufig‘ an Stelle von ‚fast immer‘?" Alle heben die Hand, auch der Klassleiter, schließlich wird er ja auch beurteilt. Also wird das Zeugnis geändert. Schluss, aus, Ende einer typischen Klassensitzung.

Der Klasslehrer geht also in den Computerraum. Wie heißt schon wieder das Passwort um Zugang zum

Zeugnisprogramm der Schule zu erhalten? Wie lange braucht denn der Computer noch, bis er hochgefahren ist? Eingabe! Ausdruck des geänderten Zeugnisses. Die Druckerpartone ist leer! Gang zum Hausmeister. Der hat im Augenblick keine Zeit. Zeugnisänderung speichern! Computer herunterfahren. Am nächsten Tag Computer wieder hochfahren. Druck des geänderten Zeugnisses! Diesmal ist Toner in der Druckerpatrone! Das geänderte Zeugnis die Schulleiterin unterschreiben lassen, was seine Zeit braucht, sie wissen schon, Sekretärinnen lassen nicht jeden sofort zur Chefin vor. Also bittet der Klassleiter die Sekretärin, sie möge doch, wenn die Chefin einmal Zeit hat, ihr das Zeugnis zur Unterschrift vorlegen. Bei all diesem Stress vergisst der Klassleiter, das geänderte Zeugnis auszutauschen. Also legt die Sekretärin der Schulleiterin das versehentlich nicht geänderte Zeugnis des Schülers XY zur Unterschrift vor. Die Vorsitzende, zugleich Schulleiterin, muss über ein halbes Tausend Zeugnisse unterschreiben. Jedes liest sie aufmerksam durch und ihr fällt auch auf, dass das Zeugnis des Schülers XY immer noch die Bemerkung „nicht immer" hat. Erbost greift sie zu einem extra etwas zerknüllten Zettel, nimmt einen roten Stift und schreibt: „Lieber Kollege". Erschrocken streicht sie „lieber" durch und korrigiert „Sehr geehrter Herr Kollege, trotz Beschlusses der Klassenkonferenz vom … haben sie die Zeugnisbemerkung immer noch nicht geändert. Sie verstoßen damit gegen den Beschluss der Lehrerkonferenz vom … Ich bitte sie, umgehend die Zeugnisbemerkung zu ändern und mir das neu geschriebene Zeugnis zur Unterschrift vorzulegen!"

Am nächsten Tag findet der Klassleiter den zerknitterten Zettel in seinem Fach im Lehrerzimmer. Zuerst ärgert er sich über seine eigene Schludrigkeit, das Zeugnis versehentlich nicht ausgetauscht zu haben. Dann wundert er sich, dass die Chefin alle Zeugnisse anscheinend nicht nur unterschreibt, sondern vorher auch noch durchliest. Dann erinnert er sich, dass er schon so alt ist, dass ihm der „Anschiss" der Chefin eigentlich egal sein sollte!

Am nächsten Tag liegt das Protokoll der Klassensitzung, welches vom Klassenlehrer geschrieben und dann an die Vorsitzende weitergeleitet wurde, wieder in seinem Fach mit der Bemerkung, dass sich im Protokoll die – anscheinend hochinteressante, lange, äußerst wichtige – Diskussion über die Änderung der Zeugnisbemerkung des Schülers XY einschließlich Abstimmungsergebnis nicht findet. Also muss der Klasslehrer wieder in den Computerraum der Schule gehen, wieder den Computer hochfahren, das Passwort kennt er zwischenzeitlich auswendig, und das Protokoll wunschgemäß erweitern.

Eine Woche später: Der Schüler XY zeigt sein Zeugnis seinen Eltern. Sie überfliegen die „Bemerkungen" und, da sie als Zugewanderte nicht so recht die deutsche Sprache verstehen, interessieren sie nur die Noten in Form von Zahlen.

Kurzkonferenzen

Im Allgemeinen haben Chefs Konferenzen gern, schon deshalb, weil dann alle Lehrer auch am Nachmittag in der Schule sein müssen. Besonders ärgerlich sind außerordentliche Nachmittagskonferenzen für Lehrerinnen mit Kleinkindern. Sie müssen dann für ihre Kleinkinder eine Nachmittagsbetreuung organisieren oder, was zu meiner Zeit immer häufiger der Fall wurde, die Kleinkinder mit in die Konferenz bringen.

Die Schulleiter bereiten sich minutiös auf Konferenzen vor und schreiben das Protokoll schon vorher. Der Protokollant muss dann während der Konferenz das Protokoll nur noch mitlesen und unterschreiben. Sollte einmal während einer

Konferenz ein anderes Abstimmungsergebnis heraus kommen, wie im schon geschriebenen Protokoll steht, dann muss es der Protokollant natürlich auch korrigieren. Aber meistens sind die Abstimmungsergebnisse im Voraus schon klar. Bei Personalentscheidungen gilt dann der Zusatz: „mit Enthaltung des Betroffenen!"

Es gibt aber auch Konferenzen, welche während einer Pause stattfinden müssen, weil es eilt und eine reguläre Konferenz eine Woche vorher angekündigt werden muss. Das sind die schönsten Konferenzen:

Die Konferenz ist auf 9,30 Uhr angekündigt. Von 9,30 Uhr bis 9,40 Uhr ist nämlich Pause: Es ist 9,30 Uhr und es läutet. Die zweite Schulstunde ist beendet und die Schüler eilen in die Pause bzw. an den Kiosk. Die meisten Lehrer packen im Klassenzimmer gemütlich ihre Sachen zusammen. Dann machen sie noch einen Umweg über den Kiosk, wo sie bevorzugt bedient werden. Unterwegs tauschen sie sich mit ebenfalls schlendernden Kollegen ausgiebig pädagogisch aus. Die ersten Lehrer erreichen um 9,37 Uhr das Lehrerzimmer, welches heute auch Konferenzraum ist. Der schon anwesende Chef zählt verzweifelt jeden eintretenden Lehrer. Sobald die notwendige Anzahl an Lehrern im Lehrerzimmer versammelt ist, um beschlussfähig zu sein, beginnt die Konferenz. Das ist meistens um 9,39 Uhr. Die Konferenz beginnt. Es ist 9,40 Uhr: Es läutet wieder. Die Pause ist zu Ende und in fünf Minuten sollte der Unterricht der dritten Schulstunde beginnen. Immer noch trudeln Lehrer im Lehrerzimmer ein und die Konferenz geht weiter. Es gibt noch einige im fertigen Protokoll nicht vorgesehene Wortmeldungen. Es ist 9,45 Uhr. Die dritte Unterrichtsstunde sollte beginnen. Die Lehrer diskutieren noch im Lehrerzimmer. 9,50 Uhr. Immer noch Konferenz. .....9.55 Uhr. Der Chef sagt zu den versammelten, eifrig diskutierenden Lehrern: „Das Thema ist anscheinend umfangreicher als angenommen. Um jeder Meldung gerecht zu werden, führen wir die Diskussion um 13 Uhr (Ende des Vormittagsunterrichts) weiter". Es meldet sich kein Lehrer mehr. Der Chef kann sofort abstimmen lassen. Es braucht keine Konferenzfortsetzung mehr. 10,05 Uhr: Die meisten Lehrer eilen betont langsam ihren Klassenzimmern zu. Einige Lehrer schimpfen. Gerade in dieser Stunde wollten sie eine Stegreifaufgabe schreiben. Die darf zwar nicht länger als 20 Minuten dauern, aber da hat man so seine Tricks.

Klassenkonferenz

Donnerstag. An diesem Tag findet an unserem Gymnasium kein Nachmittagsunterricht statt. An diesem Tag gibt es deshalb häufig, ab 14 Uhr, Konferenzen.

An einem Donnerstagnachmittag ist also die Konferenz der Klasse XY. Sie ist schon eine Woche lang angekündigt. Es verspricht aufregend zu werden: Drei sichere und zwei potentielle Durchfaller stehen zur Diskussion. Bei den drei „Hauptdarstellern" wird es viel zu erzählen geben und der Klatschtrieb der Lehrer wird einen neuen Höhepunkt erreichen. Eine Lehrerin wird sogar fürsorglich eine Tasse Kaffee mitbringen, um konzentriert der Diskussion folgen und eventuell auch daran teilnehmen zu können. Schade, dass man bei solchen Konferenzen nicht mehr rauchen darf, denkt sich ein Lehrer, dann könnte man sich noch intensiver über die Schüler bzw. deren familiäre Verhältnisse unterhalten.

Die Sitzung beginnt. Der jüngsten Lehrer wird zum Protokollanten ernannt. Das scheint sinnvoll, denn er kann und soll am wenigsten zur Diskussion beitragen, hat also Zeit zum Schreiben. In das Protokoll sind die Zeit des Beginns und der Ort der Konferenz einzutragen, sowie die Anwesenheit der Lehrer festzuhalten. Alle vollzählig, keiner hat sich mit einer schlechten Ausrede gedrückt.

Der Klassenleiter beginnt: „Da hätten wir einmal den Max Bauer. Er fällt durch wegen Englisch 5, Mathematik 5. Ich möchte jetzt vom Englisch- und Mathematiklehrer die Gründe des Versagens wissen!"

Englischlehrer: „Große Lücken aus dem Vorjahr und mangelnder Einsatz!"

Mathematiklehrer: „Mangelnder Einsatz und große Lücken aus den letzten Jahren!"

Klassenleiter: „Das genügt wohl, zwei Fünfer, durchgefallen! Kommen wir zum nächsten Durchfaller!"

Enttäuscht von der Kürze ruft die Religionslehrerin aufgeregt dazwischen: „Ich meine, hier sollte man schon auch die familiären Verhältnisse ansprechen. Die Eltern leben in Scheidung und wie mir meine Nachbarin, welche mit der Mutter des Schülers die Hausfrauengymnastik besucht, erzählt hat, muss der Vater sich nicht um den Schüler kümmern. Jedenfalls meint meine Nachbarin, dass er sich nicht um seine Frau kümmert und da kann ich mir gut vorstellen, dass er sich auch nicht um seinen Sohn kümmert."

Der übergewichtige, geschiedene Deutschlehrer ruft dialektsprechend dazwischen: „Gibt's dau Probleme im Bett?" Gelächter.

Sofort beginnen die Lehrer untereinander auf durchaus witzige Art und Weise zu erklären, wie sich solche Bettgeschichten von Eltern auf die Noten von ihren Kindern auswirken können. Die eine Lehrerin nimmt einen großen Schluck aus ihrer Kaffeetasse. Sie findet das alles hochinteressant. Ein solcher Zusammenhang wurde noch nie diskutiert.

Die Konferenzvorsitzende, Vizechefin des Gymnasiums, unverheiratet und im Bett unbewandert bzw. unbeschlafen, ruft dazwischen: „Etwas mehr Ruhe, sonst sitzen wir ja morgen noch hier!"

Also kommen die Konferenzteilnehmer wieder zum Thema: Sind die ehelichen Probleme relevant für die schulischen Leistungen eines Schülers, dem das Durchfallen droht? Ein älterer Lehrer schaut, während er mit seinem Beitrag beginnt, gelangweilt auf seine Uhr und meint, dass der Bauer Max durchgefallen ist und man solle über den nächsten Durchfalle sprechen. Typisch, denken sich die meisten Anwesenden. Der kümmert sich überhaupt nicht um den Durchfaller sondern zeigt nur Interesse an seiner baldigen Pensionierung. Bei dem gibt es nur Durchfaller und Nichtdurchfaller. Die Gründe hierfür sind ihm egal, dabei versprechen sie doch so interessant zu sein, wie dieser Fall zeigt.

„Also", ruft die Vizechefin in das Lehrergemurmel, „lassen wir ihn durchfallen und überlegen uns, was wir den Eltern für die Zukunft ihres Kindes empfehlen sollen!"

Damit ist man wieder beim Thema. Sehr gut, denken die meisten Lehrer, es gibt weiter Neues zu erfahren. Die kaffeetrinkende Lehrerin wendet sich an die Lehrerin, welche die Nachbarin, welche mit der Mutter des Max Bauer die Gymnastikgruppe besucht, befreundet ist und fragt wissbegierig: „Wie gibt sich denn die Mutter des zur Diskussion stehenden Schülers bei der Hausfrauengymnastik? Antwort: „Darüber haben wir noch nicht geredet, aber meine Nachbarin meinte einmal, oder ich habe es jedenfalls so aufgefasst, dass sie bei einer Gymnastikübung recht verkrampft wirkt."

Zwischenruf: „Dia isch halt o nimma dia Jüngste."

Gelächter.

Ermahnung durch die Vizechefin: „Reisen sie sich zusammen."

Alle setzen wieder eine pädagogisch einwandfreie Miene auf und die kaffeetrinkende Lehrerin fährt fort: „Also, ich kenne auch eine Frau, welche auch beim Frauenschwimmen jeden Montagnachmittag etwas verkrampft wirkt, das ist aber auf Grund ihrer Hüftoperation, andererseits kann das natürlich schon damit zusammen hängen."

Antwort der Lehrerin, welche mit der Nachbarin der gymnastiktreibenden Mutter des Bauer Max befreundet ist: „Nun, ich sehe hier mindestens einen inneren ehelichen Zusammenhang. Um wieder auf die Zukunft des Schülers zu sprechen zu kommen: Ich gehe davon aus, dass hier in der Ehe mehreres nicht stimmt, wieso würde Sie sonst in die Gymnastik gehen und hier so verkrampft wirken? Ich denke mir, dass sich die beiden wohl bald scheiden lassen und das würde dann den durchfallenden Schüler seelisch doch schwer belasten. Ich meine, man sollte dem Kind empfehlen, dass er die Klasse wiederholt. Vielleicht wird bald die Ehe geschieden und dann wäre wohl auch das Problem gelöst, denn der Schüler ist ja nicht dumm. Wenn dann der Vater wieder eine neue Frau hat oder die Mutter einen neuen Mann, so dass das Kinde zu Hause wieder normale Zustände vorfindet, dann wird der Sohn das nächste Schuljahr schon schaffen."

Klassenleiter: „Nach dieser Argumentation könnte man den Schüler auch auf Probe vorrücken lassen!"

Bevor der Klassenleiter ausgeredet hat, ruft eine Lehrerin, fasziniert vom Stichwort „Scheidung", dazwischen: „Ja ist denn zu erwarten, dass es hier zu einer Scheidung kommt? Hat man schon einmal eine andere Frau in der Nähe des Vaters des Max Bauer gesehen?"

Der alte, dialektsprechende Lehrer. „Was interssiert denn di des? Haschd du vielleicht am Vaddr a Interesse?"

Gelächter.

Vizechefin: „So kommen wir nicht weiter, ich schlage vor, darüber abzustimmen, also Hand hoch!".

Der Protokollführer fällt ein: „Über was wird denn gerade abgestimmt?"

Vizechefin stottert: „Also ob der Schüler durchfällt!"

Ein Lehrer: „Das haben wir doch schon beschlossen. Da müssen wir doch zuerst den vorigen Beschluss per Abstimmung aufheben!"

Ein anderer Lehrer: „Mit zwei Fünfer fällt man auf jeden Fall durch, da braucht man nichts zu beschließen!"

Die Vizechefin fühlt ihre Autorität angegriffen. Sie streicht vorsichtig über ihre Dauerwelle, setzt sich noch aufrechter in ihren Stuhl, räuspert etwas, hüstelt und spricht dann leise, was ihre Autorität steigern soll: „Also, so einfach ist das auch wieder nicht. Der Schüler könnte auf Probe vorrücken, wenn wir nachweisen können, dass der Schüler, als er die Englisch- und die Mathematikschulaufgaben schrieb, unter starkem psychischem Druck infolge der familiären Verhältnisse stand."

Bei den meisten Lehrern keimt wieder Hoffnung auf, dass die Diskussion über die ehelichen Probleme der Bauers weiter geht.

Ein weiterer dicker, alter Lehrer, welcher sich im Allgemeinen nicht um die Schüler kümmert: „Der Bauer Max stand nicht unter psychischem Druck, des ist halt ein fauler Hund. Eingangs hat der Englisch- und Mathelehrer doch schon gesagt, dass die Gründe des Versagens große Lücken und mangelnder Einsatz sind. Ich würde dem Übertritt in die Realschule empfehlen. Wer ist dagegen?"

Vizechefin: „Moment, so rasch geht das nicht. Immerhin geht es hier um die Zukunft eines Kindes. Dahinten hat sich jemand gemeldet. Ja bitte!"

Eine schüchterne Lehrerin erhebt sich und meint vorsichtig lispelnd: „Also bei mir waren die Eltern des Durchfallers vor zwei Wochen in der Sprechstunde. Sie klagten beide darüber, dass ihr Sohn fast nur noch am Computer sitzt. Sie haben einen recht entspannten, ja sogar glücklichen Eindruck gemacht. Sie haben gemeint, dass einmal Durchfallen ja kein

Beinbruch ist und dass sie beide auch einmal auf dem Gymnasium durchgefallen sind und jetzt beide einen gut bezahlten Job haben und dass deshalb der Sohn am Nachmittag meistens allein ist und dann die ganze Zeit vor dem Computer sitzt."

Die erleuchtete Vizechefin: "Ja, wenn das so ist, dann empfehlen wir den Eltern doch, dass ihr Sohn die Klasse wiederholen sollte. Wer ist dagegen?"

Die Lehrerin setzt ihre Kaffeetasse ab, nachdem die Diskussion droht beendet zu werden: „Ja leben die Eltern des Bauer Max jetzt in Scheidung? Das ist doch wichtig zu wissen um richtig abstimmen zu können?"

Hysterisch und zugleich beleidigt ruft die Vizechefin: „Abstimmung!"

Eintrag in das Protokoll: Der Schüler hat wegen Englisch fünf und Mathematik fünf die Erlaubnis zum Vorrücken in die nächsthöhere Jahrgangstufe nicht erhalten. Die Klassenkonferenz empfiehlt den Eltern einstimmig, dass ihr Sohn die Klasse wiederholt.

Enttäuschung bei allen Lehrern mit Ausnahme des alten, dialektsprechenden Lehrers. Aus diesem Thema wäre noch vielmehr herauszuholen gewesen. Vor allem wurde der Widerspruch, dass die Mutter bei der Hausfrauengymnastik so verkrampft wirkt und dann in der Sprechstunde bei der Kollegin wieder ganz locker neben ihrem (Noch)Ehemann saß, nicht gelöst.

„Kommen wir zum nächsten Durchfaller", spricht laut, aber schon etwas erschöpft, die Vizechefin. „Herr Kollege" – sie meint damit den Klassenleiter – „tragen sie den Falle vor!"

Der Angesprochene setzt eine staatstragende Miene auf, räuspert sich etwas und beginnt: „Also der Fall vom Schmied Udo ist folgender: Im Halbjahreszeugnis hatte der Udo zwei Fünfer und nichts deutete darauf hin, dass er das Klassenziel erreichen wird. Dann war die Mutter in meiner Sprechstunde.

Ich gab ihr einige Ratschläge und die haben anscheinend genutzt. Noch vor drei Wochen hatte er in meinem Fach die Note 4,81. Ich habe ihn dann noch „ausgefragt" und ich muss sagen, er hat mir sehr gute Antworten gegeben und ich musste ihm einen Einser geben, so dass er auf 4, 68 im Schnitt kam und dann habe ich ihn noch ein paarmal ausgefragt und heute habe ich ihn zum letzten Mal ausgefragt. und überraschenderweise hat er wieder einen Einser bekommen, so dass er nun auf 4,49 steht. Also, in meinem Fach bekommt er einen Vierer ins Zeugnis und wir brauchen deshalb über den Udo jetzt in dieser Konferenz gar nicht reden."

Bei einem solchen Fall ist es günstig, wenn ein Lehrer im Kollegium nur Freunde hat. Beim Klassenlehrer vom Udo war dies nicht der Fall. Der Mathematiklehrer war ihm nicht gewogen. Dieser zog umständlich einen Solartaschenrechner aus seiner Tasche, ging ans Fenster, um genügend Licht für die Batteriezellen zu bekommen und um seine Bedeutung zu steigern und redete folgende Worte: „Also, grob überschlagen, so kann der Udo innerhalb von so kurzer Zeit gar nicht von 4,68 auf 4,49 kommen." Er tippte weiter etwas in den Taschenrechner und fuhr dann in seinen Ausführungen fort: „Also nehmen wir einmal an, dass der Schüler in diesem Zeitraum, wie üblich, noch vier mündliche Noten bekam, dann müssten dies drei Einser und ein Zweier sein, um noch auf 4,49 zu kommen." Der kritisierte Lehrer begann zu schwitzen. Er wusste, jetzt nur nicht unruhig werden, dann werden auch die anderen anwesenden Lehrer aufmerksam. So entgegnete er, indem er einen Bleistift rasch durch seine Finger laufen ließ: „Also, auch wenn sie es nicht glauben, dem Udo seine Noten waren in letzter Zeit lauter Einser." Ein Raunen ging durch die Lehrermenge. Der Mathelehrer begann zu strahlen. Nun hatte er seinen Nichtfreund am Wickel, den wollte er nicht mehr los lassen. Doch Pech gehabt. Die Vizechefin ergriff das Wort. Sie sagte: „Liebe Kollegen!", - alle

Blicke richteten sich auf sie – um die Spannung zu steigern schaute sie auf ihre Uhr – dann fuhr sie fort: „Liebe Kollegen, es ist jetzt schon spät und das Notengeben liegt in der Kompetenz des jeweiligen Lehrers und wir sollten diesen darum nicht kritisieren. Udo bekommt bei 4,49 einen Vierer im Zeugnis und hat damit sein Klassenziel erreicht! Kommen wir zum dritten Durchfaller."

„So, jetzt haben wir es ja gleich", ruft die Vizechefin ermunternd in die Konferenzrunde, streicht sich eine Haarlocke aus ihrem verschweisten Gesicht und schlägt eine neue Seite in ihrem Notizblock auf. „Herr Kollege, fahren sie fort!"

Der Klassenleiter richtet sich in seinem Stuhl kerzengerade auf und beginnt wieder seinen Vortrag: „Es handelt sich um die Maria Mayer! Sie hat in Englisch und Französisch einen Fünfer, zwar recht knapp, 4,6 und 4,55, aber halt gerundete Fünfer. Die soll auf die Realschule gehen, da hat sie nur eine Fremdsprache und vielleicht lernt sie in der Zwischenzeit auch Deutsch, denn die spricht ja einen Dialekt, kein Wunder, wenn man von einem Bauernhof kommt. Ihre Mutter war einmal in meiner Sprechstunde und meinte, dass das Gymnasium vielleicht doch nicht die richtige Schule ist und ob sie nicht auf die Realschule wechseln soll? Ich bestärkte die Mutter in diesem Vorhaben. Also, lassen wir sie durchfallen, dann wird sie schon auf die Realschule gehen!"

Ein Lehrer mit einer überdurchschnittlichen Wampen ruft lustig dazwischen: „Wir lassen sie durchfallen und empfehlen ihr: Übertritt ins Eheleben, die ist später sicher recht fruchtbar!" Gelächter.

„Ich muss schon um mehr Ernst bitten!" ruft die Vizechefin in einem verärgerten Tonfall dazwischen. Da ergreift der alte Lehrer das Wort und um seinen Worten mehr Nachdruck zu verleihen erhebt er sich sogar von seinem Stuhl, schiebt den Stuhl unter den Tisch, tritt dann hinkend, da er schon in beiden Beinen eine künstliche Hüfte hat, etwas zurück und spricht leise: „Also, den vorigen Schüler hat man durchkommen lassen und sooft noch ausgefragt, bis man auf 4,49 kam und die Schönheit vom Lande lässt man durchfallen, obwohl die zum Halbjahr bessere Noten hatte. Das nenne ich ungerecht!" Dann hinkt er wieder auf seinen Stuhl. Eineinhalb Sekunden Stille. Dann geht das Durcheinanderreden weiter. Die Vizechefin rutscht mit schlechtem Gewissen auf ihrem Stuhl hin und her. Also recht hat er, denkt sie, aber wir müssen die Konferenz endlich beenden und deshalb sagt sie ganz bestimmend: „Ich glaube, wir brauchen hier nicht weiter zu diskutieren, alles über 4,5 ist nun einmal ein Fünfer und damit hat die Schülerin das Klassenziel nicht erreicht. Empfehlung: Übertritt an die Realschule!"

Bei den letzten Worten haben sich schon einige Lehrer erhoben und streben der Türe zu. „Noch schnell aufgepasst", ruft ihnen der Klassenleiter nach, „wir treffen uns in einer halben Stunde beim Jägerwirt, wenn jemand mitgehen will!"

Elternsprechstunde

Jeder Lehrer hat einmal in der Woche eine Elternsprechstunde und zweimal im Jahr steht er den Eltern einen ganzen Nachmittag lang zur Verfügung.

An solchen Nachmittagen, den Elternsprechtagen, kommen sich die meisten Lehrer besonders bedeutend vor, weil Eltern ihren Rat suchen. Es gibt allerdings auch Eltern, die in die Sprechstunde kommen, um dem Lehrer einmal so richtig ihre Meinung zu sagen. Aber das wissen die Lehrer vorher nicht und deshalb kommen sie sich bedeutend vor. Dies zeigt sich schon an ihrer Kleidung an den beiden halbjährlichen Ereignissen. Die eine Hälfte des Lehrerkollegiums kommt mit

Sakko und Krawatte, die andere Hälfte in teuren, löchrigen Jeans. Alle aber kommen hier anders gekleidet, als zum Unterricht.

Und dann sitzen sie den Eltern gegenüber:

- der promovierten Journalisten, der sich nicht vorstellen kann, dass sein Sohn nicht auch so gescheit ist wie er meint zu sein. Der sagt dann dem ratgebenwollenden Mathematiklehrer: „Ach wissen Sie, ich habe auf dem Gymnasium in Mathematik auch immer eine Fünf gehabt und schauen sie mich heute an! Wahrscheinlich verdiene ich heute mehr als das Doppelte wie Sie!"
- dem Bäuerlein mit Stallgeruch, der glaubt, dass sein Sohn, trotz guter Noten, nicht auf das Gymnasium gehört sondern in den Stall. Der sagt dann dem ratgebenwollenden Lehrer: „Es miased id all studierd sei!"
- dem Mütterlein ländlich-bäuerlicher Herkunft. Die sagt dann zum ratgebenwollenden Lehrer: „Ja mei, dr Bua haut halt aufs Gymnasium wolla. I war all dagega. Däd der n gscheida Beruf leana oder da Hof übernemma, dann wär i au zfrieda!"
- der grünen Emanze, der es im Gespräch gar nicht um ihr Kind geht sondern um den Lehrplan in welchem, nach ihrer Meinung, zu wenig Umweltschutz und Gender steckt.
- der lustigen Geschiedenen, welche an das Herz des Lehrers appelliert, doch an die familiäre Situation ihrer Tochter zu denken.
- der Gattin des Rechtsanwaltes. Die sagt dann abschließend dem ratgebenwollenden Lehrer: „Ja nun, sollte mein Kind das Klassenziel nicht erreichen, dann müsste mein Mann sich die Schulordnung genauer

durchschauen. Das wäre dann wohl etwas peinlich oder wenigstens lästig für sie!"

- die ungewollte mit 15 Jahren und vor 20 Jahren schwanger gewordene, nach starkem Parfüm riechende Lebedame. Overdressed schlägt sie ihre Augen auf und meint, damit den Lehrer geschwächt zu haben.
- dem Hilfsarbeiter mit dem kräftigen Händedruck. Der meint dann zum ratgebenwollenden Lehrer: „Mei Bua solls amaul besser hau wia sei Vadder, drom sollr amaul studiera ond drom ben i dau! Was kenna mir dau macha?"

Und welche Rolle spielen die Lehrer dabei? Wie schon oben erwähnt, alle oder doch die allermeisten Lehrer kommen sich am Eltersprechtag sehr bedeutend vor: Ein Elter betritt oder zwei Eltern betreten das Sprechzimmer. Der Lehrer bietet ihm bzw. ihr bzw. ihnen taktvoll einen Platz an. Dann setzt auch er sich und erkundigt sich nach dem Namen des Kindes und in welche Klasse es geht. Dies vernommen, sucht er, langsam blätternd und nachdenklich dreinschauend, in seinem Notenbuch den entsprechenden Schülernamen.

Unterrichtet ein Lehrer erst kurz in dieser Klasse und dies nur ein oder zwei Stunden in der Woche, so kann es sein, dass er sich gar nicht an diesen Schüler erinnert. Während er dann, nach dem entsprechenden Schüler suchend, in seinem Notenbüchlein blättert, hofft er, dass er von diesem Schüler dort schon einen Eintrag findet.

Nehmen wir an, dass der Lehrer von dem ihm noch unbekannten Schüler, in seinem Notenbüchlein einen „3er" findet, dann lehnt er sich, nachdenklich nickend aber ein Gefühl der Zufriedenheit ausstrahlend, in seinem Stuhl zurück und sagt zu den Eltern: „Also, ich habe an ihrem Kind nichts auszusetzen. Es könnte zwar fleißiger sein, aber das

Klassenziel ist nicht gefährdet. Reden sie also ihrem Kind immer gut zu, etwas mehr zu lernen! Ja das war's dann auch schon. Ich wünsche Ihnen noch einen schönen Tag!"

Nehmen wir an, dass der Lehrer von dem ihm noch unbekannten Schüler noch keinen Eintrag im Notenbüchlein findet, dann lehnt er sich ebenfalls zurück. Er nickt bedenklich, strahlt aber keine Zufriedenheit aus. Dann öffnet er seinen Mund und sagt: „Also, ihr Sohn ist recht ruhig und zurückhaltend (er denkt: sonst würde ich mich ja an ihn erinnern oder eine Note von ihm haben). Vielleicht sollten sie ihm sagen, dass er sich mehr am Unterricht beteiligen sollte (dieser Spruch passt immer). Aber so bin ich im Großen und Ganzen schon mit ihm (an den ich mich gar nicht erinnere) zufrieden. Also, das passt schon! Ich wünsche ihnen noch einen schönen Tag."

Unterrichtet ein Lehrer diese Klasse oft und kann sich an das Kind, dessen Eltern gerade vor ihm sitzen, erinnern, dann trägt er den Eltern bedeutungsvoll die Noten ihres Kindes vor, so wie sie in seinem Notenbüchlein stehen und wie sie die Eltern schon kennen. Dann geht er auf die Entstehungsgeschichte der einzelnen Noten ein, soweit er sich noch daran erinnert. Dann interpretiert er die Noten und zieht daraus ziemlich triviale Schlüsse. Stehen in seinem Notenbüchlein bei den mündlichen Noten z.B. 2, 5, 3, 4, 5, 2 so lautet die logische Schlussfolgerung des Lehrers an die Eltern: „Ihr Kind sollte kontinuierlicher lernen." Steht da z.B. in seinem Notenbüchlein: 5, 5, 2, 5, so lautet die Antwort des Lehrers: „Aus den Noten geht klar hervor, dass ihr Sohn könnte, wenn er wollte, immerhin hat er schon einmal einen 2er gehabt!" Steht da z.B. in seinem Notenbüchlein: 5, 6, 5, 4, 6, dann lautete die schlaue Einschätzung des Lehrers: „Ich halte ihr Kind am Gymnasium etwas überfordert! Es müsste zumindest mehr arbeiten!"

Danach geht es ins Detail und das ist die Stunde vieler Eltern. Sie spielen die Lehrer gegeneinander aus. Da kann einem Mutter dann schon sagen: „Ich komme gerade von ihrem Kollegen und der sagte über mein Kind genau das Gegenteil wie sie. Der meinte, dass, wenn man mein Kind immer im Auge behält und es fordert, es zu beachtlichen Leistungen fähig ist. Bei ihnen ist das offensichtlich nicht der Fall." Nach diesen Worten brodelt es im Gehirn des ratgebenwollenden Lehrers. Diese Mutter ist anscheinend gar nicht gekommen, um sich Rat zu holen, sondern um ihn zu kritisieren. Der Kollege, von dem diese Mutter gerade kommt, wollte sich bei der Mutter nur einschleimen. Auf meine Kosten! Das nenne ich Kollegialität, so ein Schwein! Natürlich kann der ratgebenwollende Lehrer dies der Mutter nicht so sagen und so kommt es souverän aus seinem Munde. „Nun, vielleicht liegt das Fach, welches mein werter Kollege unterrichtet, ihrem Kind besser. Mein Fach ist nun einmal recht anspruchsvoll (wenigstens ein kleiner Seitenhieb auf den ungeliebten Kollegen). Aber wie es auch immer ist, ihr Kind kann nun einmal auch in meinem Fach durchfallen und deshalb empfehle ich Ihnen, dass Sie ihr Kind motivieren, auch in meinem Fach fleißig zu lernen."

Ich will hier abkürzen und komme deshalb sofort zum Schluss der 20minütigen Sprechzeit pro Eltern. Der Lehrer schaut auf seine Uhr, dann erhebt er sich bedächtig von seinem Stuhl. Während er den Eltern schon seine Hand zur Verabschiedung entgegen streckt und sich auch die Eltern langsam von ihren Stühlen erheben sagte der Lehrer: „Also, wie gesagt" a) oder b) oder c) oder d)!

Bei a) sagt der Lehrer: „Ihr Kind sollte mehr lernen" – das passt immer.

Bei b) sagt er: „Ihr Kind ist in diesem Fach wenig begabt" – das passt fast immer und wird im Fach Mathematik auch meistens von den Eltern bestätigt. Die antworten dann: „Ich war in Mathematik auch nicht begabt und hab es zu etwas gebracht".

Bei c) sagt er: „Ihr Kind sollte Nachhilfe nehmen!" – eine dumme Empfehlung, denn das heißt ja, dass der Lehrer nicht fähig ist, dem Schüler den Stoffe in seinem Unterricht richtig beizubringen.

Bei d) sagt er: „Kommen Sie doch einmal in meine wöchentliche Sprechstunde, da haben wir dann mehr Zeit, um das Problem zu besprechen" – dabei hofft der Lehrer, dass diese Empfehlung von den Eltern vergessen wird oder dass sie keine Zeit haben, da sie arbeiten müssen. Aber im Augenblick ist die Hauptsache, dass er die Eltern verabschieden kann.

Nach dem zweimal jährlichen Elternsprechtag treffen sich die meisten Lehrer, wenigstens jene, auf welche daheim keine Frau mit Kindern wartet, im Lehrerzimmer und einige davon gehen dann noch in die Wirtschaft, denn man hat sich ja so viel über die Eltern, die auf Besuch waren, zu erzählen. Und da wird dann über die Eltern so richtig hergezogen. „War die Frau xy auch bei dir?" „Die ist genauso dumm wie ihr Kind!" „Bei so einer Mutter glaube ich schon, dass die Tochter so ist, wie sie ist!" „Bei diesen Eltern müssen wir uns einig sein, die wollen uns nur gegeneinander ausspielen!", „Den Vater habe ich schon als Schüler gehabt. Der war immer einer der Dümmeren und jetzt wundert er sich, dass sein Sohn ebenfalls so ist!"

Lehrerstammtisch

Manche Gymnasien organisieren einen „Lehrerstammtisch". Vor allem die Lehrer, die keine Familie mit Kindern zuhause haben, die aber ständig jammern, wieviel sie, bis tief in die Nacht hinein, arbeiten müssen, treffen sich einmal im Monat in einer Gaststätte zum Stammtisch. Da kann man dann, ohne Zeitdruck und gelockert durch den Bierkonsum über alles möglich herziehen, vorzugsweise über Schüler, über deren Eltern und über nicht anwesende Kollegen.

Der Wirt sieht diese Stammtische gern, denn an den Abenden mit einem Lehrerstammtisch kommen eigenartigerweise auch mehr andere Gäste in seine Wirtschaft und die Tische um den Lehrerstammtisch herum sind voll besetzt. Woran liegt dies? Zufall? Nun, Lehrer, besonders die nicht besonders alkoholresistent sind, reden nach zwei Bier nicht nur viel, sondern auch laut und wohl auch interessant, denn die Gäste, die in der Nähe des Lehrerstammtisches sitzen, spitzen weit ihre Ohren. Noch am gleichen Abend informieren dann die Eltern, welche in der Nähe des Stammtisches saßen, andere Eltern, die nicht anwesend sein konnten, um ihnen mitzuteilen, was da so gesprochen wurde.

Fachschaftssitzungen

Eine Fachschaft sind alle Lehrer an einem Gymnasium, welche das gleiche Fach unterrichten. Die unfähigeren oder hinterfotzigsten Lehrer einer Fachschaft wurden zu meiner Zeit an meinem Gymnasium oft vom Chef als Vorsitzende der Fachschaften bestimmt. Man nennt sie Fachbetreuer. Es gibt aber auch Ausnahmen. Wie oben schon erwähnt, ist dies eine Funktionsstelle und eine solche Stelle benötigt man, um A 15 zu werden und zu bleiben.

Ein- bis zweimal im Jahr trafen sich, zu meiner Zeit, die Fachschaften zu Fachsitzungen. Je nach Fachschaft und Fachbetreuer dauerten diese Sitzungen wenige Minuten oder mehrere Stunden oder – bei ganz unfähigen Fachbetreuern - mehrere Nachmittage.

Da gab es eine Fachschaft, die hielt ihre Fachsitzungen immer während einer Pause am Vormittag. Die Sitzung dauerte ca. acht Minuten. Das Protokoll war vom Fachbetreuer schon geschrieben und wurde an die Fachlehrer zur Kenntnisnahme ausgehändigt. Die Fachlehrer überflogen es, es gab nie Einwände und so war die Fachsitzung beendet. Falls sich wirklich einmal ein Lehrer, der dieses System noch nicht kannte, meinte, einen Einwand vorbringen zu müssen, dann drohte der Fachbetreuer damit, dass nun eine Nachmittagssitzung anberaumen wird muss, um für die Behandlung dieses Einwandes Zeit zu haben. Dieser Drohung folgte ein bedrohliches Gemurmel von fast allen Fachkollegen. Und dann zog der unwissende Lehrer seinen Einwand zurück. Dann nickten alle anderen befriedigt und damit war die Fachsitzung geschlossen.

Es gab, besonders in den Fachschaften Musik und Kunst, Fachsitzungen immer am Nachmittag in einer Wirtschaft. Die Atmosphäre war entspannt, man konnte neben zu Bier trinken und viel reden, am wenigstens über die Schule. Im Protokoll stand dann, dass stundenlang debattiert wurde. Protokoll gut, alles gut.

Es gab aber auch – und das waren die meisten Sitzungen - Fachschaftssitzungen am Nachmittag in der Schule. In manchen Fächern dauerten die Sitzungen so lange, dass Hunger und Durst und Müdigkeit so stark aufkamen, dass der Fachbetreuer beschloss, in der folgenden Woche, zur gleichen Zeit und am gleichen Ort die Sitzung fortzusetzen. Und kein Anwesender traute sich, dagegen Einspruch zu erheben, denn dann hätte er als schlechter, unengagierter Lehrer gegolten.

Was wurde nun in diesen Sitzungen alles besprochen?

Zuerst stellte der Fachbetreuer die neuen Anweisungen aus dem Ministerium und dem ISB vor. Das war für die Lehrer eine Gelegenheit, sich über das Ministerium entrüstet zu äußern. Diese Entrüstungen verlängerten manche Sitzungen nutzlos. Sie wurden nicht einmal in das Protokoll aufgenommen. Dann besprach der Fachbetreuer die Korrekturen seiner Fachkollegen. Der Fachbetreuer schaute sich ja jede korrigierten Schulaufgabe und teilweise auch die korrigierten Stegreifarbeiten nachträglich an – sollte er zumindest. Meisten sagte der Fachbetreuer mit einem Tonfall, der dem Gesagten Autorität verleihen sollte: „An den von mir durchgeschauten Schulaufgaben und Stegreifarbeiten gibt es fast nichts auszusetzen. Mir ist nur eines aufgefallen. Einige Kollegen ...." Das war jedes Jahr das gleiche und versetzte die meisten Kollegen in den Schlafmodus.

Einmal allerdings, da geschah etwas für mich Ungeheuerliches. Der Fachbetreuer hatte eine korrigierte Schulaufgabe eines mir lieben Kollegen kopiert und projizierte diese Kopie an die Wand, vor allen versammelten Fachkollegen. Jeder wusste sofort, welchem Lehrer diese Schulaufgabenkorrektur zuzuordnen ist. Und dann kritisierte der Fachbetreuer eine halbe Stunde lang die Korrektur dieser Schulaufgabe. Der Lehrer, dessen Korrektur hier kritisiert wurde, saß wie versteinert da. Die anderen Lehrer rührten sich nicht. Sie waren froh, dass sie hier nicht an den Pranger gestellt wurden. Ich schämte mich, dass ich gegen diese „Vorführung" eines Kollegen nicht protestierte. Ich hatte Angst vor dem Fachbetreuer, welcher zugleich Stundenplanmacher war. Nach diesem halbstündigen Mobbing atmeten alle auf. Der gemobbte Lehrer aber ließ sich umgehend versetzen.

Der letzte Teil der Fachsitzung war dann oft ein Fachvortrag. Den interessierte eigentlich niemand, nicht einmal den Vortragenden.

Auswärtseinsatz

Je nach Funktionen und Alter muss ein Lehrer wöchentlich eine bestimmte Anzahl von Stunden unterrichten. Es gab nun Situationen, dass einem Gymnasium ein Lehrer für vier Unterrichtsstunden z.b. in Mathematik fehlte und im benachbarten Gymnasium gab es genügend Mathematiklehrer. Also wurde vom Ministerium das eine Gymnasium beauftragt, einen ihrer Mathematiklehrer für vier Unterrichtsstunden in der Woche an das andere Gymnasium zu schicken. Eine solche Abordnung war bei den Lehrern nicht beliebt. Einmal kannte der Lehrer das andere Collegium nicht, dann musste er an Konferenzen beider Gymnasien teilnehmen und, was am schlimmsten war, er musste, meist während den Pausen, vom einen zum anderen Gymnasium pendeln und wurde hierfür weder zeitlich noch finanziell entschädigt. Der Schulleiter bestimmte, welcher Lehrer diesen ungeliebten Auswärtseinsatz auf sich nehmen muss. Im Allgemeinen war es ein junger Kollege, ein Frischling. Oder es war ein älterer Kollege, den der Schulleiter nicht gut leiden konnte.

Also bekam auch ich zu Ende der Ferien einen Anruf vom Schulleiter. Dieser teilte mir mit, dass ich im kommenden Schuljahr am benachbarten Gymnasium eine Klasse in Mathematik zu unterrichten habe. Die Begründung war: „Sie fahren ja sowieso täglich, wenn sie von zuhause zu unserer Schule fahren, an diesem Gymnasium vorbei!" Da hatte der Schulleiter Recht und ich kein sofortiges Gegenargument im Gehirn. So richtig sauer war ich dann allerdings schon, als ich wenige Tage später meinen Stundenplan für das nächste Schuljahr in der Hand hielt. Die vier Unterrichtsstunden in Mathematik am anderen Gymnasium sollte ich nicht nur halten, wenn ich „sowieso vorbei fahre", also in der ersten oder letzten Stunde meines Stundenplans, sondern zwischen drinnen. Der Stundenplan sah dann so aus: 1. Stunde Unterricht am Stammgymnasium. 3. Stunde Unterricht am anderen Gymnasium. 6. Stunde Unterricht am Stammgymnasium. In den Zwischenstunden musste ich zwischen beiden Gymnasien pendeln, während sich meine Kollegen, die sich mit der Schulleitung besser verstanden, im Lehrerzimmer geistig austauschten, falls sie dafür die geistigen Voraussetzungen hatten, und Kaffee tranken.

Verweise

Das Verweisgeben ist immer so eine Sache. Allgemein gibt ein Lehrer nicht gern einen Verweis und das aus folgenden Gründen:

a) Der Lehrer muss den Verweis schreiben. Da haben dann doch einige Lehrer ihre Schwierigkeiten. An meiner Schule wurde einmal von einem Deutschlehrer ein Verweis, bestehend aus drei Sätzen, geschrieben Der wurde dann, von den Eltern mit Rotstift korrigiert (sie fanden fünf Fehler), an die Schulleitung zurückgeschickt. Also man sollte den Text bei einem Verweis möglichst fehlerfrei schreiben.

b) Dann muss man den Verweis an die Schülereltern adressieren. Eine einfache Sache, denken sie, verehrter Leser! Meistens schon. Mir ist einmal folgendes passiert: Ich ging in die Schülerkartei und suchte dort die Adresse heraus, welche unter der Rubrik „Eltern" steht und adressierte dann den Verweis an „Max Müller", wie es auf der Karteikarte stand. Einige Tage später tauchte die Emma Müller, die Frau des Max Müller und Mutter des in Ungnade gefallenen Schülers in meiner Elternsprechstunde auf. Schon an ihren Haaren und ihrer locker fallenden Kleidung konnte ich auf ihre politische Grundrichtung und geistigen Eigenarten schließen. Sie machte mir Vorwürfe, dass ich den Verweis nur an „Max Müller" adressiert habe und nicht an „Emma und Max Müller". „Schließlich sind wir beide gleichwertig Erziehungsberechtigt!" stieß es giftig aus ihrem Mund.

c) Dann muss man in den Schülerbogen eintragen, dass der Schüler einen Verweis bekam.

d) Dann wird der Verweis, vor er abgeschickt wird, vom Schulleiter überprüft. Nicht selten wird man dann zum Schulleiter bestellt und der sagt dann: „Also, Herr Kollege, so wie sie den Verweis geschrieben haben, das geht gleich gar nicht. Den müssen sie anders formulieren!"

e) Dann müssen sie den alten Verweis zerreißen und einen neuen formulieren.

f) Dann beginnt alles wieder von vorn.

g) Dann erscheint mit großer Wahrscheinlichkeit bei der nächsten Sprechstunde ein Elternteil beim verweisgebenden Lehrer und der muss sich dann vor dem Elternteil lange rechtfertigen. Und das ist gar nicht so einfach, gehen die Eltern gewöhnlich doch von der Fehlerlosigkeit ihres Kindes aus.

h) Dann kann es sein, dass der Vater oder die Mutter des Schülers, der den Verweis bekam, zu ihnen sagt: „Also wissen sie was, dieser Verweis hat weder meinen Sohn gejuckt noch uns beeindruckt. Das Porto hätten sie sich sparen können." Oder die Eltern sagen lachend: „Sie glauben gar nicht, wieviel Verweise ich während meiner Schulzeit bekam! Und – hat's mir geschadet?"

Andererseits ist es notwendig, wenn man dem Schüler ins Zeugnis eine schlechte Verhaltensbemerkung schreiben will, dass der dann während des Schuljahres mindestens zwei Verweise bekam. Sonst kann man auch dem größten Umtreiber im Zeugnis nur die Bemerkung schreiben: „Er benahm sich anständig." Wenn er hingegen mehrere Verweise während des Schuljahres erhielt, dann kann man schon einmal ins Zeugnis schreiben: „Er benahm sich meistens anständig." Ob die Eltern dann wissen, dass damit gemeint ist, dass ihr Kind zu den größten Umtreibern der Schule gehört?

Klassenstunden

Um als „gute Schule" zu gelten und im Ranking vorne zu liegen, braucht eine Schule nicht gut zu sein. Die Schüler erfahren meistens gar nicht, dass ihre Schule dabei ist, besser zu werden um dann besonders gut zu sein. Um als Schule besser zu werden, müssen auch die Lehrer nicht besser werden oder mehr arbeiten. Fast das Gegenteil ist der Fall.
Früher war eine Schule, d.h. die Schulleitung, stolz, wenn sie gescheite Schüler produzierte. Heute ist eine Schule stolz, wenn sie spezielle pädagogische Wettbewerbe, welche mit dem (effektiven) Lernen meist nichts zu tun haben, gewinnt. Im Fernsehen kommt heute eine Schule, wenn sie spinnige Ideen verwirklicht. Eine Schule, in der die Schüler viel lernen - wie langweilig ist denn so etwas. Eine Schule, in welcher frei unterrichtet wird, in der die Schüler bestimmen, ob sie Lust haben, etwas zu lernen, eine solche Schule ist gut und auch für die Medien interessant. Eine gute Schule macht das, was andere Schulen nicht machen bzw. noch nicht gemacht haben. Der Lernerfolg ist hier nicht einmal zweitrangig. Über solche Schulen, mit ihren spinnigen Ideen, berichten die

Heimatzeitungen und solche Schulen bekommen ein kopiertes Schreiben vom Kultusministerium mit einer kopierten Unterschrift des Kultusministers. Da setzt sich dann im Gehirn vom Schulchef und seinem Stellvertreter der Gedanke fest, dass der Herr Kultusminister auf ihre Schule und natürlich auch auf sie, auf den Schulchef und seinen Stellvertreter, aufmerksam wurde und dass der Herr Minister wahrscheinlich beim Frühstück mit seiner Frau über diese Schule sprach. Das kopierte Belobigungsschreiben aus dem Kultusministerium mit kopierter Unterschrift des Ministers wird dann hundertemale kopiert, und dann an alle Lehrer, Schüler, Eltern und Sachaufwandsträger verteilt. Die Schulleitung erwartet dann auch, dass wenigstens der Sachaufwandsträger wegen des kopierten Lobbriefes auch einen kopierten Lobbrief mit kopierter Unterschrift des Vorsitzenden der Sachaufwandsträgerschaft an die Schulleitung schickt.

Also überlegte sich an meiner Schule die Schulleitung, wie man so einen kopierten Lobbrief mit kopierter Unterschrift des augenblicklich amtierenden Kultusministers erhalten könnte. Die Schulleitung kam auf eine fast geniale Idee: In „ihrer" Schule sollen Klassenstunden eingeführt werden. Praktisch überlegte man sich folgendes: Jeden Dienstag sollte jede Unterrichtstunde nicht 45 Minuten, sondern 40 Minuten dauern. Damit verkürzte sich der Vormittagsunterricht um 30 Minuten. Diese halbe Stunde bekamen nun die Klassenlehrer. Während dieser halben Stunde sollten sie in ihren Klassen mit den Schülern über Probleme diskutieren, welche es nicht gibt.

Zuerst wurde in einer Konferenz lange über diesen Vorschlag diskutiert. An der Schule gab es 30 Klassen. Es waren also von den 70 Lehrern 30 Klassenlehrer. So war das Abstimmungsergebnis nach der Diskussion klar: 30 Lehrer waren gegen diese Klassleiter(halbe-)stunden. Der Rest war dafür. Beim Rest verkürzte sich nämlich der

Dienstagvormittagunterricht um max. 30 Minuten, während sich der Dienstagvormittagunterricht bei den Lehrern mit Klassenleitung um bis zu 30 Minuten verlängerte. Mit dem Ergebnis 30 : 40 wurden die Klassleiter(halbe-)stunden eingeführt. Solche Abstimmungen kann man auch „afrikanische Entwicklungsländer-Demokratie" nennen.

Frech wie ich bin, ging ich nach dieser Konferenz zum Chef und sagte, dass ich es nicht einsehe, nun am Dienstag 30 Minuten länger arbeiten zu müssen, denn ich hatte eine Klassleitung. Antwort des Chefs: „Darüber wurde demokratisch abgestimmt, also ist es rechtens." Ich erklärte ihm, wie Demokratie in Afrika funktioniert: Es gibt in einem Land so viel Parteien, wie es Stämme gibt. Und jeder Stamm wählt seine Partei. Man bräuchte also gar keine Wahl. Das Wahlergebnis steht nämlich schon vor der Wahl fest. Aber nichts geht über demokratische Wahlen, wenngleich sie lächerlich sind. Der Chef antwortete, dass wir hier nicht in Afrika sind. Dass in diesem Fall Demokratie undemokratisch ist, verstand er nicht.

Also gab es wöchentlich an jedem Dienstag 30 Minuten Klassleiterunterricht. Was war das aber?

Der Klassleiter ging in die Klasse: Grüß Gott, setzt Euch! Gibt es Probleme? Über was sollen wir sprechen?

Die Schüler blieben stumm.

Der Klassleiter: Also, es gibt keine Probleme, nichts, über das wir reden sollten?

Die Schüler blieben immer noch stumm!

Dann können wir ja richtigen Unterricht machen?

Beim Stichwort „Unterricht" begannen die Schüler zu überlegen, ob die Klasse Probleme zu bewältigen hat und dann meldete sich ein Schüler: „Wir kommen mit der Lehrerin XY nicht so klar. Sie gibt immer so viel Hausaufgabe auf."

„Nun", meint der Klassleiter, „ich werde mit der Kollegin XY sprechen aber wahrscheinlich wird die mir sagen, dass das nicht stimmt. Weitere Problem?"

Keine Antwort.

„Also, so fahren wir mit dem richtigen Unterricht fort."

Ein Schüler meldet sich: „Wir haben in der vorigen Stunde so viel Hausaufgabe bekommen, können wir nicht jetzt beginnen, diese zu machen?"

Zustimmendes Gemurmel der anderen Schüler.

Der unmotivierte Klassleiter: „Also gut, aber es muss still sein, damit ich korrigieren kann!"

Konkurrenzsituation mehrerer Gymnasien

Ich unterrichtete einmal an einem Gymnasium in einer Stadt, in der es noch weitere zwei Gymnasien gab. Jedes wollte nicht nur einen guten, sondern den besten Ruf haben. Dies zeigte sich nach Meinung der Schulleitungen an den Zuwachsraten der „Neueinschreibungen". Dementsprechend agierten die Schulleiter. So wurden von meinem Schulleiter die Lehrer angehalten, sich in der Öffentlichkeit zu engagieren. Vom Musiklehrer wurde erwartet, dass er die Stadtkapelle dirigiert, ein Biologielehrer sollte Vorsitzender des Naturhistorischen Vereins sein, ein Sportlehrer sollte die Jugend des TV-soundso trainieren, der Zeichenlehrer sollte regelmäßig seine Werke in der Stadtsparkasse ausstellen und wenigstens eine Englischlehrerin sollte auch noch an der VHS Englischkurse anbieten.

Weiter beteiligte sich unser Gymnasium an den unterschiedlichsten Schülerwettbewerben. Die Geschichtslehrer sollten (mussten) die Schüler auffordern, an Geschichtswettbewerben teilzunehmen, wenigstens pro forma. Den Hauptteil der Wettbewerbsarbeit sollte nämlich nicht der Schüler, sondern der Lehrer erledigen. Der Schüler gab quasi „nur seinen Namen her.". „Jugend forscht" war Pflichtaufgabe der Physik-, Biologie- und Chemielehrer. Für den Schulleiter zeigte sich so, wer die besten Geschichts- bzw. Physik- bzw. Biologie- bzw. Chemielehrer waren – nämlich diejenige, welche die meisten Preise bekamen. Pardon, die Preise bekamen natürlich offiziell die Schüler. Hatte ein Schüler, bzw. dessen Lehrer, einen Preis erworben, so stand dies, mit Bild, in der Zeitung und der Schüler war fast nicht mehr durchfallbar. Drohte ihm keine Versetzung in die nächsthöhere Jahrgangstufe, so schaltete sich die Schulleitung ein. Die entsprechenden Lehrer wurden von dieser angehalten, bei der Notengebung doch den Wettbewerbserfolg des Schülers mit zu berücksichtigen. Verstand der Lehrer dies nicht als Drohung, so machte der Schulleiter dem betreffenden Lehrer deutlich, dass es nur eine Erklärung dafür gibt, wenn ein Wettbewerb gewinnender Schüler droht durchzufallen und diese Erklärung lautet: Das Durchfallen liegt nicht am schwachen Schüler (der hat ja einen Wettbewerb gewonnen) sondern am schlechten Lehrer. So erreichten immer alle Schüler, die an einem Wettbewerb erfolgreich teilnahmen, auch ihr Klassenziel.

Aber zurück zum Thema: Wenige Wochen vor der Neueinschreibung führte meine Schule immer ein Theaterstück auf. Regisseur war der Schulleiter. Geprobt wurde drei Wochen täglich am Vormittag, während des Unterrichts. Die Schauspieler wurden vom Unterricht vom Schulleiter freigestellt. Schulaufgaben durften in diesem Zeitraum nicht geschrieben werden. Wenn bei den Theaterproben ein Schauspieler benötigt wurde, so ließ der Chef diesen direkt aus dem Unterricht holen. Fiel ein Schülerschauspieler wegen längerer Krankheit aus, so wurde erwartet, dass ein junger Lehrer dessen Rolle kurzfristig übernahm. Und dann kamen die Aufführungen. Zur Premiere wurde die high society der Stadt und die Medien eingeladen. Eine positive Kritik in der Lokalzeitung war sicher, schließlich schrieb sie der Schulleiter selber.

Zwei Wochen vor der Neueinschreibung an den drei Gymnasien kam in der Heimatzeitung der entsprechende Hinweis. Ich saß damals gerade beim Schulleiter im Direktorat, als ihm eine Sekretärin die Tageszeitung hereinbrachte. Der Schulleiter blätterte rasch und gierig die Seite auf, auf der der Hinweis auf die Neueinschreibungen an den drei Gymnasien der Stadt stand. Jede Schule wurde dort kurz vorgestellt. Er begann zu zählen: Das Gymnaisum A wurde mit 7 Zeilen charakterisiert, das Gymnasium B mit 6 Zeilen und sein Gymnasium – der Schulleiter holte tief Luft und strahlte dann - : mit 10 Zeilen. In der Zeitung wurden die Wettbewerbe und das Theaterspiel besonders erwähnt. Bei der folgenden Neuanmeldung hatte mein Gymnasium wieder die höchste Zuwachsrate!

Die gegenderte Aufnahmeprüfung

War ein Grundschüler dumm, hielt ihn sein Lehrer für das Gymnasium ungeeignet und waren die Eltern überzeugt, dass ihr Kind mindestens so gescheit wie sie selber ist und deshalb unbedingt das Abitur machen muss, um später Tierarzt oder Politologe oder Journalist zu werden, so konnte das Kind an einer Aufnahmeprüfung für das Gymnasium teilnehmen. Diese Aufnahmeprüfung wurde für mehrere benachbarte Gymnasien an einem Ort mit den gleichen Aufgaben durchgeführt. Zuvor trafen sich Lehrer der beteiligten Gymnasien, um die Aufgaben, die gestellt werden sollen, zu besprechen und zu beschließen.

Es war ein heißer Juni-Nachmittag und langsam und missmutig versammelten sich Lehrer aus den betroffenen Gymnasien im Lehrerzimmer eines Gymnasiums:

„Kommen wir zu Mathematik", gähnte müde der Schulleiter des einen Gymnasiums.

„Herr Kollege, schlagen sie eine Aufgabe vor!" Der angesprochene Lehrer ging in Position, griff nach einem vorbereiteten Blatt und las vor, was eine Aufgabe bei der Aufnahmeprüfung werden sollte: „In der Küche sitzen Vater und Sohn und entkernen Kirschen. Der Vater entkernt 123 Kirsche, der Sohn 13 weniger als die Hälfte....... Wieviele Kirschen ....?" Zufrieden mit seiner Textaufgabe legte der Kollege das Blatt zur Seite und erwartete ein zustimmendes Nicken der anderen Kollegen. Und dieses erfolgte auch spontan bzw. geübt. Nur ein Lehrer, ein schon etwas älterer, kramte in seinen Unterlagen. Und während er kramend ein Blatt suchte sagte er: „Ich glaube mich zu erinnern, dass eine ähnlich Aufgabe schon vor Jahren einmal gestellt wurde und Nachhilfeinstitute sammeln ja diese Aufgaben, um ihre Schüler gezielt auf diese Aufnahmeprüfung vorzubereiten. Ja, hier habe ich die Aufgabe, die vor fünf Jahren gestellt wurde."

Glücklich hob er ein Blatt Papier in die Höhe, dann rückte er seine Brille zurecht und las die Aufgabe, welche vor fünf Jahren bei der Aufnahmeprüfung gestellt wurde, vor. Sie lautete damals: „In der Küche sitzen Mutter und Tochter und entkernen Kirschen. Die Mutter entkernt 123 Kirschen, die Tochter 13 weniger als die Hälfte.... Wieviele Kirschen ...?"

Wie verändern die Zeiten die Aufgaben!

Sonst

Ab in die Großen-Ferien und zurück

Da gab es ein reisefreudiges Lehrerehepaar. Beide waren gut und umfassen gebildet, was in so einer Konstellation eher selten ist. Sie lehrte auch Geographie und kannte sich schon deshalb gut in der Fremde aus. Er konnte mehr Fremdsprachen fließend sprechen als er unterrichtete. Dieses Ehepaar besaß einen geräumigen und teuren Wohnwagen. In diesem verbrachten sie die Großen-Ferien, obwohl ihr Doppelgehalt auch für eine Unterbringung in einem Mehrsternehotel gereicht hätte.

Die letzte Woche vor den großen Ferien liefen bei diesem Ehepaar immer gleich ab: In der ersten Wochenhälfte erkrankte immer er. Während seiner „Krankenzeit" brachte er den Wohnwagen auf Vordermann: Er überprüfte die Reifen, insbesonders den Reifendruck, kaufte eine neue Gasflasche, überprüfte die WC-Spülung und die Kuppelung. In der zweiten Wochenhälfte war er wieder gesund und sie wurde krank. Während dieser Krankheit musste sie Vorräte einkaufen, den Wohnwagen säubern, waschen und alles, was man halt so als Hausfrau machen muss. Am letzten Schultag waren dann beide wieder gesund. Sie fuhren mit ihrem überholten, aufgepumpten, frisch geputzten Wohnwagen auf dem Parkplatz der Schule vor und blockierten so drei Parkplätze. Es folgte Jahresschlussgottesdienst, Ansprache des Schulleiters, Zeugnisvergabe. Dann stürmten die Schüler mit ihren Zeugnissen aus der Schule. Besagtes Ehepaar aber ging gelassen zu ihrem Wohnwagen auf dem Lehrerparkplatz, stieg ein und fuhr direkt in den Urlaub.

Am letzten Ferientag war ganz früher immer um 14 Uhr Lehrerkonferenz. Man erhielt von der Schulleitung einen Überblick über das neue Schuljahr, den Stundenplan usw. Ich war noch nicht lange an dieser Schule, als bei dieser Konferenz über eine wichtige Frage abgestimmt wurde. Oben geschildertes Ehepaar stellte nämlich den Antrag, dass die erste Lehrerkonferenz eines Schuljahres nicht um 14 Uhr des Vortages, sondern erst um 16 Uhr des Vortages beginnen soll. So würden sich die sechswöchigen Großen-Ferien um zwei Stunden verlängern lassen. Der Antrag wurde angenommen. Und als das nächste Schuljahr am Dienstag begann, war am Montag um 16 Uhr Lehrerkonferenz und das Ehepaar rollte mit ihrem Wohnwagen um 15.45 Uhr auf den Schulparkplatz. Sie kamen frisch und braun aus dem sechswöchigen Urlaub zurück.

Nun kam einmal der Supergau. Es war damals, als das Schuljahr nicht, wie üblich, an einem Dienstag eröffnet wurde, sondern an einem Montag. Also legte der Schulleiter den Termin der ersten Lehrerkonferenz des neuen Schuljahres auf den letzten Ferientag um 16 Uhr. Das war jedoch der Freitag. Sofort wurden etliche Lehrer beim Schulleiter vorstellig und baten diesen, die Lehrerkonferenz auf den Sonntag vor dem Montag, an dem die Schule begann, zu verlegen. Damit würden die Ferien zwei Tage verlängert. Der Chef stimmte zu. Ein Lehrer hatte jedoch den Grundsatz, an Sonntagen nicht nur nie die Schule zu betreten, er wollte an einem Sonntag nicht einmal an die Schule denken müssen. Er korrigierte nie an einem Sonntag und bereitete sich immer schon am Samstag auf den Montagsunterricht vor. Für ihn war der Sonntag das, was für streng orthodoxe Juden der Samstag ist. Als nun jener Lehrer am Schwarzen Brett las, dass die erste Konferenz an einem Sonntag stattfinden soll, war er schockiert. Er sah in Verordnungen nach und stellte fest, dass die Schulleitung ihn zwar verpflichten konnte, während der Ferien in der Schule zu arbeiten, sie konnte ihn aber nicht verpflichten, am Sonntag an einer Konferenz in der Schule teilzunehmen. Der Lehrer ging also etwas zaghaft zum Schulleiter und teilte ihm diese Erkenntnisse mit. Ohne lange zu überlegen antwortete der Schulleiter: „Wenn sie nicht am Sonntag an der Lehrerkonferenz teilnehmen wollen, dann verlegen wir die Lehrerkonferenz auf den Freitag. Damit verkürzen sich aber die sechswöchigen Ferien der Lehrer um zwei Tage!" Der Lehrer nickte zustimmend. Er war anscheinend ein Kameradenschwein und bestand auf diese Lösung, während sich der Schulleiter über seinen Spontaneinfall zu ärgern begann. Er begann sich vorzustellen, wie etliche Kollegen über ihn herfallen und kritisieren würden, wegen ihm würden sich die Großen-Ferien um zwei Tage verkürzen. In seiner Not fiel dem Schulleiter der „Prangertrick" ein. Er machte am Schwarzen Brett im Lehrerzimmer folgenden Aushang: „Alle Lehrer, welche dafür sind, dass die Lehrerkonferenz am Sonntag stattfindet, mögen hier auf der Lehrerliste unterschreiben. Wenn ein Lehrer dagegen ist (also nicht unterschreibt), so findet die Lehrerkonferenz schon am Freitag statt!" Nach zwei Tagen zeigte die Lehrerliste nur noch drei Lücken: Die beiden katholischen Religionslehrer und obiger Lehrer hatten noch nicht unterschrieben. Nach einem weiteren Tag hatte sich eine Lücke geschlossen. Ein katholischer Religionslehrer hatte nun unterschrieb mit der Begründung, dass er kollegial sein muss, aus moralischen Gründen. Wieder einen Tag später war wieder eine Lücke geschlossen. Der zweite katholische Religionslehrer hatte unterschrieben. Seine Begründung: „Man hat mir versichert, dass dies eine Ausnahme ist und bleiben wird." Nun war noch die eine Lücke. Ein einziger Lehrer, nämlich der obige, hatte noch nicht unterschrieben. Von seiner Unterschrift hing es ab, ob 60 Lehrer zwei Tage früher ihre Ferien beenden müssen. Zuerst wurde ihm von den Kollegen gut zugeredet: „Unterschreib halt, das bringt dich nicht um! Du kannst doch am Sonntag am Vormittag in die Kirche gehen! Ich gehe gar nicht in die Kirche

und mir geht es auch gut!" So und so ähnlich waren die Äußerungen, die er sich anhören musste. Im Laufe der Tage wurden die Äußerungen der übrigen Lehrer schon bedrohlicher: „Wegen dir muss ich meinen Frankreichurlaub zwei Tage früher abbrechen!", „Ich habe bis Samstag gebucht, und jetzt muss ich schon am Freitag zurück sein, nur wegen dir!" „Kameradschaftlich ist dein Verhalten nicht gerade!" und noch schlimmere Äußerungen musste er sich anhören. Der Stundenplanmacher deutete gar an, dass es die Möglichkeit gibt, den Stundenplan so zu gestalten, dass besagter Lehrer nicht gerade begeistert ist. Er nannte auch gleich ein Beispiel: Der Lehrer könnte am Montag in der ersten, fünften und neunten Stunde eine Unterricht halten müssen und sonst hätte er viele Freistunden um über sein unkollegiales Verhalten nachzudenken. Dass, nach seinem Verhalten, viele Kollegen während dieser Zeit der Freistunden das Gespräch mit ihm suchen würden, ist nicht zu erwarten.
Der Lehrer blieb verstockt. Die erste Lehrerkonferenz im neuen Schuljahr fand am Freitag statt. Alle Lehrer waren anwesend. Besagter Lehrer saß allein an einem Tisch im sonst dicht gedrängten Konferenzzimmer. Einige Tage später lag das Gesuch des Lehrers um Versetzung an ein anderes Gymnasium zum Halbjahr auf dem Schreibtisch des Schulleiters.

Vom Mathematiklehrplan

Weil schon Jahrtausende gilt: 2 x 2 = 4, so wäre der Mathematiklehrplan wohl immer der gleiche, schon immer, denken sich Laien und überhaupt denkende Menschen. Nicht so die Leute, die mit Schulpädagogik zu tun haben. Die brauchen ja auch ihre Existenzberechtigung. Ich hatte von

Mitgliedern von Schulpädagogikinstituten oft den Eindruck, dass sie sich in ihren jungen Jahren zu höherem berufen fühlten. Die meisten wollten Professoren werden. Es haperte aber oft schon bei der Promotion. An eine Habilitation war also gar nicht zu denken. Sie waren aber trotzdem so von ihrer überdurchschnittlichen pädagogischen und vor allem didaktischen Begabungen überzeugt, dass sie alles taten, um Schulpädagogisch tätig zu werden.

Einen Fall kenne ich, da war nicht er von sich, sondern seine Frau von den überdurchschnittlichen Begabungen ihres Mannes überzeugt. Also kam auch er, auf welchen Weg auch immer, zur Schulpädagogik. Um es kurz zu machen, die Schulpädagogik war ein Karriereersatz. Nun brauchte die Schul.pädagogik auch noch eine Aufgabe für diejenigen, welche sich zu ihr zuerst hingezogen und dann berufen fühlten. Und da heißt es erfinderisch sein, wie z.B. im Fachbereich Mathematik!

Hier erfand man in den 1970er Jahren die Mengenlehre. Schon in der Grundschule wurde den Kindern Mengenlehre unterrichtet. Zuerst mussten die Volksschullehrer hierfür ausgebildet werden. Dann strömten die Eltern scharenweise in Volkshochschulkurse, um Mengenlehre zu lernen. Nun lernte man nicht mehr 2 + 2 = 4, sondern: „Eine Menge von zwei Schafen vereinigt sich mit einer anderen Menge von zwei Schafen. Der Durchschnitt beider Mengen ist leer. Wieviele Schafe umfasst die Vereinigungsmenge?" Oder: „In einem Schafstall sind eine Menge von fünf Schafen. Nachts kommt der böse Wolf aus dem Märchen Rotkäppchen und verschleppt eine Menge von zwei Schafen. Welche Menge von Schafen findet am nächsten Morgen der gute Jäger, der zufällig am Schafstall vorbei kommt, im Schafstall?" Es ist erstaunlich, dass sich dieser Blödsinn doch einige Jahre an den Schulen hielt. Wahrscheinlich muss ein Lehrplan Unsinniges solange verkünden, bis ihre Erfinder pensioniert sind.

Für das Gymnasium trieb man das Prinzip der Dummheit in Schulpädagogik, Fachbereich Mathematik, noch weiter: In der fünften Klasse lehrte man den Schülern das Kommunitativgesetz. Es besagt, dass gilt: $5 + 3 = 3 + 5$, oder $4 \times 3 = 3 \times 4$. Die guten Schüler lachten über diesen Blödsinn und die schlechten Schüler witterten für sich Morgenluft, denn für Unsinn waren sie zugänglich. Ich fragte einmal einen sogenannte guten Mathematiklehrer und Anhänger der Unterrichtung des Kommunitativgesetzes für Fünftklässler, wie er dieses Gesetz den Schülern plausibel macht. Sein Antwortbeispiel: „Ich frage die Schüler, ob es einen Unterschied macht, ob ich zuerst das Fenster aufmache und dann einen Schüler durch das Fenster hinaus werfe oder ob ich den Schüler zuerst durch das Fenster hinaus werfe und dann das Fenster öffne." Meine Gegenfrage: „Verstehen die Schüler den Zusammenhang zwischen Fensteröffnung und $4 + 5 = 5 + 4$?"

In der 7. Klasse sollte man den Schülern dann beibringen, dass durch zwei verschiedene Punkte nur eine Gerade geht. Die Schüler schauten bei diesem Satz so blöd, wie …, nein, die Fortsetzung dieses Satzes könnte mancher Schulp#dagoge als Beleidigung verstehen. Also, man diktiert den Schülern ins Heft: „Wir nehmen an, dass durch zwei verschiedene Punkte zwei verschiedene Geraden gehen. …..Und dann ergibt sich ein Widerspruch!" Irgendwann kommt dann von einem Schüler, kurz vor einer Schulaufgabe, die berechtigte Frage: „Herr Lehrer, kommt das mit den zwei Punkten und der Geraden in der Schulaufgabe auch dran?" Und wenn der Lehrer noch einen Hauch von Anstand hat, dann sagt er „Nein". Und dann kommt bestimmt die Frage des Schülers: „Und warum haben wir das dann aufgeschrieben?"

Anfang der 2000er Jahre gab es in Bayern eine weitere revolutionäre Entwicklung in der Mathematik. Man sollte auch in Mathematik den Schülern Deutsch beibringen, damit nicht alle einseitig sprachlich Begabten wegen Mathematik das Klassenziel nicht errichen. Zur Einführung folgendes: Die Mathematik hat eine eigene Symbolsprache entwickelt. Die Symbole geben eindeutig an, um was es sich handelt und sind weltweit eindeutig. „1 + 2 = 3" ist auf der ganzen Welt verständlich. „1 + 2 = 4" wird weltweit eindeutig als falsch angesehen. Nun meint man, dass die Globalisierung in der Mathematik ein gutes Zeichen ist. Nicht so die Schulpädagogen! Sie erdachten sich ein Gegenkonzept um interessant zu wirken. Sie wollten im Gymnasium eine Versprachlichung der Mathematik. Ein Schüler sollte nun nicht mehr schreiben „1 + 2 = 3", sondern „Addiere zur Zahl Eins die Zahl Zwei, dann erhältst du die Zahl Drei." Dass so viel Schwachsinn erdacht wurde ist nicht schlimm. Schlimm ist, dass er von zig Mathelehrern umgesetzt wurde.

Die neueste Entwicklung in Mathematik, nämlich die Umsetzung der Genderideologie im Mathematikunterricht brauch ich – Gott sei's gedankt – nicht mehr mitmachen.

Eigene Kinder an der Schule

Es war einmal ein arrogantes Lehrerehepaar, was an sich nichts Besonderes ist. Nach ihrer Meinung waren fast alle Schüler blöd und hätten es verdient, durchzufallen. Diese Ansicht änderten sie, als ihre zwei Kinder an das Gymnasium kamen, wo sie unterrichteten. Und weil ihre Kinder eher unterdurchschnittliche Leistungen erbrachten, waren nun nicht mehr die meisten Schüler blöd, sondern die meisten Lehrer unfähig, richtig zu unterrichten und richtig zu benoten. Der Mathelehrer, welche ihre beiden Kinder unterrichtete, behandelte einen viel zu schweren Stoff, die Englischlehrerin konnte sehr schlecht den Stoff rüberbringen, der

Französischlehrer war gemein, schon ein bisschen pervers. Nur der Lehrer für evangelische Religion – das besagte Elternehepaar unterrichtete auch evangelische Religion -, der hatte es drauf und gab ihren Kindern gute Noten.

Einmal platzte mir der Kragen. Wieder behauptete das Lehrerehepaar, dass fast alle Lehrer von blöd bis pervers alles sind, sagte ich zu diesem Lehrerehepaar: „Das ist schon unangenehm, wenn ein Lehrer eigene Kinder hat, welche schlechte Noten haben. Entweder man hängt der Vererbungstheorie an, dann sind auch die Eltern – also ihr – auch nicht besonders intelligent und vererbten eure Dummheit, oder man meint, dass man nicht dumm geboren, sondern falsch erzogen wird, dann ist dies für euch auch gerade kein pädagogisches Ruhmesblatt!" Zwei Monate herrschte Negation meiner Person durch dieses Ehepaar. Ich hab es überlebt. Ihre Kinder mussten allerdings vorzeitig das Gymnasium verlassen. Sie waren den Anforderungen nicht gewachsen.

Lehrerfortbildung

Ich war noch jung und dynamisch und wollte ein Superlehrer werden. Um dies zu erreichen, wollte ich mich auch in der Lehrerfortbildungsanstalt in einer Kleinstadt fortbilden lassen. Solche Fortbildungsveranstaltungen dauerten i.a. eine Woche. Regelmäßig bewarb ich mich um die Teilnahme an solchen Fortbildungsveranstaltungen. Regelmäßig wurde ich abgelehnt.

Da geschah folgendes: Ich fuhr an einem Sonntagabend im Zug nach Hause. In meinem Abteil saß ein für sein Alter viel zu jugendlich gekleideter Mann mit Oberlippenbart und Mundgeruch. Er blätterte gelangweilt in einem Katalog, auf dessen Titelblatt stand „Veranstaltungskalender für

Lehrerfortbildung". Ich sprach ihn locker an, ob er in die Kleinstadt zur Lehrerfortbildung fährt. Seine Antwort: „Ja, das mache ich jedes Jahr einmal. Das ist recht schön, da kommen zu bestimmten Fortbildungen immer die gleichen Kollegen zusammen und das schon jahrelang. Man kennt sich, man weiß sich zu unterhalten, am Abend trifft man sich immer im Bierstüblein und am Ende der Fortbildung verspricht man immer, nächstes Jahr wieder zu kommen und der Fortbildungsleiter verspricht, wieder die gleichen Teilnehmer einzuladen. Ganz selten, dass einer ausfällt und so Platz für einen anderen Fortbildungswilligen macht!"

Da dachte ich mir: Man bewirbt sich also meistens für volle Kurse. – Seitdem habe ich mich nie mehr beworben und dass ich wegen fehlender Fortbildung ein schlechterer Lehrer bin, habe ich an mir auch nicht festgestellt.

Vorauseilender Gehorsam

Es ist schon lange her und an die Zahlendetails erinnere ich mich nicht mehr genau, aber in etwa lief das so: Unser Chef hatte irgendwie hintenherum erfahren, dass man im Ministerium plant, jeden Lehrer zu verpflichten, dass er innerhalb von vier Jahren an einer bestimmte Anzahl von Fortbildungen teilnehmen muss. Um als Chef im Ministerium gut dazustehen und um mit seinen angeblichen guten Beziehungen bis ins Ministerium hinein (das höchste der Gefühle eines Chefs) zu glänzen, erwähnte er in einer Lehrerkonferenz diese angebliche Ministeriumsplanung. Die allermeisten Kollegen waren entsetzt. „Wie soll man denn auf so viele Fortbildungen kommen?", raunten die einen, „typisch Ministerium, die sind ja weltfremd!", nuschelten die anderen in ihre teilweise vorhandenen Bärte. „Was da an Unterricht ausfällt!" gifteten die dritten hinter vorgehobener Hand. In vorauseilendem Gehorsam hatte der Chef auch schon einen Plan mit in die Konferenz gebracht: Man könnte z.B. am Nachmittag Sitzungen machen und diese als Fortbildung eintragen lassen. Oder man könnte am Buß- und Bettag, wenn die Schüler frei haben, eine schulinterne Fortbildung machen. Oder man könnte beim jährlichen „Betriebsausflug" auch irgend ein Museum besuchen und diesen Besuch als Fortbildungsveranstaltung deklarieren. Der Phantasie des Chefs waren keine quantitativen Schranken gesetzt. So groß die anfängliche Empörung der Lehrer auch war, sie legte sich rasch wieder, angesichts von so vielen bescheidenen Vorschlägen des Chefs.

Und so kam es, wie es kommen musste: Jeder Lehrer ließ brav seine Teilnahme am „Betriebsausflug" und an der Fachsitzung in seinen Personalbogen eintragen und schon nach einem Jahr hatten die allermeisten Lehrer über die Hälfte des Vier-Jahres-Solls erfüllt.

Ich dachte mir, was ist eigentlich, wenn ich in vier Jahren nicht auf das Kontingent komme? Werde ich dann verpflichtet, an Fortbildungen teilzunehmen? Und was ist dann, wenn ich mich während dieser Fortbildung teilnahmslos stelle? Kann man einen Lehrer zwingen, sich geistig fortzubilden? Um die ganze Erzählung abzukürzen: Ich nahm nie an einer Lehrerfortbildung, außer an den Fachsitzungen, teil. Ich fuhr nie beim jährlichen „Betriebsausflug", mit Museumsbesuch, mit. Mein Chef erinnerte mich nie daran, dass mein Fortbildungskonto noch leer ist, denn aus dem Ministerium kamen keine konkreten Vorschriften an die Schule und schließlich verlief sich diese Fortbildungsidee im Sande. Unser Chef wollte auch gar nicht mehr daran erinnert werden, denn irgendwie waren ihm seine angeblich guten Beziehungen ins Ministerium und sein vorauseilender Gehorsam peinlich.

nochmal hitzefrei

Will man über „hitzefrei" sprechen, so muss man über die Geschichte des Schulhausbaus nach dem 2. Weltkrieg nachdenken. Spätestens ab den 1955er Jahren, als die babyboom-Kinder zu Schule kamen, benötigte man neue Schulen und mit der Bildungsförderung besonders neue Gymnasien. Nun hätte man sich denken können, dass für ganz Bayern ein Schulhausidealplan entworfen worden wäre und die meisten Schulhäuser danach gebaut worden wären. Nein!

Jedes Schulhaus bedurfte, bevor es gebaut wurde, eines Wettbewerbs. Die Architekten lieferten dann ihren Plan ab. Das eigenartige war damals, dass sich die Pläne der verschiedenen Architekten nur in Nuancen unterschieden. Der eine Architekt nahm einen leeren Schuhkarton und stellte ihn hochkant auf, der andere Architekt nahm einen leeren Schuhkarton und stellte ihn breitkant auf, beide zeichneten große Fenster auf den Schuhkarton und lieferten dann dies als Schulhausmodell dem Sachaufwandsträger. Dann entschied der Kreistagtag oder der Stadt- oder der Gemeinderat, in denen fast lauter inkompetente Räte saßen, über die Schulhausmodelle. Die einen entschieden sich für den Schuhkarton der hochkant stand, die anderen für den breitkant stehenden Karton. Auf beiden Schuhkartons waren ja große Fenster eingezeichnet und dies überzeugte die Kreistags-, Stadt- oder Gemeinderäte. Durch diese großen Fenster konnte Licht und Frischluft in die Klassenzimmer dringen und bei den Schülern eine ungeahnte Lust am Lernen auslösen, meinten die Räte. Unter den Kipp-Fenstern waren Heizkörper angebracht und so konnte man diese im Winter kippen und so würde die warme, verbrauchte Luft oben das Schulzimmer verlassen und unverbrauchte Luft unten herein kommen und sich während des Eindringens erwärmen. Die

Räte waren von den Ideen der Architekten begeistert, auch deshalb, weil sie selber nie auf solche Ideen gekommen wären. Was hierbei jedoch nicht bedacht wurde war die Sommersonne. Und so gut die Luft im Winter auch zirkulieren konnte – von Stoßlüftung war damals noch nicht die Rede -, im Sommer funktionierte dies nicht. Durch die riesigen Kippfenster wurden die Klassenzimmer so richtig aufgeheizt, aber das konnten die planenden Architekten ja nicht vorausahnen.

Deshalb gab es damals ab und zu hitzefrei. Das war jedoch ein rechtliches Problem. Die Eltern rechneten damit, dass die Schüler erst ab 13 Uhr die Schule verließen. Was aber, wenn, wegen hitzefrei, schon um 11 Uhr die Schule aus war und die Schüler unmittelbar nach Hause bzw. zum Schulbus gingen, der erst um 13,30 Uhr fuhr? Oder nehmen wir folgenden Fall, der sich an unserer Schule ereignete: Ein Elternpaar hat sich scheiden lassen. Das Sorgerecht über die Schülerin war der Mutter zugesprochen worden. Der Vater drohte, die Tochter „zu entführen". Also stand die Mutter an jedem Schultag pünktlich um 13 Uhr mit ihrem Auto vor der Schule, um ihre Tochter abzuholen. Was aber, wenn hitzefrei ist und die Tochter vor 13 Uhr die Schule verlässt und ihrem Vater in die Arme läuft, der sie entführte? Früher, als das „Hitzefrei" eingeführt wurde, war noch alles anders. Da wurde noch nicht geschieden. Da verwirklichte sich eine Frau noch an der Erziehung der Kinder und nicht an den Wünschen des Managers oder der Bankdirektorin, wo sie arbeitet. Bei hitzefrei kamen ihre Kinder nicht vor ein leeres Haus, welches ihr Heim war, sondern halt zwei Stunden früher nach Hause, in das Heim, wo die Mutter gerade kochte.

Und nun die eigentliche Geschichte:

Eigentlich war es ein normaler Schulvormittag im Juli. Es war zwar heiß, aber weder schwül noch unerträglich temperiert. Da es schon auf das Schuljahresende zuging, hatten die allermeisten Schüler keine Lust mehr, ihr Wissen zu vermehren. Sie träumten von Eisdiele und Baggersee. Den allermeisten Lehrern ging es ebenso. Die Schulaufgaben waren geschrieben, die Zeugnisnoten weitgehend gemacht. Lediglich wenige anscheinend übereifrigen Lehrer, die ich nicht als übereifrig sondern als unqualifiziert ansah, brauchten noch unbedingt mündliche Noten, um über das Vorrücken einzelner Schüler besser entscheiden zu können. Also schickten einige, anscheinend weniger eifrige Lehrer, den Sprecher der Klasse, wo sie gerade Unterricht hielten oder es zumindest versuchten, ins Direktorat. Sie sollten dem Direktor sagen, dass es gesundheitsschädlich heiß in ihrem Klassenzimmer ist, dass sie Kopfschmerzen verspüren und diese unerträgliche Hitze auch ihre Psyche stark belastet und nur noch der Lehrer diese Hitze ohne Gesundheitsschäden durchzuhalten vermag. So belagert, entschloss sich der Direktor schließlich zur lange erwarteten Durchsage: „Liebe Schülerinnen und Schüler, nach der vierten Stunde endet heute der Unterricht." Ein Freudenschrei ging durch das ganze Schulhaus. Die allermeisten Lehrer schrien zwar nicht mit, aber sie strahlten erleichtert. Die Lehrer, die nach der vierten Stunde sowieso ausgehabt hätten, ärgerten sich.

Ich ging erschöpft aber glücklich nach der vierten Stunde ins Lehrerzimmer. Da der Unterricht der ganzen Schule auf einmal endete, brauchte es einige Zeit, bis sich das Verkehrschaos vor der Schule gelegt hatte. Gleich nach der Durchsage aktivierten die Schüler ihre handys und viele Eltern standen nach der vierten Stunde, wie von ihren Kindern gewünscht, mit dem Auto vor der Schule.

Ich wollte also im Lehrerzimmer einige Minuten warten, um dann mit meinem Auto heimzufahren. Da stürmte einer der unfähigsten Lehrer in das Lehrerzimmer und begann laut rumzublärren: „So eine Dummheit, heute hitzefrei zu geben, wo ich doch noch unbedingt Noten machen muss! Wie soll ich

denn die mir noch fehlenden mündlichen Noten herbringen?".
So oder so ähnlich schimpfte er. „Das werde ich dem Chef
sagen!" Mit diesen Worten verließ er das Lehrerzimmer in
Richtung Direktorat.

Ein anderer Lehrer sagte darauf: „Wenn der jetzt noch seine
Noten nicht zusammen hat, dann bringt er die nie mehr
zusammen, und überhaupt, bei dem fällt eh niemand durch,
der will sich doch nur wichtig machen!"

Am nächsten Tag war es noch heißer und wirklich schwül. Da
kam die Durchsage vom Direktor. „Da noch mündliche Noten
gemacht werden müssen, kann heute nicht hitzefrei gegeben
werden." Ein Raunen der Schüler ging durch die Schule. Am
übernächsten Tag erreichte das Thermometer Hitzerekorde
und die Schwüle wurde unerträglich. Wieder kam kurz vor
Ende der vierten Unterrichtsstunde eine Durchsage vom
Direktor: „Liebe Schülerinnen und Schüler, den Lehrern ist es
zu Beginn der fünften Stunde frei gestellt, hitzefrei zu geben.
In Klassen, wo es nicht zu heiß ist, kann Unterricht gehalten
werden." Ein einziger Lehrer hielt in der fünften Stunde noch
Unterricht und machte sich dabei bei seinen Schülern
besonders unbeliebt. Nein, stimmt nicht, der war schon vorher
unbeliebt.

Und jetzt kommt eine Geschichte, welche auf das Juristische
von Hitzefrei anspielt. Wie sichert sich das Direktorat davor
ab, dass die Schüler verfrüht nach Hause geschickt werden,
ohne dass die Eltern davon wissen. Optimal ist es, wenn man
den Schülern schon einen Tag zuvor mitteilt, dass am
nächsten Tag hitzefrei ist.

Es war ein juristisch verängstigter Direktor. Der machte sich
ob dieses Problem ständig Gewissensbisse. Also beschloss er
folgendes: Er rief am benachbarten Militärflugplatz an und
erkundigte sich, wie das Wetter am nächsten Tag wird. Er
erhielt die Auskunft, dass es auch am nächsten Tag sehr heiß
werden wird. Also kam die Durchsage: „Liebe Schülerinnen

und Schüler, morgen ist hitzefrei!" Als ich mich am nächsten Tag nach der vierten Stunde ins Auto setzte, um nach Hause zu fahren, eigentlich hätte ich ja bis zur sechsten Stunde unterrichten müssen, da regnete es in Strömen. Der Direktor war zwar juristisch abgesichert, aber deshalb gab es hitzefrei bei strömendem Regen.

Schulwochenende am Freitag

Wie könnte es anders sein, als dass die meisten Lehrer am Freitag gestresst das Wochenende herbeisehnen, wie übrigens auch die Schüler. In den letzten Stunden am Freitag, in der fünften und sechsten Stunde, sitzen die meisten Schüler nur noch apathisch in ihrem Klassenzimmer. Für die meisten Lehrer ist es ein Graus, in diesen Stunden Unterricht halten zu müssen. Deshalb ist es besonders begehrenswert, dass man am Freitag höchstens bis 11,15 Uhr unterrichten muss. Wann jedoch für die einzelnen Lehrer am Freitag der Unterricht endet, das entscheidet weitgehend der Stundenplanmacher: Der Stundenplanmacher, der an meiner Schule zugleich Mitarbeiter des Direktorats war, pflegte sich am Freitag bis höchstens 9.30 Uhr Unterricht aufzuerlegen. Dann verließ er freudestrahlend das Schulhaus, um in das Wochenende zu fahren. Diejenigen Lehrer, welche eine gute Freundschaft mit dem Stundenplanmacher pflegten, bekamen einen Stundenplan, welcher am Freitag spätestens um 11,15 endete. Knapp die Hälfte der Lehrer mussten allerdings am Freitag bis 13 Uhr unterrichten. Dies waren entweder Referendare oder solche Lehrer, welche kein besonders gutes Verhältnis zum Stundenplanmacher hatten und trotzdem noch nicht um eine Versetzung an eine andere Schule eingegeben hatten.

Aber nicht nur das. Ab 12,45 Uhr war der Chef im Schulhaus unterwegs. Wenn sich eine Klassentüre vor 13 Uhr öffnete und Schüler aus diesem Zimmer ins Wochenende entströmten, dann stürzte sich der Chef wutentbrannt auf den Lehrer, welcher seine zappligen Schüler wenige Sekunden, höchstens Minuten vor dem Glockenschlag ins Wochenende entließen, mit der Bemerkung: „Herr oder Frau x oder y, sie werden bis 13 Uhr bezahlt!" So einfältig war unser Chef. Als ob es auf wenige Sekunden Unterricht ankommen würde!

Warum ich nicht Studiendirektor wurde

Man begann mit StR z.A (Studienrat zur Anstellung). Die meisten wurden nach zwei Jahren StR (Studienrat), das z.A. entfiel also. Dies bedeutete eine lebenslange Verbeamtung und eine Pensionsberechtigung, wenn man nicht von „me too" beschuldigt wurde. Damit erhöhten sich, wenigstens früher, schlagartig die Chancen auf dem Heiratsmarkt! Heute, seit die Frauen sich mit einer Vollzeitarbeitsstelle selbstverwirklichen, dürfte sich dies relativiert haben.

Ein Studienrat erhielt die Gehaltsstufe A 13. Nach mehreren Jahren und normalen Beurteilungen durch den Schulleiter wurde man befördert zum OStR (Oberstudienrat). Damit stieg man nach A 14 auf. Nach weiterem Warten, normalen Beurteilungen und wenn man schon einige Jahre Inhaber einer sog. Funktionsstelle war, konnte man zum StD (Studiendirektor) befördert werden. Dies bedeutete dann A 15. Wie wurde man nun aber Inhaber einer Funktionsstelle?

Wie oben schon ab und zu erwähnt, hatte jedes Gymnasium eine bestimmte Anzahl von Funktionsstellen. So eine Funktionsstelle war z.B. „Fachbetreuung".

An einem Gymnasium unterrichtete ein Ehepaar. Er war ein hervorragender Lehrer, sie eine schlechte Lehrerin. Er hatte Problem mit dem Schulleiter, der ihm nicht das Wasser reichen konnte. Sie verhielt sich gegenüber dem Schulleiter indifferent. Ihm wurde von der Schulleitung nie eine Funktionsstelle gegeben, obwohl jeder sah, dass er dazu mehr als befähigt war. Sie erhielt als Funktionsstelle eine Fachbetreuung, obwohl jeder sah, dass sie hierfür gänzlich ungeeignet war. Sie wurde nach wenigen Jahren befördert, er nie. Er war älter als sie. Er wurde als OStR mit A 14 pensioniert. Da beider Kinder schon berufstätig waren, ließ sie sich nach der Pensionierung ihres Mannes dienstbefreien. Geld hatten sie genügend und so wollte sie mit ihm seine Pension genießen und viel reisen. Also wurde ihre Fachbetreuer-Funktionsstelle frei. Der Schulleiter gab diese Stelle einem anderen Lehrer, nämlich mir. Ich machte in dieser Funktion einen guten Job, auf jeden Fall einen besser als meine Vorgängerin.

Nach einem Jahr hatte die dienstbefreite Vorgängerin von mir das Genießen und das Reisen mit ihrem pensionierten Ehemann satt. Sie nahm ihre Dienstbefreiung zurück und ging wieder an das Gymnasium zum Unterrichten. Dort musste sie wieder als Studiendirektorin eingestellt werden. Das bedeutete aber, dass man für sie wieder eine Funktionsstelle brauchte. Also kam der Schulleiter zu mir und meinte: „Herr Kollege, sie machten einen ausgezeichneten Job, aber sie müssen ihre Fachbetreuerstelle wieder abgeben, denn diese benötige ich für die wieder zurückgekehrte Lehrerin." Ich entgegnete: „Wenn das so ist, dann kann ich nichts machen!" Und so wurde es gemacht. Ich war wieder ohne Funktionsstelle und damit war ich auch ohne Aussicht auf eine Beförderung zum Studiendirektor. Die zurückgekehrte Lehrerin hatte wieder ihre alte Funktionsstelle und verdiente als StD wieder recht ordentlich. Nach einem Jahr war ihr der

Lehrerberuf doch zu stressig. Sie und ihr pensionierter Mann hatte überflüssig viel Geld. Warum sollte sie sich also dem Berufsstress eines Lehrers aussetzen? Zudem war sie jetzt auch so alt, dass sie in den vorzeitigen Ruhestand treten konnte. Also ließ sie sich nun endgültig pensionieren. Nun kam der Schulleiter wieder zu mir und sagte:

„Herr Kollege, ich habe die freudige Nachricht, dass sie wieder die Fachbetreuung bekommen."

„Da müssen sie mich schon fragen, ob ich sie noch will!"

„Natürlich wollen sie diese, sonst werden sie ja nie Studiendirektor!"

„Und wer sagt mir, dass sie mir nächstes Jahr diese Stelle nicht wieder nehmen? Ich will diese Stelle nicht mehr!"

„Aber denken sie doch einmal an den finanziellen Sprung von A 14 auf A 15!"

„Wissen sie, so geht das nicht: Einmal bekomme ich die Fachbetreuerstelle, dann wird sie mir wieder genommen, dann bekomme ich sie wieder!"

„Ich kann sie nicht zwingen, aber A15 dürfte bei ihnen, wenn ich eine normale Lebenserwartung annehme, ein Mehrverdienst im Leben von 150.000 Euro bedeuten"

„Das ist schon verlockend, aber wissen Sie, ich muss jeden Tag meinen eigenen Kindern in die Augen sehen und brauche nicht jeden Tag auf meinen Kontoauszug schauen!

„Aber Studiendirektor hört sich doch ganz anders an als nur Oberstudienrat!"

„Wissen sie, ich habe promoviert. „Dr." hört sich noch besser an!".

Wegen dieser Antwort war der Schulleiter etwas beleidigt. Warum musste ich ihm immer andeuten, dass er, der Schulleiter, nicht promoviert hat, obwohl er es hätte können. Das Gespräch wurde nun rasch beendet.

So wurde ich nie A 15!

Herstellung und Verlag:
BoD – Books on Demand, Norderstedt
ISBN: 978-3-7494-9552-8